音乐涵养成长

——小学音乐大单元教学的方法论

刘玉琦　肖秋红　著

参编人员（按姓氏笔画排序）

代英红　刘夏青　李璐璐

宋琳琳　陈　洁　陈玮琦

徐佳平　龚姿毓　彭建芳

华中科技大学出版社
http://press.hust.edu.cn
中国·武汉

图书在版编目(CIP)数据

音乐涵养成长：小学音乐大单元教学的方法论 / 刘玉琦，肖秋红著 . -- 武汉 ：华中科技大学出版社，2025.1. -- ISBN 978-7-5772-1586-0

Ⅰ. G623.712

中国国家版本馆 CIP 数据核字第 2025M3T665 号

音乐涵养成长——小学音乐大单元教学的方法论

Yinyue Hanyang Chengzhang ——Xiaoxue Yinyue Dadanyuan Jiaoxue de Fangfalun

刘玉琦　肖秋红　著

策划编辑：范　莹

责任编辑：范　莹

封面设计：原色设计

责任监印：曾　婷

出版发行：华中科技大学出版社（中国·武汉）　　　电话：(027)81321913

　　　　　武汉市东湖新技术开发区华工科技园　　　邮编：430223

录　　排：孙雅丽

印　　刷：武汉科源印刷设计有限公司

开　　本：710mm×1000mm　1/16

印　　张：21.5

字　　数：382千字

版　　次：2025年1月第1版第1次印刷

定　　价：68.00元

前　言

　　当下，我国中小学音乐基础教育改革正在进入一个新的历史阶段，在《义务教育课程方案（2022年版）》中，每门课程所培养的核心素养是该学科育人价值的具体体现，并凸显以学生发展核心素养为主线来着力建设和完善基础教育课程体系。这样，一系列的新理念和设计贯穿于整个义务教育阶段课程标准的修订，那么，如何将新课程标准理念落实到学科教学中？如何将新课程标准理念和教学设计成为所有人的共识？如何培养教师在面向未来的教学体系中具备融合创新的能力？无论是作为实践一线的教师，还是作为基础教育的研究者，我们都要抓住让核心素养和新课程标准理念落地的关键要素——大单元整体教学设计。

　　艺术教育是美育的重要组成部分，其核心在于弘扬真善美精神，塑造美好心灵。艺术教育以立德树人为根本任务，坚持以美育人、以美化人、以美润心、以美培元，引领学生在健康向上的审美实践中感知、体验与理解艺术。音乐教育重视学生在学习过程中的艺术感知及情感体验，激发学生参与艺术活动的兴趣和热情，从而培养学生审美感知、艺术表现、创意实践、文化理解等四个方面的核心素养，这四个核心素养相辅相成，相得益彰，贯穿整个艺术学习全过程。

　　核心素养的培养让艺术教育从"育知"到"育人"有了质的转变，并且始终关注人的全面发展和终身发展，培养学生正确的价值观、必备品格和关键能力。鼓励学生联系真实生活情境来发现美、体验美、感知美、创造美。

　　新目标召唤新教学！教学目标从知识点的了解、理解与记忆，转变为学科素养的关键能力、必备品格与价值观的培育，这就要求教师必须提升教学设计的站位,即从单一的知识点转变为大单元设计。只有这样,才能改变学科知识点的碎片化教学,才能真正实现教学设计与素养目标的有效对接。学科大观念是指向具体学科知识背后的更为本质、更为核心的概念或思想,它建立了不同的学科知识间的纵横联系。以大观念为视角分析教学内容、确定大单元、围绕大概念系统规划进阶式教学目标、确定大单元教学结构、实施大单元教学评价,能够赋予大单元教学以实质性的意义,这便是知识转化为能力的重要途径。

小学音乐学科大单元,也被称为"课程单元(或学习单元)",是指基于学科核心素养和课程标准要求,根据学生的认知规律和基本学情,以一个音乐主题(专题、话题、问题)为核心,根据单元目标、音乐体验活动组织联结学习内容,所形成的贯通学习情境、学习任务、学习活动和学习评价整体联系的最小教学单位。大单元教学设计的基本特征是系统分析、整体设计、分步实施,以一个单元学习内容为整体,旨在取得最大、最佳教学效能。

小学音乐大单元教学区别于以往传统的音乐教学,单元统整"新"在何处呢?

一是"新"在教学目标上。首先从单元的全局思考单元教学目标,单元教学目标基于新课程标准的学段目标,教学目标要从知识本位"变"向核心素养本位,确立基于核心素养的新型教学目标。一课时教学目标的制定首先应考虑学生"学"的需要,基于学情,以"审美体验活动贯穿始终"为出发点书写教学目标,构思出着眼于学生核心素养的提升,符合音乐审美的特点,且课时内能够达成的目标。教学目标一定要看得见摸得着,可检测达成度,并关注学习过程和学习方法的指导。教学目标是课堂教学的方向、目的、纲领、统帅,也是评价这节课是否完成的唯一要素。明确音乐核心素养的内涵,并以此撰写教学目标是新课程标准新教学的首要任务。

二是"新"在教与学的关系上。小学音乐大单元教学的重点和核心在哪里?小学音乐大单元教学在于教与学关系的根本性调整。教与学关系要从以教为主变为以学为主,建立"以学为中心"的音乐学堂。核心素养引领整个教育的中心转向人(学生),在教与学的关系上也必然强调从以教为主转向以学为主。课堂学习由"音乐知识学习"变为"音乐活动体验",以大情境(大任务)贯穿音乐学习始终,用教与学关系的转变引导学生真正融入沉浸式学习的情境和任务之中。音乐课堂只有实现以教为主变为以学为主,才能真正实现"儿童在音乐课堂的中央";真正建立起学习中心的新型课堂,音乐核心素养才会在课堂真正落地。

三是"新"在学习活动设计上。以往的教学大多以老师教学生学唱这种被动接受的方式为主,这样的教学很容易使学生的学习局限于音乐知识的记忆和掌握,没有真正理解音乐作品想表达的内涵。站在单元视角的新活动以"生活真实情境的大任务"通过"学习活动"引导学生自主发现、自主探究、自主迁移和自主创新,从而使教学过程变为一种充满活力的高水平高质量的学习过程。站在儿童视角设计音乐学习活动,活动之间有一定的逻辑关联,体现音乐学习历程的连续性和完整性。学习活动设计的四个维度:整节课中,学生音乐学习体验活动的时间不能少于25分钟(占一节课时间的60%以上);音乐学习必须经历学生个人学习(独立思考)、小组合作学习(有效合作)、集体同步学习(主动探究)三个不同的学习阶段;音乐学习活动设计中,上一个活动的结束是下一个活动开始的必备条件;情境创设大任务需贯穿始终,增强身心互动,体验探究性,从而激发学生的学习兴趣。

四是"新"在教学内容重组上。教学内容组织要从音乐知识点的教学走向音乐大观念的教学,立足于音乐知识统整,推进大单元、大任务教学。教学知识内容的选择、组织和呈现是否合理是决定知识能否转化为核心素养的关键之一。小学音乐大单元学习强调注重知识的结构化、整合化、整体化,防止知识的片面化、碎片化、孤立化,这也是将所学知识转化为核心素养的基本要求。以"大观念"为支点统整课程知识是本次课标修订的关键所在。准确地提炼单元的大观念,设计基于大观念的单元教学框架,在结构中、在与生活的密切联系中进行单元整体教学,是当前教育变革的突出体现。

打破学科壁垒,打通学科的界限,培育学生跨越固有学科藩篱的整体视野和思维能力,是核心素养培育的关键问题。音乐大单元教学的突出特征就是在复杂真实情境中解决真实问题的能力和品质,这种能力和品质不是单课时可以培养的,而是在单元教学的贯通和协作中滋养出来的。为此,音乐教学内容重组要站在整个单元的视角,让单元与单元之间、课时与课时之间、学科与学科之间相互渗透、相互融合,激发学生的思想火花和奇妙创意,有助于提升学生的创意实践能力。

五是"新"在教学评价上。传统的音乐教学评价往往是一种闭环的评价模式,学生得到的是一种结果,很难激发学生不断修正学习方法的兴趣,也很难给予学生客观全面的评价,而以单元为基础的整体评价设计让评价过程成为学生学习的"发电机"。以核心素养评价激发学生的好奇心,将评价与教学目标一一对应,既要评价教学目标的达成度,还要评价学习活动的有效度,更要评价学生参与整个音乐学习活动的参与面和表现性,真正实现"教—学—评"一体化。教师观察并及时发现学生的音乐学习状态,运用多元评价和多种评价工具精准收集学生参加音乐活动的数据,科学全面地进行评价,贯穿整个音乐学习活动,激发音乐学习内驱力。

以上五个"新"的转变是为了从知识本位走向素质本位，以素养培育为教育目标。"新"是为了从以教为主走向以学为主，构建儿童本位、音乐主体的学习课堂；"新"是为了以艺术实践为抓手，构建"音乐活动中学""音乐体验中学""音乐创造中学"实践型的学科育人方式；"新"是为了以情境式大任务为支点，推进大单元整体教学和跨学科主题学习；"新"是为了培养独立思考、乐于探究、勇于实践的"人"，更好地落实因材施教，涵养热爱生命和生活的态度。

为了更好地领悟新课程标准的新理念，更好地将五个"新"转化为音乐教学行为，我们从"大单元框架""如何设计与实施大单元教学""如何设计与实施跨学科大单元教学"三个大的方面深入开展了实践研究。通过研究，我们进一步厘清了音乐单元教学是什么、大观念是什么、大单元教学的内涵是什么等大单元教学的基本概念。

在此基础上，我们尝试在一线教学中运用单元整体教学设计开展教学活动，并研究了不同类型的单元教学。例如，欣赏课为主的大单元教学设计，唱歌课为主的大单元教学设计，综合课为主的大单元教学设计，单元内教学内容整合的大单元教学设计，单元与单元之间的教学整合的大单元教学设计，单元与整册的教学整合的大单元教学设计，单元与社会生活的融合的大单元教学设计，音乐与美术融合的大单元教学设计，音乐与文学融合的大单元教学设计，音乐与科学融合的大单元教学设计，等等。通过不同主题的单元整体教学实施与研究，拓宽了小学音乐大单元教学的视野，与社会生活、文化理解联系得更为紧密，不仅提升了教师教育教学素养，也让每一个学生积极主动地参与到音乐学习中，在大单元的学习中培养学生的形象思维能力、艺术实践能力和创造能力。

希望本书所讨论的小学音乐大单元教学的方法论能够鼓励更多的音乐教育同行加入大单元教学实施研究中，协同思考，共同努力解决大单元教学实施中的问题与挑战。教师可以参考本书的课例研究，以一单元研究推动一类课型大单元教学的研究。本书不仅展现了行之有效的实施路径，并且收集整理了研究团队中大单元教学效果比较显著的教学案例。

希望本书可以帮助正在研究大单元教学的伙伴们，并能够运用到常规音乐教学之中，让我们的每一节音乐课成为美好的音乐体验，让每一个学生都能掌握一至两项艺术特长，让每一个音乐活动激发学生对美好生活的热爱与追求，懂得享受美、欣赏美、创造美，我们一起努力让音乐涵养成长，让生活变得更加美好！

刘玉琦

目录 | Contents

第二部分
如何设计与实施大单元教学

第三部分
如何设计与实施跨学科大单元教学

第一部分

大单元框架

第一章

实施大单元对音乐教学的挑战和意义

随着教育改革的不断深入,义务教育全面普及,新时代教育进一步明确"培养什么人、怎样培养人、为谁培养人"的育人目标,努力培养担当民族复兴大任的时代新人,培养德智体美劳全面发展的社会主义建设者和接班人。加强新时代中国特色社会主义人才观发展需求,以"大人才观"加快教育教学改革,为党育人,为国育才,把立德树人根本任务融入教育教学全过程。为顺应新时代教育发展需求,教育部修订《义务教育艺术课程标准(2022版)》,明确提出艺术教育核心素养导向,加强艺术教育育人模式的改革和探究,推进综合学习,整合课程内容,强化学科实践,探索大单元教学。

第一节　大单元教学的背景

1. 全球一体化进程对人才的需求

在全球一体化的今天,人类就是一个命运共同体,人才作为第一资源已成为全球经济深层次的竞争因素。在这种背景下,以经济发展为核心,注重公民素养之培养和提升的新型人才观逐渐形成。21世纪初,世界上主要发达国家提出基于核心素养的教育目标的体系化研究,并进一步研发和健全以核心素养为基础的课程改革方案。

2. 我国"立德树人"育人观的需要

党的十八大将立德树人作为教育工作的根本任务,再到党的十九大强调"落实立德树人根本任务",立德树人的重要地位不断凸显。进入新时代,以习近平同志为核心的党中央,高度重视培养社会主义建设者和接班人,坚持把立德树人作为教育的根本任务,提出"培养什么人、怎样培养人、为谁培养人"这一根本问题,开创了我国教育事业发展的新局面。

3. 新时代人才强国战略的需要

党的二十大提出教育、科技、人才是全面建设社会主义现代化国家的基础性、战略性支撑。必须坚持科技是第一生产力、人才是第一资源、创新是第一动力,深入实施科教兴国战略、人才强国战略、创新驱动发展战略,开辟发展新领域新赛道,不断塑造发展新动能新优势。坚持教育优先发展,坚持为党育人、为国育才,全面提高人才自主培养质量,着力造就拔尖创新人才,聚天下英才而用之。

4. 新课程标准改革的需要

艺术教育新课程标准顺应时代发展,顺应教育优质发展,与时俱进。2022年,《义务教育艺术课程标准》修订出版,它反映了时代特征,构建了中国特色、世界水准的义务教育课程体系。它聚焦中国学生发展核心素养,培养学生适应未来发展的正确价值观、必备品格和关键能力,引导学生明确人生发展方向,成长为德智体美劳全面发展的社会主义建设者和接班人。

5. 核心素养内涵发展的需要

随着新课程标准的修订,艺术课程目标经历了由"一维双基"到"三维目标"再到"核心素养"的变迁,体现了课程价值取向,从学科知识到学科本位,再到课程育人价值的转变,从而使学校教育教学不断回归"人本位",指向核心素养培养,使核心素养成为我国教育系统改革的顶层设计,其具有全方位、多角度、宽领域的引领意义和价值。

新课程标准也明确指出,核心素养是课程育人价值的集中体现,包括审美感知、艺术表现、创意实践、文化理解等,学生通过艺术课程的学习逐步形成适应个人终身发展和社会发展需要的正确价值观、必备品格和关键能力。新课程标准与以往最大的不同是由学习知识转为培养素养和运用能力。

6. 教育部颁布《基础教育课程教学改革深化行动方案》《美育浸润校园行动》

2023年5月,教育部办公厅印发《基础教育课程教学改革深化行动方案》的通知,提出深化课程教学改革,加强机制创新,指导、发动各地和学校深化育人关键环节和重点领域改革,更新教育理念,转变育人方式,坚决扭转片面应试教育倾向,切实提高育人水平,促进学生德智体美劳全面发展。其中指出要落实课程方案和课程标准,全面推进教学方式变革,不断深化教学改革,提高教学质量,直指课堂教学改革。

2023年12月,教育部又重磅提出全面实施学校美育浸润行动,以习近平新时代中国特色社会主义思想为指导,全面贯彻党的教育方针,落实立德树人根本任务,大力发展素质教育。以社会主义核心价值观为引领,弘扬中华美育精神,坚定文化自信。以浸润作为美育工作的目标和路径,将美育融入教育教学活动各环节,彰显育人实效,提升学生审美素养、陶冶情操、温润心灵、激发创新创造活力,培养德智体美劳全面发展的社会主义建设者和接班人。

美育浸润行动的任务和目标直接指向新课程标准核心素养内涵。即,以美育浸润学生,全面提升学生文化理解、审美感知、艺术表现、创意实践等核心素养;明确提出美育目标,初步建成跨学科优质美育资源体系,加强美育与德育、智育、体育、劳动教育的融合,坚持五育并举,推动形成全覆盖、多样化、高质量的中国特色现代化学校美育体系。

课堂教学改革要打破传统的应试教育,美育浸润行动需要美育教学有大教育观,二者为音乐教学改革指明了方向,打破学科壁垒和界限。在新课程标准的指导下,让音乐教学切实关注学生的核心素养,终身发展,寻求教学方式的变革。音乐大单元教学实践迫在眉睫。

第二节　小学音乐教学的现状

1. 音乐教师对新课程标准的实施仍停留在理论层面

2022年版新课程标准的颁布与实施,具有鲜明的时代性,它注重素养导向,融合发展,育人为本,创新实践,因此在实施过程中对音乐教师的能力要求更高。但是,目前基层音乐老师对新课程标准的学习和领悟仅停留在理论层面,纸上谈兵,没有运用到实际教学中来,在现实的教学操作中依然用的是原有的教学体系。

2. 音乐课堂教与学的教学方式没有根本改变

笔者了解到,目前音乐教师课堂教学方法还是以传统的教学方式方法为主,较为单一枯燥,造成大量学生不喜欢上音乐课,不能调动学生学习的主动性和探究性学习,音乐教学内容主要停留在教唱层面,音乐知识点的重难点教学、音乐欣赏也停留在表层。大部分教师仍然采用讲授式教学,缺乏创新和互动,未能有效激发学生的学习兴趣,难以陶冶情操,不利于培养学生的审美能力和创造能力。

3. 音乐课堂跨学科教学融合实践缺乏

多学科融合是一种跨越学科边界、促进学科间相互渗透和交叉的活动,其核心是基于不同学科之间的差异与联系,不断推动学科间的融合,扩大知识的运用,提高创造性地解决问题的能力。音乐作为一门综合性艺术,通过"联系",学生需将音乐与社会生活、与姊妹艺术及其他学科加以关联和融合,开阔文化视野,提升文化理解素养。但在实际教学中,真正意义上的跨学科融合并未真正实现,其研究和实践还停留在口头表达上。从真正意义上实现跨学科融合教学,是音乐大单元整体教学研究和实践的重要部分。

4. 音乐教研大单元教学整合思维意识不强

新课程标准颁布以来,各地掀起学习的热潮,学习新的理念,研究新的教学方式方法,但是音乐学科大单元教学在实际运用中仍然没有贴合新课程标准理念的整体教学进行构建,"教、学、评、研"一体化教研机制尚未形成。具有结构化、课型多样的教学设计,对教材的整体"消化"、确立大单元教学核心观念、进行整合内容的教研思维依然缺乏。理论和教学实施,存在着"两张皮"现象。

5. 以核心素养为导向的教学实践创新不够

在我国如今的小学音乐教学中,教育工作者不断谋求新的教学理念和教学方式,我国很多地区有着很不错的教学创新举措,但是重知识技能传授,轻实践创新的培养模式还是普遍存在。传统音乐教育强调知识的传授与记忆,而以核心素养为导向的课堂教学则更注重培养学生的创新思维与实践能力。目前,我们音乐课堂教学的基本结构没有改变,仍然以知识技能传授为主,在学生创新思维和实践能力培养上还需要以核心素养为导向,对课堂教学进行重构。

6. 音乐课程内容与社会生活联系不够紧密

现代社会发展迅速,科技发展日新月异,学生学习的方式也发生了巨大变化,课堂不再是学生获取知识的唯一途径,现有的教材内容已经满足不了学生对音乐学习的要求。

在新形势下,特别是新课程标准的提出后,作为小学音乐教育者,必须转变思想、学习创新,常思"培养什么样的人""如何培养人"。在音乐教学中,音乐教师应充分选择、整合和运用教学资源,让学生爱音乐,爱上音乐课,运用提质增效的教学手法,为学生赋能。

笔者认为,音乐大单元教学不失为小学音乐教学中有益的教学途径和探索。

什么是大单元教学?笔者通过理论联系实践,认为大单元教学可以是单元教材中呈现的单元,也可以是视实际情况在大观念统一下,依据课程标准对教材重组形成的新的单元。它是以同一主题下的不同内容为学习单位,聚焦学科课程核心素养,围绕某一主题或活动(大观念、大任务、大项目),对教学内容进行整体思考、设计和组织实施的教学过程。笔者认为,音乐学科大单元是在实施教学核心概念、教学活动大任务、教学内容大观念的大单元整体教学框架下进行的。

第三节　实施音乐课程大单元教学面临的挑战

1.教师需具备大单元教材整合思维

在传统的音乐教学中,通常教材内容和知识是分课时设计的,比较零散、为教材而教;而大单元教学立足整体教材解读,教学过程中需要更多的是教学资源的整合,教材不是唯一,而是教学资源的一部分。围绕大观念、核心概念,大单元教学要将教材和教材以外的资源为我所用,摈弃唯教材观,通过"联系",将音乐与社会生活、姊妹艺术及其他学科关联和融合。

那么,如何进行教学资源的整合? 如何在整合中把握教学重点和难点,设定新课程标准理念下的核心素养目标? 如何设计和实施大单元框架? 如何进行跨学科融合? 这些都需要在大单元教学中转变思维,围绕大观念,根据教学需要,选择合适的教材内容,并整合其他教学资源,突出学生核心素养目标。精准把握大观念,明确大单元教学目标与分课时目标的关系,围绕大观念开展任务活动学习。学生最终生成的体验才是判断音乐大单元教学成功与否的关键。

2.教师需具备丰富的音乐教学方法

众所周知,音乐教师学科专业性很强,专业技能突出一专,如声乐、舞蹈、器乐等,很少有音乐教师具备全面音乐专业技能。但是,音乐教学涵盖了音乐门类的方方面面,尤其是大单元教学的教学目标丰富、内容具有统整性、教学过程复杂,容易导致音乐教师在备课和教学设计上的"能力恐慌"。

所以,音乐教师由于其学科专业的特性,面临着音乐学科教学多样性的挑战。音乐教学涵盖着多个音乐艺术门类,音乐教师需要平衡自身专业和学科教学多样性,大单元教学对教师基于新课程标准实施教学的专业意识提出了新的挑战。教师需要具备较高的综合素养,才能更好地进行教学设计和组织。

在以往的传统教学中,音乐教老师多以课时教学为主,导致教学方法单一,以至于学生对音乐要素的学习机械化,无法真正"学好""会学"。学习停留在表面,一节节课下来,学生所接触到的音乐知识也是零散的、片面的,很难前后关联,更难实际运用。

大单元教学需要教师与时俱进,具备较强的教材解读和单元整合设计能力,需要对教材内容进行深入研究,找出合适的主题和任务,将各个知识点进行有机融合,由珠穿成串,形成具有结构化、课型多样的教学设计。在此过程中,教师要更加熟悉教材,进行整体"消化",以及核心概念整合,确立大单元教学大观念,进行丰富多样的教学。

3.教师需具备信息技术和跨学科的融合能力

在大单元教学中,教师需要将多个知识点整合到一个大单元大观念中进行教学,要求音乐教师具有纵向和横向课程教研设计能力,需要教师在教学设计时考虑到更多的因素,过程之复杂需要教师花费更多的时间和精力来进行课程设计和准备教学资源。

传统的教学技术手段已经无法满足大单元教学的多样性、综合性的需求。

教师需要利用现代教育技术,制作课件、视频、音频等教学资源,以丰富教学内容和形式。这些教学资源可以帮助教师更加生动形象地展示教学内容,激发学生的学习兴趣和积极性,更需要教师具备信息化资源整合素养。

4.教师需关注学生个体差异与整体参与性

学生的学习进度和能力差异较大,如何在大单元中兼顾学生的个性化需求和整体推进,是一个挑战。大单元教学注重学生的认知规律和个体差异,教师需要针对不同学生制定不同的教学策略,以实现全体学生的全面发展。尊重学生个体差异,又能兼顾到全体学生的参与度是活动任务的设计难点和挑战。

传统的音乐教学还普遍存在着学生被动式学习,知识的传授还是以讲授为主,而大单元音乐教学具有逆向思维,即指向核心素养培养而采用多种学习方法。在大任务活动下,改变教和学的方式,只有学生主动探究学习才能完成大单元的大任务,一切教学活动和项目式任务均指向学生学习,以培养学生为宗旨。

兼具国内基础教育学情,大单元教学还需要考虑到学生的个体差异和学习需求,设计出适合不同学生的教学方案和评价方式。这就需要教师具备因材施教的教学能力和灵活的教学策略,并在此基础之上,兼顾学生的整体参与性。

第四节　基于大单元教学带给我们的困难和挑战,其在实施的过程中又有哪些意义

新课程标准的修订坚持目标导向、问题导向和创新导向,突出艺术实践,通过审美浸润,培养高素质的人才。大单元教学是落实审美核心素养的重要教学方式,是新时代发展中音乐课堂新变革的体现,其对于人的培养主要体现在以下几个方面。

1.有助于创新人才的培养

在新课程标准核心素养目标指引下,学生能从大单元教学的实施中,系统地学习知识,并上下关联,更利于系统化学习。大单元教学中涵盖的知识经过教师系统地由浅入深进行设计,教学活动变得系统化,而学生在系统化的学习中有更多的时间进行核心活动的体验,思辨能力也能得到培养。

在传统的音乐课堂中,教师以音乐知识的传授为主,在此过程中,学生很少能参与知识的构建,学生能够实际运用的机会也很少。新课程改革推行后,音乐大单元整体教学强调音乐学习的大观念,更重视学生参与课堂实践,以及学生对音乐知识的实际运用,同时更注重音乐与相关文化、其他学科的融合,全面提升学生的音乐核心素养,开拓创新思维,契合新时代背景下创新人才的培养目标。

2.有助于教学水平的提升

新课程标准要求音乐教师要跳出"课时"看"单元",从教学中抽丝剥茧,最终落实核心素养。在思考"教什么""怎么教""如何提质增效"的过程中,教师的大局观和大观念的思维方式得以成形,分析音乐要素与学生能力的关系更加精准。以设计丰富的教学流程实施教学,评价反思与改进,实施"教—学—评"的完整性和指导性,教师自身素养和教学技能水平能力得以提升。

3.有助于教学结构的改变

大单元音乐教学全面改变音乐课堂教学模式,由传统的教与学,变革为以学为主的探究式学习。学生在大任务的活动体验中,结合系统的音乐知识进行探究式学习,学会对知识进行整合、迁移并运用,达到培养学生能力的真课堂。聚焦真问题,精准实施课堂教学。

在实际教学过程中,教师需要创设真实情境,引导学生参与各种活动,并能把脉到大单元教学中的真问题,落实真问题,以保证教学目标的实现。

任务是课堂实施的重点抓手,任务的质量直接影响课堂实施的各个环节。学习任务要做到知识问题化,问题层次化,突显学习路径和方法的引领,使学生一步步走向预设的高度,激发学生的学习兴趣和主动性,促进学生的思维发展和知识建构。

4.有助于育人价值观的体现

社会主义核心价值观深深根植于中华优秀传统文化沃土中,通过传承和弘扬中华优秀传统文化,获取丰润的道德滋养,夯实中华民族共有精神家园的文化根基。音乐大单元教学在大观念的统领下,传承和发扬传统文化,增强国际跨文化学习,增进不同文化之间的了解和认同,是有效落实核心素养的社会育人价值观的体现。

第二章

学生在大单元音乐整体教学中的获得感

"获得感"一词来源于习近平总书记在中央全面深化改革领导小组第十次会议上提出的"让人民群众有更多获得感"。"获得感"多指让人民群众共享改革成果的幸福感。

在音乐学习中,获得感来源于对音乐学习的收获,是一种音乐任务学习的惯性和探索,具有完成既定项目的能力。让精神文化"富"起来,就会成就实实在在的"获得感"。

第一节　音乐大单元学习的"获得感"

学生在音乐大单元整体教学中的获得感,具有主观性和客观性、生成性和终结性特征,在大观念的统领下,更加系统化,活动任务更多指向体验项目式解决问题,课程目标在审美感知、艺术表现、创意实践、文化理解的要求下更明确更深入。在这一过程中,学生能力得到充分的培养,对实现自我价值、满足自身需求有进一步的认识与体验,在个人成长、成就体验、终身学习上,具有获得人生幸福的能力。

音乐大单元教学是在新课程标准的理念下,在美育浸润校园的大教育观下对音乐课堂乃至音乐教学的方法的重构。直面未来的教育,我们要多多思考育人核心:培养什么样的学生? 谁来培养学生? 如何培养学生? 答案是:培养具有品德高尚、全面发展的社会主义建设者和接班人,培养具有跨学科学习、自主学习的能力和社会适应能力的人,更好地适应未来社会的需求。在这一目标定位下,学生在大单元整体教学中,享有教学成果,即大单元学习"获得感"。

大单元整体教学的核心是指向核心素养的培养。《义务教育艺术课程标准(2022年版)》着重强调了发现身边的音乐学习和探索生活中的音乐这一学习任务,让音乐与生活联系更紧密,让音乐为生活服务,而不是单纯学习音乐技能。从生活中学习音乐,学生会更加快乐,思维更加活跃,理解更加深入,运用更加灵活,创新更加多样,从而获得综合能力的整体提升。

在大观念的统领下,学习更加具有融合性和递进性,教材不再单一,教学资源为我所用,从而更好地挖掘教学内容多方面的育人价值。教师明确教什么、怎么教,学生才能明确如何学、如何用,才能不仅仅提升能力,而且提升综合素养,激发想象力和创造力,感悟音乐学习的意义和艺术实践的价值。

指向核心素养的大观念教学,超越零散的知识、技能,将教学内容与相关文化有机整合,促进学生对知识进行整体联系和建构,形成深层次连接,帮助学生实现从知识到技能到运用的迁移,提升他们综合解决问题的能力,使其更具有成就感。

第二节　音乐大单元学习的 "获得感"有哪些

1.学生拥有完整的音乐体验,收获体验感

在大单元教学中,音乐知识是由易到难系统性设置的,并通过不同的活动方式让学生进行学习体验,同一个音乐要素通过不同的形式进行呈现。例如,在大单元整体设计中,音乐要素会渗透在歌唱、欣赏、乐器学习、舞蹈律动等各种表现形式中。让学生参与体验式学习,由浅入深,这样的学习让学生深刻体验音乐要素在不同的体裁中的表达,学生获取知识更加完整。

同时,在音乐大单元整体教学中,由于围绕大观念任务式学习,学生可以学习音乐知识的不同表达,对知识的运用进行迁移,还与社会生活相联系,让学生参与生活中音乐要素的学习,进一步加深对音乐知识的运用,进行扩大学生学习范围,获得更完整的审美感知和审美体验。

2.学生具有主动思考的习惯,收获快乐感

传统的音乐教学注重教引起学,学生主动探索的欲望没有得到充分挖掘;大单元教学更注重教学内容的整合性,凸出重点和活动任务,让学生有更多学习探究和发挥的空间。

由传统的教师推动到学生为了解决问题而主动探索、追寻的问题推动,在这一种过程中,学生的内驱力被点燃,学生更为主动,带着科学思维进行学习,立场的转变将大大激发音乐学习和探究的欲望。

音乐大单元整体教学实施就是以大观念系统化的教学设计进行任务式驱动,以此来促进学生主动地、深层次地探究学习。音乐大单元教学出发点是审美学习、审美体验、审美实践,即学生的学习要以核心素养为根本指向,一切教的实践都围绕学生"学什么""如何学"展开,一切音乐学习任务都是促进和服务于学生深度学习的手段或条件,以学生为主体,一切学习环境都旨在辅助学生的主体性学习。

故而,在整体的学习环境中,学生的学习愿望被激发,想要解决问题必须自己学习。学习的过程不再是告诉、教授,而是学生不得不为了获得而去主动学习。每个学习的个体都不再是学习的旁观者,在此学习环境下,学生的持续性学习愿望被点燃,进行主动学习、快乐思考。

3.学生拥有解决问题的能力,收获成就感

探究式学习需要内驱力的驱动。在核心素养的指挥棒下,教学活动变成活动任务。带着任务去学习,符合小学生好奇的心理特点。围绕活动带着任务去解决问题,学生主动思考、团结配合,由固化思维向发散思维转变。

学习过程不再是形式化的表演,而变成探究式的真学习、深度学习。学生在学习过程中也经常会脑洞大开,积极表达,从而获得成就感。

内驱力的获得来自问题的解决。音乐大单元整体教学就是围绕大观念,利用教学资源,抛出若干个问题,进而形成大问题。学生在学习的过程中犹如打开了通往神秘世界的大门,通过对一个个问题的探究突破,最终找到解决大问题的摩斯密码。

4.学生与社会生活更贴近,收获价值感

融合和实践是大单元教学的显著特征,情境创设让学习润物细无声,音乐审美由审美感知、审美体验到审美实践再到审美创造,经历了学习—迁移—运用—创造这样一个思维过程,审美能力得到大大提升。在此过程中学生在小学阶段就能掌握一到两项艺术技能,艺术素养及能力大大提升。

由于音乐大单元教学改变了教学方式,学生的学习过程是不断的音乐实践的过程,学生在大单元整体教学中亲身体验实践,例如进行音乐创作、音乐表演和聆听,进而积累音乐经验。积累音乐经验是大单元整体教学的终极目标,而并非获取知识和技能。

音乐大单元教学以小组合作的方式进行,学生既体验到个人价值也体验到个人在团队中的价值,其责任意识和服务意识得到增强,这种内驱力让学生更加自信。

5.学生审美能力得以提升,收获幸福感

音乐大单元整体教学站在音乐教育的高点上,高屋建瓴地提出音乐审美融合,既要和学科知识融合,也要和姊妹艺术、社会生活融合,同时和"五育并举"的培养目标融合;更要站在全球化的趋势上,与国际先进教育、世界多元文化进行融合。音乐大单元整体教学有拓宽学生视野,让学生的个性化、多样化需求得以发展,并与社会发展新变化、科学技术新成果同步,突出时代性特征。

学生审美素养得以提升,拥有善于发现美的眼睛,同时具备"美学决定"[①]的能力,学会独立思维和独立判断,最终获得终身学习的能力和社会生活幸福感的体验。

在音乐大单元整体学习环境下,学生要具有全球化视野。音乐学习不再只发生在课堂,而是时时、处处学习。课堂的学习不再是知识的传授而是方法的获得,课外的学习不再是娱乐零散的表层学习,而是在大观念下的问题学习、项目学习、聚合学习、创新学习。

---

① 梁宝华.音乐创作教学——理念、原则和策略[M].北京:人民音乐出版社,2014.

第三章

大单元框架的
本质特征

第一节　音乐学科大观念

"大观念"是一个"舶来品",由"big ideas"翻译而来。张华认为,只要是基于"big ideas"的翻译——"大概念""大思想""大创意",都可作"大观念"理解,国内各学科课程标准中的"大概念"也可作"大观念"理解。[①]《义务教育课程方案(2022年版)》在"关于课程标准"内容中指出,"基于核心素养发展要求,遴选重要观念、主题内容和基础知识,设计课程内容,增强内容与育人目标的联系,优化内容组织形式"。在此背景下,越来越多的学科,特别是艺术、英语等人文学科开始采用"大观念"这一表述。

1. 什么是"大观念"

"大观念"居于学科知识结构的核心,是具有迁移性的"活知识",致力于形成解决问题的能力和素养,是具有统摄性的概念性知识,能够将相关的学科概念进行抽象概括与整合。"大观念"主要从"大"字入手,是"反映学科的本质,居于学科的中心地位,具有较为广泛的适用性和解释力的原理、思想和方法",其表述方式

---

① 雷天胜."五问"音乐学科大观念[J]. 中国音乐教育,2023(9):25-33.

多为一种观点、认识或是观念。

张华认为,"大观念、大单元、大任务、大情境"等"大"在其"强而有力"——能够帮助学生"强而有力"地解决真实情境中的复杂问题。余文森认为,"大概念"之"大"在其"中心位置",并将其隐喻为最具再生力、生发力和预示力的"细胞核",强调其位于学科知识结构的"最中心圈层"。刘徽认为,"大概念"之"大"在于"生活价值",它是理解的锚点,因其反映的是专家思维而具有迁移到生活之中的价值。徐洁认为,"大概念"的"大"不在于宏大、广大和基础,而是"核心",是学科的骨架和主干,是在事实基础上抽象出来的深层次理解。

2. 什么是音乐学科大观念

音乐学科大观念教学是指以音乐学科大观念为核心内容,以音乐实践为主要学习方式,以发展概念性理解与涵育核心素养为目标的教学方式。以下是从《中国音乐教育》期刊文章中,遴选的5条音乐学科大观念的表述:一是音乐是各民族共同的语言;二是民族音乐是中华民族伟大复兴的历史见证与艺术升华;三是劳动创造音乐,音乐有助于劳动;四是音乐风格是在其独特的音乐语言和音乐文化中产生的;五是中国民歌有着独特的风格,体现了中华民族的文化特征。

3. 音乐大观念的特征

第一,从行文特点看,音乐学科大观念是一个句子,而非词组。尽管威金斯等学者认为大观念可以是多种形式,如"一个词、一个短语、一个句子或者一个问题",但就音乐学科的知识结构与概念体系来看,较难用单个词、短语或者音乐学习主题等方式书写音乐学科大观念。

第二,从表达目的看,音乐学科大观念是一种观点的表达,而非知识点的罗列。音乐学科大观念应当能让读者(学生)轻松地获得文本中鲜明的学科观点,而类似于江苏民歌的音乐特点、作曲家的代表作品、歌曲常用的创作手法等知识点的罗列,则无法呈现相应的学科观点。

第三,从获取路径看,音乐学科大观念是一种抽象概括,而非具体概念。大观念是在抽象层面对不同学科概念关系的概括,具有普通概念不具备的联系整合功能。例如,音乐风格、音乐语言和音乐文化等都是音乐学科中的具体概念,其本身不具备大观念的相关特征,但将它们之间的关系抽象概括成"音乐风格是在独特的音乐语言和音乐文化中产生的"之后,便有了大观念的概念视角和统摄作用。

第四,从适用范围看,音乐学科大观念是一种持续性理解,而非一课一得,是"少而精"的课程内容,因此不需要每节课都提炼不同的大观念。音乐学科大观念具有典型性与持久性特点,需要学生在不同课时、不同单元、不同阶段持续地进行理解与建构。例如,学生虽然在不同学段均会学习到中国民歌,但对民歌作品的独特风格和文化特征的概念性理解,则需要持续性加强与螺旋式建构。

4."大观念"和"大单元"的关系

崔允漷认为,大单元是一种学习事件、一个完整的学习故事,一个单元就是一个微课程。其核心特征在于,大单元将教学设计的原点从教走向学,由学科本位转向育人本位,以发展学生的概念性理解为根本目标,以知识的高通路迁移促进知识与技能向核心素养的转化。大观念的本质在于理解性教学。

从这个角度看,一方面大观念是大单元教学的关键所在,大观念统摄着大单元教学。另一方面,大单元是大观念教学最有效的实施方式。布鲁姆指出,理解是通过有效应用、分析、综合、评价来明智、恰当地整理事实和技巧的能力。这意味着学生在学习过程中的理解,很难在单一课时或者单一知识点的学习中获得,需要通过大单元的学习方式,整合相关学习素材,并建立学习序列的逻辑性。在具体—抽象—具体的认知过程中,学生可从不同的角度、维度与程度,持续深入地认知、迁移与应用,建构对大观念的理解。

第二节　单元大任务

单元大任务是重要的单元组织者。实施大单元教学是核心素养落地的一条重要路径,它能让我们从"课时站位"到"单元站位"。学生对大观念的建构,需要建立在具身实践与体验之上,而对大观念的理解与应用,也需要表现在贯穿整个学习过程的驱动性学习任务中,这种聚焦大观念的学习任务就是大任务(也称情境任务或者表现性任务)。

1. 音乐学科单元大任务的特性

大任务是学习任务与真实性情境的合体,它与大单元学习过程的大情境相互观照、互为补充。设计单元大任务要把握它的两个特性:一是整体性,大单元是大观念教学最有效的实施方式,而大单元整体教学的关键在于,能否通过一以贯之的单元情境任务驱动单元学习,进而构建单元学习的整体性;二是真实性。大任务之所以具有音乐学习的驱动力,还在于它的真实性——来源于学生的生活,将具体化、趣味性、挑战性的学习活动融为一体,并依靠音乐学科的知识与技能解决生活中的难题。

2. 设计单元大任务需理清的六个问题

要做什么——主体行为。单元大任务是一件事,而不是"思维""意识",具有外显性;是完整的事,而不是一些碎片化的事,是具真实性的事。真实性不完全等于"真实",它可以是生活的真实,也可以是"拟真"的真实,更多指向思维方式的真实。

做成什么——行为结果。单元大任务达成的结果就是做事的结果,如形成了怎样的美感,确立了怎样的观念,解决了什么问题,完成了哪项任务,编创了什么动作等,而不仅仅是"记住了哪些知识""学会了哪些技能"等。

用什么做——知识技能。基于单元大任务的学习是要让传统意义上的"双基"在单元大任务中得到落实与升级。所谓"落实",就是单元大任务中不能为了一个"核心素养"的概念,就将本单元的知识点、能力点落空。所谓"升级",就是要把这些知识与技能"用"起来。

与谁一起做——社会建构。完成单元大任务,需要独立思考,也需要伙伴学习。因此,我们需要考虑完成任务的合作伙伴,还需要考虑任务完成过程中的角色分配等。

何时何地做——真实情境。单元大任务是在单元学习情境中完成的,这个情境应该具有真实性,应该考虑任务背景、具体时间、情境地点等。

有什么用——育人导向。所谓"育人导向",是要结合具体任务说明核心素养的落实。

第三节　音乐学科大单元目标的设计

根据大单元的主题,制定具体、明确、可测、可评、可迁移的单元目标。这些目标包括审美感知、艺术表现、创意实践和文化理解四个方面。其紧扣素养导向,与学生的实际情况和课程标准要求相符合。

1. 大单元目标设计的步骤

1) 解读艺术课程标准

艺术课程标准是指导和规范艺术教育教学的重要文件,它涵盖了艺术教育的目标、内容、教学方法和评估标准等方面。解读艺术课程标准,可以从以下几个方面入手。

(1)课程目标:艺术课程标准明确了艺术教育的目标,通常包括培养学生的审美情感、创造力和表现力,以及对艺术作品和艺术史的理解和欣赏能力。解读课程标准,教师可以对照标准思考所定目标是否具体、明确,是否符合学生的年龄特点和认知水平,以及是否有助于培养学生的综合素养。

(2)课程内容:艺术课程标准规定了艺术课程的内容,包括音乐、美术、舞蹈、戏剧等各个艺术门类,以及相关的艺术理论、历史和文学知识。解读课程标准,教师可以对照标准思考所定内容是否丰富多样,是否符合学生的兴趣和需求,以及是否有助于拓展学生的艺术视野和提高他们的艺术素养。

(3)教学方法:艺术课程标准倡导的教学方法通常是多元化的,包括实践性教学、情境教学、合作学习等。解读课程标准,教师可以对照标准思考所定方法是否能够激发学生的学习兴趣和积极性,是否能够促进学生主动学习和自主探究,以及是否能够培养学生的合作精神和创新能力。

(4)评估标准:艺术课程标准还规定了对学生学习成果的评估标准,这通常包括学生的作品、表演、展示等。解读课程标准,教师可以对照标准思考所定评价标准是否科学、合理,是否能够全面、客观地反映学生的学习成果和进步,以及是否能够促进学生的持续发展。

课程标准是教学的基本依据,是教师进行教学设计、备课和授课的重要参考。通过研读课程标准,教师可以更加深入地理解教育的本质和目的,关注学生的全面发展,为学生的成长和发展提供更加优质的教育服务。通过研读课程标准,教师可以接触到最新的教育理论和教学实践,进而不断更新自己的教育观念和教学方法。通过研读课程标准,教师可以更加清晰地了解学科知识的内在逻辑和关系,把握教学的目标,从而更加准确地制定教学计划和教学策略。所以,音乐教师在解读艺术课程标准时需要全面、深入地理解其内涵和要求,同时结合学生的实际情况和教学实践,灵活运用各种教学方法,以实现艺术教育的目标和任务。

2)解读文本

解读文本要围绕我们的音乐要素、人文内涵、作品背景等多个方面综合考虑,包括音乐的基本元素、结构和形式、情感和意义等,明确本学期音乐教学的总体目标和要求,了解单元内容的前后关系及地位。同时,还需要结合学生的实际情况,选择适合他们的音乐作品和解读方式,从学科素养角度分析本单元的育人价值。例如:

(1)了解音乐的基本元素:在解读音乐文本之前,需要了解音乐的基本元素,包括旋律、节奏、和声、音色等。这些元素是构成音乐的基础,对于理解音乐的结构和形式非常重要。

(2)分析音乐的结构和形式:音乐文本通常包括歌曲、乐曲、舞曲等不同类型的音乐作品。在解读这些作品时,需要分析它们的结构和形式,了解作品的曲式、调性、和声等方面的特点,这有助于理解作品的整体风格和特点。

(3)探索音乐所表达的情感和意义:音乐是一种情感表达的艺术形式,音乐文本中的作品通常也蕴含着丰富的情感和意义。在解读这些作品时,需要探索作品所表达的情感和意义,理解作品所传递的信息和价值观。

(4)结合学生的年龄和认知水平:音乐文本的解读还需要考虑学生的年龄和认知水平,因此在解读音乐文本时需要结合学生的实际情况,选择适合他们的音乐作品和解读方式,为每个学生提供适合他们的教学内容和方法。

(5)借助多种手段进行解读:可以借助多种手段解读音乐文本,如聆听想象、旋律线感受、律动表演等。这些手段可以帮助学生更全面地理解音乐作品,提高他们的音乐素养和审美能力。

3)确定大单元主题

根据课程标准和教材的要求,结合学生的实际情况,通过明确教学目标、分析学生特点、选择音乐内容、设计教学方法和制定评价方案等步骤,确定一个符合学生需求和教学目标的大单元主题,从而有效地促进学生的音乐学习和素养提升。以下是确定音乐大单元主题的一些步骤和建议。

(1)明确教学目标:首先,需要明确教学目标,即希望通过这个音乐大单元,让学生能够掌握哪些音乐知识和技能、培养哪些音乐素养。这些目标应该与课程大纲和艺术课程标准相符合。

(2)分析学生特点:了解学生的学习基础、学习能力和兴趣爱好,针对他们的音乐知识掌握情况、认知实践程度,制定教学方案,确定适合他们的大单元主题。

(3)选择音乐内容:根据教学目标和学生特点,选择适合的音乐作品来丰富大单元的主题。这些作品可以包括不同风格、不同时期的音乐作品,也可以包括不同类型的音乐作品(如歌曲、器乐曲等);同时,要确保所选作品具有一定的代表性和艺术性,能够体现音乐的核心价值和审美特点。

(4)设计教学方法:根据所选音乐内容和教学目标,设计适合的教学方法,包括音乐欣赏、演唱演奏、综合性艺术表演等多种形式,以帮助学生全面理解和感受音乐作品;同时,要注重学生的参与和体验,让他们在实践中感受音乐的魅力。

(5)制定评价方案:制定明确的评价方案,以便对大单元的教学效果进行评价,评价方案可以包括学生的参与度、作品完成质量、知识技能掌握情况等多个方面,通过评价结果的反馈和分析,可以及时发现问题并进行调整和改进。

2. 大单元目标的设计标准

(1)撰写单元目标时应清晰课程目标、学期目标、学段目标、单元目标、课时目标的差异。

(2)单元目标是单元主题的具体表现和学科素养的具体化,需要有机融合知识、方法、观念、能力等各维度。

(3)单元目标应具有整体性、发展性、指导性特征,便于课时目标的分解和实施。

(4)单元目标要体现思维进阶,引领学生完成"登山式"的课程学习过程;强调"学有所成(成果)",学习结果应符合学科课程性。

(5)单元目标依据课时的划分,对单元内容进行整体分析,厘清单元内容的内部逻辑关系;解析课程标准,明确做什么、怎么做、做到什么程度,根据基本学情,确定单元学习目标;根据单元目标进行序列化、具体化的分解,阐述课时目标。

3. 大单元目标的设计的原则

单元目标是单元整体教学的重中之重,所有的教学都是从目标出发,以实现目标为归宿。在进行大单元目标设计时应注意:

1) 立足素养,提高站位

相比于传统的双基目标和三维目标,核心素养的提出使目标设计的站位从"知识本位"转向"素养本位",引领教师在进行单元目标设计时把握立德树人这一根本任务,关注"人"的发展。新时代教师在设计单元教学目标和单元学习目标时,都应有整体意识。立足教学,走向教育;立足教育,走向社会;立足社会,走向学生。

2) 聚焦主题 高度概括

单元整体目标是站在宏观的高度,对某一主题或任务进行整体规划,具有高度的概括性与指向性。一般单元整体目标,需要从课程标准中提炼,以核心素养的达成、学业质量的实现为基准。

钟启泉教授强调"核心素养—课程标准(学科素养或跨学科素养)—单元设计—课时计划"是课程发展与教学实践中环环相扣的链环。崔允漷教授也提出,将社会主义核心价值观课程化的专业路径是建立"教育目的(理想)—学科目标(课标)—教学目标(师生)"的整体体系。因此,明确目标的整体体系是制定单元目标的前提。

第四节　建构大单元框架

单元框架指基于学科核心素养和课程标准要求,根据学生认知规律和基本学情,以一个主题(专题、话题、问题)为核心,根据单元目标组织、联结学习内容所形成的前后贯通的学习情境、学习任务、学习活动和学习评价。

1. 什么是音乐学科的大单元框架

音乐学科的大单元框架是指以音乐大任务为支点,以学科实践的学生活动为主要抓手,推进大单元教学的整体学习,以及推进大观念、新课程标准、新理念的一种完整的学科育人方式。大单元框架是"网",核心素养是"鱼",大单元框架就如撒网捕鱼。

2. 单元框架有哪些核心要素

单元框架的文本内容由单元主题(大观念)、单元教材分析、单元知识点及目标、学习难点诊断、单元课时划分、单元学习评价六个部分组成。单元主题可以是教材中的单元主题,也可以是拓展教材单元主题而形成的主题,还可以是从单元中提取的核心概念。单元教材分析要把握教材的上位概念和深层意义,找准知识与知识的纵横联系及知识与生活的广泛联系。目标表述要符合课程标准中该学段的要求。学习难点诊断不仅要提出本单元的学习难点,还要提出突破难点的预设方法。单元课时划分要依据单元目标及重难点科学安排。单元学习评价指标与学习目标要保持一致,既关注结果也关注过程,指向学习质量的提升。

3. 怎样有效运用单元框架

(1)以单元框架中的六个板块作为常态教研中研讨的主要内容,让教研对象更加明确,主线更加清晰。

(2)在常态教研活动中以单元框架为导向设计单课时教学,让前后课时之间形成知识体系的螺旋式上升,为教研活动的开展提供有力支撑。

(3)聚焦单元框架中的评价标准,在教研过程中研讨单元评价与单元目标是否一致、单元目标是否体现了思维进阶、如何运用单元评价检验单元目标的达成度等问题。

(4)在教研过程中运用单元框架设计学生活动任务群,整体构建相对独立又互相关联的学习活动,让教研更深入。

第五节　大单元的资源整合

《义务教育艺术课程标准(2022年版)》重点解读了"突出课程综合"这一课程理念:以各艺术学科为主体,加强与其他艺术的融合,重视艺术与其他学科的联系,充分发挥协同育人功能,注重艺术与自然、生活、社会、科技的关联,汲取丰富的审美教育元素,传递人与自然和谐共生理念,促进学生身心健康全面发展。

1. 与教材相关的内容整合

首先,我们需要明确音乐学科的教学目标,对现有教材内容进行梳理,根据教学目标筛选出重要的、基础的、有代表性的内容。同时,根据学生的年龄、兴趣、背景等因素,选择适合他们的教学内容。在梳理和筛选的基础上,对教材内容进行整合、优化,可以将相关的知识点、技能点进行整合,也可以从实践活动、人文内涵出发进行整合,形成更加系统、完整的教学内容。大单元教学最核心的教学理念是对教材相关的内容进行整合,为教学内容的系统性和完整性做保障。教师在这个过程中,需要立足于音乐学科本身的特点,学生实际的学习情况以及学生的思维认知水平,对教材的相关内容进行系统性分析与整合,有意识地做到承上启下,帮助学生在学习新知识的同时巩固旧知识。

2. 跨学科整合

音乐学科与其他学科有着密切的联系,如文学、历史、美术等。教师在设计教学时可以依托教材内容,厘清每个概念之间的联系,从中挖掘大单元的核心概念及其统领的小概念,结合单元的教学内容,与其他学科进行整合,形成跨学科的教学内容。这不仅可以丰富教学内容,还可以提高学生的综合素质,从而掌握用多学科思维解决问题的方法。

3. 与生活相关联

音乐源于生活,又高于生活。纵观艺术家们创作的作品,其灵感通常都来源于现实生活。教师应该将音乐教育与生活有机地融合起来,让学生了解音乐创作的灵感来源,引导学生感知、体验生活中多种表现音乐之美的途径和方法,发现音乐在生活中的无处不在、无时不有。让音乐真正融入生活。

第六节　单元评价

《义务教育艺术课程标准(2022年版)》指出:"评价是检验、提升教学质量的重要方式和手段。要充分发挥评价的诊断、激励和改善功能,促进学生发展。"教师要重视教学评价的意义和作用,合理运用单元评价,充分发挥其多种功能,为课堂增效,促进学生发展,实现学、教、评一致性。

1. 单元教学评价的基本原则

教学评价涉及学生的学习态度、学习习惯、过程表现、学业成就等多方面。它是教学活动的一个重要组成部分,贯穿音乐学科学习的全过程和教学的每个环节,检验学生"学得怎么样"的重要依据。

1)"以学定教""先学后教"

单元评价是完善学习、评估效果并反馈教师教学的重要手段。把学、教、评当作整体来考虑,坚持"学—教—评"一致性,从而实现学教评一致的整体目标。"学—教—评"一致性提示的是,"以学定教""先学后教"。

从《义务教育艺术课程标准(2022年版)》来看,它先规定宏观的课程目标以及学生学习的内容和质量,回应学生"学什么""学到什么程度"的问题,再提出教学建议,回应"教什么""怎么教"问题,最后给出评价建议,引导师生反思"学得怎么样""教得怎么样"。可见,明确学的内容和要求是前提,在此基础上,再考虑教和评的问题。

2)"以评促学""以评促教"

"学—教—评"一致性还强调"以评促学""以评促教"。评价不是终点,而是下一阶段学习的依据和教学的起点,它贯穿整个教学过程。评价要能够反映学生的学习能力,便于教师分析学习状况和教学效果,并据此调整教学。因此,实施评价的目的是为教学服务,为学生服务,促进教与学的可持续发展。

2. 单元教学评价的整体框架

单元教学评价的设计应重视评价的导向作用,倡导评价的过程性和整体性,符合《义务教育艺术课程标准(2022年版)》理念。下面从评价内容、评价形式和评价标准三个维度构建评价框架。

1)评价内容

评什么的基础是学什么和教什么。因此,评价内容应依据教学内容而定。

2）评价形式

艺术课程评价包括诊断性评价、过程性评价和终结性评价。诊断性评价是教学活动开始前以检查学生能力起点为目的的评价,过程性评价贯穿学习全过程,终结性评价包括学业水平考试和过程性评价的综合结果。评价形式要根据不同的评价目的、评价内容,以及学生的心理特征和认知水平来选择。诊断性评价是教师经常忽视的评价形式,它是确定学生已知情况、把握最近发展的重要抓手。

过程性评价关注学生的个体差异,展现学生核心素养的发展水平。过程性评价促进每一个学生的学习,尊重学生的主体地位。

终结性评价既可以判定学生的最终学习结果,又可以检验教师的教学效果,是调整下一阶段教学方式与学习重点的手段。实际上,上述所有评价都具有诊断的作用,它们之间互相渗透,在许多情况下可以相互转化。

"学—教—评"一致性原则提示我们,教学评价的主体应当多元化,教师、学生、家长都可以是评价的主体。多元化的评价主体可以增加评价的公平性和平等性,从多角度发掘学生的无限潜能,增强学生自信心。

3）评价标准

评价标准是检测教育教学质量的度量衡。建立有效、恰当的评价标准,可以准确反映"学生学"和"教师教"存在的问题。《义务教育艺术课程标准(2022年版)》的一大特色是研制了学业质量标准,明确了教学实施和考试评价的依据。因此,学业质量描述也应成为制定单元教学评价标准的重要来源。

此外,由于"评什么""学什么""怎么学"都是密不可分的,《义务教育艺术课程标准(2022年版)》中的课程目标、学段要求、课程内容都可作为教学评价的参考。

评价标准还应以单元重难点为依据,考评学生对单元知识的理解和掌握程度。教师应让学生了解评价标准,使其帮助学生把握学习重难点,调整学习节奏。

第四章

大单元教学从哪里来

单元是教学内容组织的单位,是相对独立的教学内容组织形式。以何种线索串联单元、以何种学习材料组织单元是确定单元教学内容的基本问题,如何处理学科逻辑与心理逻辑之间的关系是确定单元教学内容的核心问题。

单元教学内涵的历史演进说明了一个重要的事实,即教育方法和理念是随着时代的变迁而不断发展的。在教育领域中,单元教学作为一种重要的教学方法,其内涵经历了多次的演变和发展,从而适应不同的教育需求和时代背景。

拉尔夫·泰勒指出,学科逻辑是从学科专家的视角出发,主要关注从知识内在关联的角度考虑教学内容的组织;心理逻辑更强调从学生的角度出发,考虑教学内容的组织适应学生的心理发展逻辑。在教学过程中,教师通过单元教学来平衡学习材料的学科内部逻辑与学生的心理发展逻辑之间的关系。

从赫尔巴特开始,如何统一学科逻辑和心理逻辑的问题就不断被予以讨论。基于这一问题线索,我们可以梳理出"单元教学内涵"的代表性观点。

第一节　萌芽时期:单元教学内涵的历史演进说

关于单元教学的研究一般认为始于19世纪赫尔巴特的研究梳理。赫尔巴特没有明确提出"单元"(unit)一词,但提出需要对庞杂的学习材料加以平衡剪裁,突出主要的观念,提炼主要原则,并加以适当编排,这已蕴含了现代系统论与知识结构说的因素。

赫尔巴特学派代表人物威勒尔在其著作《普通教育学讲座》中,首次在教学内容的组织上使用了"方法单元"(method unit)一词,并通过"方法单元"来加以阐述,将教学过程中使用相同方法的一个模块作为单元。

在单元教学意识形成初期,赫尔巴特等人根据知识产生的先后顺序将相关联的知识或方法放入一个单元之中,以人类文明进化史序列编排教学组织内容,试图通过人类历史演进的顺序来协调心理逻辑与学科逻辑之间的关系,强调了个体成长过程或儿童心智发展的过程与其民族或人类发展阶段的同一性。因此,教学内容组织偏向于以知识的时间发展顺序为线索,形成了便于教师讲授的"教学单元",有明显的"以人类历史文化知识的传承"为重心的特点。教师以知识产生的时间脉络为线索,教授人类文化中主要的观念、原则和方法。

第二节　发展时期:单元教学内涵的经验说

19 世纪末至 20 世纪中期,杜威的教育哲学思想与同时代的进步主义教育理论流派,对单元教学的认识都倾向于"经验单元"(experience unit)。

进步主义教育运动的代表人物德克乐利在布鲁塞尔创办的生活学校中设置了经验课程,其内容是根据学生不同的兴趣区分的"经验单元",以学生日常生活所见、所闻、所感、所经历的事物或事件为主题,以组织学生自我认识和认识周围环境的经验活动为教学内容。

克伯屈提出了"设计教学法"(project-based learning),将"项目"(project)作为"单元"的同义词使用,把儿童有目的的活动作为学习单元,以与儿童生活有关的问题与活动为组织教学内容的中心,打破学科界限,由学生自发决定学习目的和内容,并通过自己设计和实行的单元活动获得知识与技能。

莫里森提出了单元教学法(unit teaching method),提出教师需要指导学生获得某个方面完整的生活经验,这种完整性的生活经验即"学习单元"(learning unit)。

杜威从哲学的角度出发辩证地看待学科逻辑与心理逻辑之间的关系,主张打破当时教学内容组织上心理活动与智力活动二元对立的现状,以"经验"统一学科逻辑与心理逻辑的内在关系,建立以学生内在经验的改造与符合逻辑的系统知识并行的教学内容双线组织形式。

此后,"经验单元"开始替代"真理单元"或"方法单元"等成为主流,以建构式的作业与探究性经验为基础的项目单元、问题单元与以儿童的兴趣中心为主题的作业单元和基于社会经验的活动单元等开始大量涌现。

第三节　革新时期:单元教学内涵的结构说

20 世纪中后期,布鲁纳在皮亚杰的结构主义认知心理学影响下提出以学科的"基本结构"(the fundamental structure)为教学内容组织线索的"基本观念(basic idea)单元",即教学内容的组织要以反映事物的本质特征和事物间内在联系、具有广泛迁移价值的结构作为中心。

费尼克斯归纳了布鲁纳的观点,进一步阐述了既考虑知识连续性又考虑儿童经验兴趣扩展性的螺旋式教学内容编排方式。

奥苏贝尔在布鲁纳"基本观念单元"之上进一步提出"渐进分化、综合贯通"的原则,强调教师组织教学内容时,首先应该传授最一般的、包摄性最广的观念,然后根据具体细节对它们逐渐加以分化。

"经验单元"逐渐被"结构单元"替代,从认知的角度丰盈单元教学的内涵成为当时的主流观点。[①]

第四节　我国大单元教学的发展进程

我国大单元教学经历了漫长而曲折的发展道路,它是教育改革的重要组成部分,也是我国教育现代化的重要标志。

在古代,教育并不分科,学习内容相对综合。然而,随着科举制度的出现,教育开始逐渐分科,形成不同的学科领域。这种分科教育在一定程度上限制了学生的学习视野和思维方式。清末民初时期,我国出现了新式学堂,语文开始单独设科,这也为后来的大单元教学奠定了基础。

---

① 汤牧文·溯源与解读:单元教学的价值取向嬗变与概念重构[J].课程与教学 2023(11);27-28.

1923年,梁启超提出"分组比较"的教学法,这被认为是我国单元教学的萌芽,其强调将体裁、题材等不同方面具有相同或相近要素的几篇课文放在一个单元里。

后来随着设计教学法传入中国,陈鹤琴等人于1923—1951年在学前教育阶段进行试验,以大自然、大社会为活教材,以时令、节日、衣食住行等方面编订单元教学内容,教师创设一定的情境和条件,从而激发学生的兴趣。

20世纪初,我国教育界开始倡导单元教学,旨在通过对教学内容进行整合和优化,提高教学效果。然而,当时的主要目的仍然是对传统教学方法进行改良和优化,还没有将其提升到培养创新精神和实践能力的高度。

20世纪80年代,以北京景山学校为代表,知识结构单元教学法产生一定的影响,通过单元的骨架、核心和主线整合单元学习内容,打破教材单元限制,探索螺线上升式的单元教学设计路径。

改革开放以来,随着国外先进教育理念的引入以及我国教育实践的不断深化,人们开始对传统的分科教学模式进行反思。大单元教学的思想逐渐在我国教育界得到认同和推崇。特别是进入21世纪以后,随着基础教育课程改革的启动和推进,以主题或专题为单位的教材编写逐渐增多,与之相适应的教学内容整合、教学方式改革、教学资源开发等也逐渐成为广大教师的焦点。

在大单元教学的实施过程中,教师需要运用整体性和系统性思维,设计情境任务,整合学习资源、学习内容、学习方法等,让学生在完成学习任务的过程中习得知识和技能。同时,大单元教学还注重培养学生的创新思维和解决现实问题的能力,通过概念的迁移和协同思考,帮助学生形成系统的知识网络。

我国大单元教学的发展进程是一个不断探索和创新的过程。它旨在通过对教学内容进行整合和优化,提高教学效果,培养学生的创新精神和实践能力。

我国单元教学的发展历程同样从知识单元、经验单元和结构单元的演进过程中不断探索着学科逻辑和心理逻辑的统一。未来,随着教育改革的不断深入和教育技术的不断发展,大单元教学将会在我国教育领域发挥更加重要的作用。

第五节 大单元教学的形成

大单元教学,作为一种先进的教学方法,其起源可以追溯到现代教育理念的不断更新与实践探索之中。随着教育教学改革的不断深入,传统的教学方式已经无法满足当今社会对人才培养的多元化需求。因此,大单元教学应运而生,成为一种引领教育创新的重要力量。

大单元教学的核心理念在于将学科知识进行系统化整合,形成具有内在联系的知识体系。这种教学方法打破了传统教学中知识点碎片化、孤立化的局面,使学生能够在更广阔的视野下理解知识、应用知识。通过大单元教学,学生不仅能够掌握学科知识,更能够培养自身的综合素养和创新能力。那么,大单元教学是如何形成的呢?

一方面,大单元教学的兴起得益于现代教育理念的不断发展。随着社会对人才培养要求的不断提高,教育者开始意识到传统的教学方法已经无法满足学生的需求。因此,他们开始尝试将学科知识进行整合,以更好地培养学生的综合能力和创新精神。这种理念的转变为大单元教学的形成提供了理论基础。

另一方面,大单元教学的实践探索也为其形成提供了有力支持。在教育实践中,许多教育者开始尝试将大单元教学应用到实际教学中,通过不断的实践和调整,不断完善和优化教学方法。这些实践经验为大单元教学的形成提供了宝贵的参考。

总的来说,大单元教学是在现代教育理念的指导下,通过教育者的实践探索而逐渐形成的一种先进的教学方法。它不仅有助于提高学生的综合能力和创新精神,更有助于推动教育教学改革的不断深入。随着社会的不断发展,大单元教学将会在教育领域发挥更加重要的作用。

第六节　大单元教学

单元是一种集合,是根据课程标准、教材等课程资源以及学生学习需求创设,指向学科核心素养培育,具有一定共同性的学习内容构成的学习单位。大单元教学最明显的特征在其"大",从教学目标看指向"素养",从课程内容看体现"统整",从教学载体看突出问题情境的真实性,大单元教学是撬动课堂转型的支点,也是发展学生音乐核心素养的最佳路径之一。

1. 什么是大单元教学

大单元教学是一种教育理念,它源于对教育教学整体性和系统性的深入认识。大单元教学能够帮助学生形成完整的知识体系和思维框架,提高他们的综合能力和创新能力。通过围绕一个完整的单元展开教学,学生可以更加深入地理解知识内涵和逻辑关系,形成更加完整和系统的知识结构。同时,大单元教学还能促进学生的主动学习和深度思考,培养他们的创新能力和实践能力。

大单元教学强调从整体出发,将相关的知识点和技能点进行整合,形成一个相对完整的教学单元。这个单元可以是一个主题、一个项目、一个案例或者一个实际问题。通过围绕这个单元展开教学,教师可以引导学生深入探究其中的知识内涵和逻辑关系,帮助他们建立完整的知识框架和思维体系。

大单元教学的实施需要教师具备较高的教学素养和整合能力。教师需要深入研究学科知识,理解知识之间的内在联系和系统性,同时还需要关注学生的学习特点和需求,设计出符合学生实际情况的教学方案。在实施过程中,教师需要灵活运用各种教学手段和方法,激发学生的学习兴趣和积极性,促进他们主动学习和深度思考。

2. 什么是音乐学科大单元教学

《义务教育艺术课程标准(2022年版)》提出了优化义务教育阶段课程内容结构要求,在学科内"要遴选重要观念、主题内容和基础知识,设计教学内容","探索大单元教学",课程内容要围绕"观念""主题""知识"进行设置,突出以单元组织教学内容的要求。在此背景下,"大单元""单元整体教学"等成为研究热点。与此同时,关于"大观念""大情境""大任务"等概念纷纷涌现,形成对单元教学内涵的不同理解。

音乐学科大单元教学,是一种注重知识间联系、递进与迁移的教学方式。它打破了传统教材单元的束缚,以学科或跨学科的某一核心概念为中心,将教学内容结构化,形成有意义的学习整体。这种教学方式强调学生的深度学习,使学生能够将新知识与旧知识建立有意义的联系,从而实现知识的迁移与应用。

在音乐学科大单元教学中,教师可以根据学生的实际情况设定单元主题,整合教材上的学习资料,层层递进、环环相扣地设计教学。在传统的教学模式下,教师往往会将知识点进行碎片化处理,逐点逐滴地传授给学生。然而,这种方式往往忽略了知识之间的内在联系和系统性,导致学生在学习过程中难以形成完整的知识体系。大单元教学中,教师可以围绕音乐主题重构教学内容来展开教学,每个单元的内容由浅入深,课与课之间建立起递进关系。这样,学生可以在学习过程中逐步深入、不断拓宽知识面,提高音乐素养。

第五章

大单元教学的
设计要点

大单元设计是基于新课标（含学科核心素养目标）、新教材、新学情，以大主题或大概念为统整的。"单元"是指最小的"学习单位"，是将素养目标、知识、情境、任务、课时等要素，按照某种需求和规范组织而成的一个结构化的整体，它构成一个完整的学习脉络或音乐故事。

第一节　确定单元主题

1. 自然单元

直接采用教材中的学习单元，以横向体现音乐文化的人文情怀，把音乐要素作为纵向深入的线索。为体现以学生为本的课堂，以人文主题为单元主题名称往往贴近学生的生活经验。例如，小学低段选题为"早上好""过新年""咯咯哒"等。随着学生年龄的增长，文化底蕴的递增，小学高段选题为"京韵""童年的音乐""回声"等，很好地体现了学科知识结构、学科思想，体现了与自然生活的联系。

2. 专题单元

根据学科课程标准，对教材内容进行拓展或组合。将教材中课程内容与学生的具体生活情境相结合，形成对学生有意义的开放性、生成性探究专题。主题确定遵循"少而重要"的原则,通过涵盖的核心知识寻找最典型、最有代表性且学生感兴趣的内容,凝练成单元学习主题,构成一个单元名称。其实,构建一个专题单元的角度有很多,教师应结合自身的教学思路,合理取材,形成学科逻辑。

1) 以"音乐体裁"为脉络构建专题单元

小学阶段的音乐教学涉及的音乐体裁主要有进行曲、舞曲、圆舞曲、摇篮曲等。教师引导学生通过对大量作品的感知,对比赏析各个体裁音乐的特点、规律。形成对音乐体裁"审美鉴赏"的核心素养,是音乐教育中重要的内容。因此,教师可以以"音乐体裁"为切入点,通过同一体裁内容的整合或不同体裁的对比,充分发掘体裁特点,让学生形成完整的认知。

2) 以"音乐风格"为脉络构建专题单元

民歌是我国民族文化中的瑰宝,是中国人民千百年来留下的宝贵精神财富,不同民族的生产生活背景不同,音乐表征及音乐风格特点也随之迥异。在小学阶段主要涉及的民族歌曲类型有彝族、蒙古族、傣族、维吾尔族、汉族、藏族等歌曲;也有少数不常见、学习难度较高的民族歌曲类型,如哈萨克族、朝鲜族、侗族等歌曲。学生通过民歌教学能够提升自身的人文情怀以及国家认同感,因而促进"文化传承"核心素养的形成是至关重要的。

3) 以"音乐技能"为脉络构建专题单元

掌握良好的音乐技能,如演唱中的唱名、音准、发声、呼吸、吐字、节奏、多声部等,有助于培养学生的审美感知能力、表现能力和鉴赏能力,对于提升学生的音乐素养尤其重要。因此,在教学中教师可以提取与音乐技能训练相关的元素,构建专题单元。如合唱声部单元、感受弱起单元、有趣的唱名单元等,通过分系列分板块的教学,对多首音乐作品的演唱、聆听和分析,训练学生形成相对扎实的音乐理解力与表现能力。

4) 以"音乐活动"为脉络构建专题单元

以音乐创编与活动为单元,主要依据教材中所设计的"创编与活动",旨在指出本单元每首作品中需重点学习的部分,从而凸显教学的重点。其实,整套小学教材中的"创编与活动"是一个系列活动,从即兴创编到有意识创作实践活动;从探索音响到命题音响创作,培养的是学生的创新精神和创造能力。例如,一年级上册第一单元聆听《口哨与小狗》所设计的编创活动为"模仿小狗的叫声"和"跟着老师做动作",它的教学重点是模仿叫声,培养学生聆听音乐的良好习惯,可以联系二年级后续很多的模仿音色单元,从而拟定以"音乐活动"为脉络的单元《认识自己声音》,引导学生关注自己声音的音色美;同时让学生感受到作品主人与小狗是一对好朋友,后续音乐学习中也有很多以动物为主题,从而引导学生体验"好朋友"的含义。

3. 重构单元

使用跨单元、章节、专题,甚至跨学科的内容进行重构,以真实情境中的一系列问题构建单元学习主题,使学生在学习一个主题或问题的过程中,能够接触到多方面的知识与技能,让学习者亲历专家"发现或发明"之路,展开对真实情境中复杂问题的探究。整个小学阶段坚持理性设计与感性体验相结合的理念。

1)"音乐与艺术"单元内容重构

会唱歌,但听不懂音乐会;会画画,但看不懂美术展。这是很多学生和家长的困扰。那么,如何理解艺术家的表达方式? 如何能像艺术家一样表达对生活的感知? 这只有将丰富多彩的艺术元素融入音乐课堂才是正道:引导学生感受电影、戏曲等不同艺术形式之间的情感共鸣和律动之美;通过绘画、舞蹈等艺术表演和创作活动,提升学生综合性的艺术素养和创新能力,促进他们艺术思维的多元化发展。

2)"音乐与文学"单元内容重构

音乐可以用来解读文学作品,同样也可以从文学的角度来分析音乐作品的主题、情感、意境等。通过声律启蒙、有词念谣等艺术形式引导学生感受音乐与诗文语言的韵律之美,培养和提升学生的文学素养和审美情操。例如,把古诗词、经典小说等经典文学作品,改编为朗朗上口的歌曲或舞台音乐剧,让学生在欣赏音乐、感受文学作品魅力的同时,还能深入体验文学作品的情感与意境。引导学生关注音乐作品中的文学元素,像诗意表达、韵脚的使用、对仗的手法、旋律的起伏变化等,这些都能体现出音乐与文学结合的韵味,增强学生对文学作品的理解。

3)"音乐与心理健康"单元内容重构

《礼记》记载:"凡音之起,由人心生也。"所有音乐的源头,都是源于人们内心的感动。音乐通过调动人们思维中的记忆、联想、想象等因素,既能够唤醒情绪,也能够对人体生理产生一定的调节作用。所以为增强学生的心理韧性,缓解心理压力,教师特地将"音乐与心理健康"跨学科重组单元,通过音乐课堂传递情绪价值,与同学们一起进行了一场音乐疗愈心灵之旅。通过节奏、律动、乐器、游戏互动、冥想等一系列教学活动,培养和激发学生的积极情绪,引导学生表达情感、释放压力、调节情绪,以更积极健康的方式面对问题,保持阳光的心态。

4. 拓展单元

以单元的小知识点为切入点,进行思维发散,教材内外的音乐资源、内容都可以为我所用,整合成单元。在单元构建的过程中,没有最好的,只有更适合的。以教材中"变化音"小点为例,一年级下册《春晓》的变徵音、四年级下册《我是少年阿凡提》辅助音 #G、五年级上册《叮铃铃》调式变化音 #F 等,都涉及变化音的相关音乐知识。教师可以此为小点,进行提取并训练相关的音乐技能,通过多首音乐作品的演唱或聆听,培养学生的音乐理解力与表现能力。

第二节　提出单元大观念

基于对新课程标准的理解,音乐教师在教学的过程中,需要依据自身情况对音乐教学进行宏观认识,可以从以下三个途径提炼音乐学科的大观念。

1. 从核心素养中提炼大观念

核心素养既是课程育人价值的集中体现,也是大观念教学的意向。大观念的"大"在于其"中心 C 位",能够帮助学生解决生活中的复杂问题。大观念的"大"在于"生活价值",它是理解的锚点,学生能拥有专家思维且能将所学知识迁移到生活之中。大观念的"大"不在于宏大,而在于其"基础核心"地位,这也是学科的骨架,是在事实基础上抽象出来的深层次的理解。

2. 从学科知识结构中提炼大观念

大观念是居于学科知识结构的核心,而不是浅层的、零碎的音乐知识内容;

它是具有迁移性的"活"知识[①],致力于让学生形成解决问题的能力和素养,而不是让学生死记硬背,沦为心灵朽木的惰性知识;它是具有统筹性的知识体系,能够将相关的学科概念进行抽象的概括与整合,而不是"多而散"的学科概念本身。大观念提供分析问题的视角、解决问题的假设和连接事实的纽带,形成学生"新能力"。

3. 大观念具有"三位一体"的属性

虽然大观念并不能直接等同于某一核心素养或者学科核心素养,但帮助学生理解和运用大观念却可以体现出一门学科中比较重要的教学目标,这是十分有利于学生学科核心素养发展的。因此,大观念应选取本单元的音乐核心素养中最典型、最具有代表性且学生感兴趣的内容,充分体现学科知识、学生经验与生活情境的"三位一体"[②]。

第三节　撰写单元内容综述

在实际教学中,我们要站在单元视角解读教材文本。为何要学此单元? 当然要结合教材文本、作品联系、拓展素材、学生情况、设备条件以及教学价值等具体地明确单元内容结构、单元学习主题与需要重点发展的关键能力,梳理出本单元的教学目标,有的放矢地设计、开展教学活动,致力于呈现单元"森林"全景。

1. 内容简介

首先,教师要研读文本,打破教材中"课"的单位界限,运用"单元"思维看到整片教材"森林"。依据新课标的课程理念,充分挖掘教材内容和内涵,以利于发挥教师的积极性和创造性。教师须通过自身研究对教学曲目进行重组或融合,厘清设计思路。

其次,教师要拓展古今中外素材,可以根据区域文化和学生特点对教材进行

---

① 雷天胜."五问"音乐学科大观念[J]. 中国音乐教育,2023(9):25-33.

② 韩若晨. 核心素养背景下的中小学音乐课"大单元教学设计"[J]. 中国音乐教育,2021(8):36 -40.

选择,拓宽知识的深度。结合各地实际教学情况编撰校本音乐教材,形成"一校一品""一校一特",适应不同地区不同音乐教育情况。拓展的素材除了要有较高的文化传承价值、艺术表现价值和审美体验价值外,还要和学生已有的知识经验、年龄特点、身心发育相适应。

最后,教师要凝练出精简、高品质的教学内容。构建单元的第一要点就是单元要以结果为导向,各课的目标组成单元的目标,单元的目标在各课的目标中得到体现。所以,音乐作品的选择既要重视音乐人文理解,也要关注乐曲与乐曲之间的音乐关联性。教师要结合单元目标凝练出精简且有品质的教学内容,同时对本单元选取的乐曲进行简单分析与介绍,把握教材特点,领悟核心理念。

2. 作品联系

一是要寻找单元与单元之间联系。分析单元内容,基于课程标准分析本学段、本年级、本单元、本课在整个教材体系中的地位与作用,通过前后单元的人文主题的联结或音乐知识的连接,分析单元与单元之间的相互关联成分和单元内部逻辑关系,形成完整的音乐单元能力体系。创设大情境任务,按照教材章节和素养进阶的顺序,确定单元核心教学内容,通过主题情境设计学生活动小任务群,梳理出本单元的结构化任务,结构化任务是单元学习评价的评估依据。

二是要寻找音乐与时代背景之间联系。音乐,作为一种文化载体和艺术形式,深刻地反映了当时社会的审美取向和价值体系。音乐的创作来自个人的主观追求,更源于时代的打磨,这使得对音乐的赏析与研究都绕不开时代这个话题。所以音乐在一定程度上成为我们窥探时代特点、梳理社会变迁、了解大众心态的一个突破口和切入点。例如,三年级下册的《红旗颂》,是我国20世纪50年代涌现出的一批优秀民族管弦乐作品中最具有代表性的一部。作曲家吕其明以"红旗"为主题,描绘出1949年10月1日开国大典,天安门广场上冉冉升起第一面五星红旗那一刻的庄严神圣,展现了中国人民在鲜艳的五星红旗的指引下,走向繁荣与富强的精神风采。由此看来,理解作曲家内心追求和时代背景的呼唤,是音乐创作的前提。

3. 教学价值

站在单元的整体视角去解读教材文本,分析为何要学本单元、本单元的人文内涵是什么、有何教学价值。这可从以下四个维度去分析。

1）音乐价值

教师需要多层次、多维度挖掘音乐作品本身,促使学生对音乐之美有所体悟。在设置音乐教学情境时,教师要交代清楚该音乐作品的创作背景、作曲者的生平事迹等。在这些音乐知识的基础上,学生再去欣赏作品,就能思考得更深入,从而将音乐之美根植于心。

2）素养价值

教师要以素养为导向,挖掘学科独特的核心素养,以及体现跨学科共通的核心素养;同时也要发挥各种艺术的创新性特征,设计综合性艺术实践活动赋能价值和综合育人效益;引领学生关注身边的音乐并走向真实世界,体会音乐与社会生活的关系,体验音乐的美好以及参与音乐活动的快乐,让学生真正成为学习的主导者。

3）能力价值

教师要找准教材中上位概念和深层意义,找准前后单元知识与知识之间的纵横联系,找准学科内容与真实的社会问题、自然问题和人生态度建立的内在关系,使学科知识得到应用。同时,教师要让学生学会把一门学科视为认知世界的"窗口",学会用不同学科视角认识同一个问题,并学会在学科之间建立关联。

4）育人价值

音乐让人们的身心受到滋养,旋律具有震撼心灵的强烈力量。优秀音乐作品的艺术价值需要深度挖掘,如优美的旋律、丰富的和声、明快的节奏与悦耳的音色能够让学生通过感性的方式体会到音乐作品中蕴藏的情感,从而获得能量。以美来滋润心灵,音乐可以对学生的思想、道德品质等起到潜移默化的渗透作用[1]。当学生开始享受经典的音乐,他们就会步入更高级的精神层次。开启感受美、发现美、体验美以及创造美的音乐钥匙。

第四节　确立单元学习目标

音乐课程目标着眼于四大核心素养,指向学生的深远发展。这要求教师:第

---

① 王洪欢.音乐教育在中小学美育中的功能研究[J].江西教育,2021(30).

一,思想站位要高;第二,目标要远大,帮助学生形成审美原则和立场;第三,要深入浅出,从艺术实践中理解音乐,做到实践出真知;第四,要具有纵深感的文化理解。艺术课程的四个核心素养相辅相成,相得益彰,贯穿艺术学习的全过程。

1. 审美感知

审美感知是艺术学习的基础。在音乐教育中,审美感知是对音乐的审美特征(即声音及其组织形式)和意义或表现性的发现、感受、认识和反应。音乐审美感知素养主要表现在以下三个方面。

1)与社会生活紧密联系

分析本单元的音乐作品,找到其与社会、生活自然的紧密联系。学生在音乐实践中亲身感受"音乐来源于生活"的道理,通过搜集"生活之声"素材,激发自己关注生活中的声音,并对其产生探究的兴趣,进而将其与音乐要素建立联系。同时结合当下时事政治,引导学生关注身边的音乐,体会音乐与社会生活的关系,体验音乐的美好以及参与音乐活动的快乐。

2)新知与旧知相互补充

纵览学习的经历,学生应找到已积累的旧知识和即将学习的新知识之间的关联;在学习新知识的同时,也要对已学知识进行复习和巩固;整合新知识,联系旧知识,形成新的知识结构;同时,为后续的持续性理解做技能铺垫。

3)开拓学生审美视野

音乐审美感知素养是对自然世界、社会生活和艺术活动的美的发现、感受、认识和反应的能力。通过具体的音乐活动教师带领学生欣赏美、发现美和感知美,从而提升学生的审美敏锐度,开拓学生的审美视野。

2. 艺术表现

艺术表现是学生参与活动实践的必备能力,也是一种实践能力,包括运用音乐的素材、手段等进行音乐形象的塑造、音乐思想感情的表达、音乐艺术美感的表现等。歌唱、演奏、综合艺术表演和音乐编创等,都是学生艺术表现素养的重要组成部分。

1）原本性的艺术表现

音乐之所以诞生，是因为人们需要音乐。音乐最本质的表现是演唱每一首歌、演奏每一首乐曲以及舞动每一首乐曲。学生切身感受音乐，要看见、要听见、要触摸、要闻到气息、要动脑子想、要共情。

2）综合性的艺术表现

艺术表现不是一个简单的音乐活动组成，而是艺术表达本质中最核心的一种表现，比如单纯的唱歌活动不是艺术表现，只是单一的音乐活动。艺术表现具有递进性、综合性和多元化。例如，欣赏《春》的音乐旋律，随着乐段的变化，通过舒展的律动、道具丝巾和模拟演奏等不同的表现形式来体验乐曲抒情优美的情绪。

3）创造性的艺术表现

音乐可以激发学生的创造力，但音乐创造力应该是在获得一定审美基础上的价值延伸。在我们的音乐课中是不缺乏这种创造力的，学生通过唱歌、做动作、倾听和演奏乐器来探索与体验声音。例如，学生用自己的嗓音进行试验并创编歌曲，甚至改编歌词，探索并回应音乐元素，如音高（高或低）、节拍（快或慢）、力度（强或弱）和内心稳定拍。学生还可以通过律动来表达与表征自己的观察、思考、想象和感受，例如，学生可对律动进行创造性使用，自发随音乐创造性律动。

4）跨学科的艺术表现

在音乐教学中，我们离不开跨学科视角。因为，艺术学科并非一个有着固定学科边界和学科体系的学科，而是一个面向所有人的艺术活动，面向各个艺术门类、面向各个学科敞开的学科领域，甚至就是一门跨艺术门类、跨学科的学科领域。例如，二年级会接触到不少少数民族的音乐作品，《我的家在日喀则》《金孔雀轻轻跳》等。这些音乐作品都非常有韵律感，适合随之起舞。为体现少数民族歌舞文化的鲜明特点，教师可以尝试将音乐与舞蹈融合，运用舞步体验的方式，让学生欣赏少数民族舞蹈语汇之美的同时，深入理解歌曲内涵，掌握歌曲内容。运用舞蹈动作变化，学生可清晰地辨别歌曲的结构，将听觉视觉化，进而用动觉进行表达。

5）社会性的艺术表现

社会性的艺术表现即生活中的艺术表现。学习空间不再意味着一人一桌，当把学习从课本延伸到课本外的时候,学习空间将被拓展、被重新定义。结合不同的学情,学校要完善面向人人的常态化学校艺术展演机制,让每个学生都有展示的机会和平台;广泛开展班级、年级、校级等群体性展示交流活动。例如,以班级节目单形式在当地的大剧院开一场公益合唱音乐会;以志愿小组的形式去附近养老院开展慰问乐器演出;每周学校升旗仪式上全校齐唱国歌;等等。各种场合演出、各种节日中都能体现课堂外的艺术表现。

3. 创意实践

创意实践是学生创新意识和创造能力的集中体现。一方面是指能进行艺术创作、创新的能力,另一方面是指能将艺术知识和技能迁移运用到生活实践之中,为生活创造艺术美的能力。

1）与众不同的创意

丰富和编创音乐作品,突出学生的创新意识。例如,《嘹亮的歌声》是弱起的节奏,可以加入碰铃进行补位,多样的表现形式让表演更加丰满,更具有创造力。音乐不仅可以弹出来、唱出来,还可以通过你手中的笔画出来。每个学生对音乐都有不同的敏感度,因此创造出来的图谱都是独一无二的。图谱的线条可以随着音的升高而位置变高,音的时值变长而线条拉长;还可以根据旋律特点发生形态的变化,通过设计"活泼"的图谱,更直观地了解乐曲的乐句和结构。

2）丰富多样的实践

创新、创造是各种艺术形式的共同特征,因此我们继续坚持创新理念,激发学生独特的艺术想法转化成艺术成果;但这不是一味为了"新"而"创",应在原有音乐学习活动中去创新实践。在不改变音乐学习要素、不脱离学生年龄发展特点的前提下,把一系列艺术实践活动用一条主线串联起来,而不是脱离学生发展、教材文本和音乐要素去追求创新。例如,低段学生学习音阶时,可利用厨房中常见的饭碗,以其作为创意"小乐器"。通过碗中盛满不同刻度的水,来认识"Do Re Mi",随之编创系列学生活动,越贴近生活,越便于理解。

3) 信息技术的融合

以数字技术赋能美育,是积极响应"信息化时代3.0"以及"美育进入校园"国家政策方针的号召。促进数字技术与中华优秀传统文化的融合,探索运用云展览、数字文博、虚拟演出、全息技术等促进中华文明传承创新。鼓励有条件的地方探索利用传感技术、大数据、物联网、人工智能、虚拟现实等活化教学内容、创新教学方式、丰富艺术体验。例如,向高段学生发起校园任务《上课铃声听我的》,围绕驱动性任务开展丰富多彩的学习和实践活动。在ipad上动动手指,做节奏编辑师、小小音乐家、鉴赏评审团,了解美、创造美,制作自己喜欢的上课铃声。

4. 文化理解

文化理解是以正确的价值观理解文化,增强文化自信,提升人文素养。它包含了对音乐所蕴含的物质文化、精神文化、社会制度文化的理解以及对音乐活动形式或音乐形态特征所体现或蕴藏的文化内涵的感悟、领会、理解与阐述能力。

1) 音乐本位的理解

我们应该从这样几个层面去理解音乐本位的内涵:一是物质文化层面。如乐谱、乐器,以及声音的物理属性、音律的数学关系等。不同乐器具有不同的人文内涵,民歌中音调与地方方言语调的关联。二是精神文化层面。不同的音乐体现了不同地域、不同人群的精神和思想,如古琴音乐体现的是中国古代文人含蓄、清高与独立的特性。三是制度文化层面。不同的社会制度、社会结构等影响着音乐的属性和形式,形成不同的音乐文化制度。例如,中国民族音乐创作手法中常用的"换头合尾",其实也是一种"求同存异"文化制度的体现。

2) 中国文化的理解

教师本身应该具备对中国传统音乐的价值认同、文化认同、文化自信和教育自觉,能理解中国传统音乐的内在特性、美感追求与哲学观念。中国传统音乐文化是中国传统文化的一部分,优秀的中国传统音乐文化凝聚着中国不同地域、不同阶层、不同民族人群的风气习俗、精神追求及性格气象。例如,五年级《编花篮》,学生可从歌词"哪哈咿呀嗨"来探寻浓郁的河南梆子韵味,结合河南方言的原生调诠释歌曲的旋律。学生们读懂唱会,并领悟民歌与方言间的密切联系,了解民歌以方言为底蕴,体会方言民歌与民族地方性格间血脉相通的联系。

3) 世界文化的理解

学生通过对中国传统音乐文化的学习,能够打开认识理解世界音乐的另一扇窗户。当今社会竞争日益加重,人们受西方文化价值观和日韩流行文化的冲击,导致心灵空洞等危机[①]。此时,教师更应该正确引导理解外国音乐文化,理解音乐内涵,分析曲式曲调。例如,对于日本民歌《春风》,分析主音是哪几个音,从而挖掘日本五声调式音阶及半音,以及这种曲风曲调的背后透露出什么样的人文底蕴。正确理性看待日本民族音乐文化,形成包容、尊重和理解的文化价值观。这也正体现了中国音乐教育在当代社会的文化教育价值和时代意义。

第五节　划分单元课时结构

课时是单元的基本单位。在大单元视域下的课时教学,首先,要树立单元纵览的意识。如果我们把单元理解成一节"大课"的话,那么课时设计就是这节"大课"的重要教学环节,只有置身于"大课"中,才能建立起具有"大局意识"的大情境,与其他教学环节形成紧密的联系,才能真正服务单元学习目标。其次,要坚持理性设计与感性体验相结合。音乐体验是感性的,而划分单元课时是理性的,只有找准了单元理念与音乐学科的融合点,大单元视域下的课时教学才能真正做到既有"味道"又有"筋道",发挥"1+1>2"的育人效果。

1. 从"显性"音乐要素切入

教师可以将节拍、速度、曲式、主奏乐器、曲式结构等音乐要素作为切入点,通过对比、搭梯子等方式组合课时内容顺序。每一个学生活动对标核心素养,慢慢培养在真实情境中解决复杂问题的能力与品德,形成持续数周、螺旋上升的系列探究实践活动。

---

① 吴蔚. 中小学音乐教师中国传统音乐文化素养的解构与建构[J]. 中国音乐教育,2023年(1):29-35.

2. 从"隐性"文化语境渗透

教师可以将音乐作品的创作时间、作品表达的意境、作品蕴含的独特思想、作曲家的国籍等作为锚点,以文化语境推动概念理解,创设真实性大主题情境,让学生跟随音乐开启时空之旅、文化之旅和音乐之旅。每一个学生活动既具有整体性又互相关联,不同活动之间、不同单元之间是累积性、生长性关系,而非简单的"整体"与"部分"的关系。

课时组合序列的设计首先要建立在对教材内容的分析与解读上,了解不同学段学生的学情特点。其次找准教材内容在音乐风格、文化背景等方面表现特征的关联性。再次教师才能从单元音乐作品中提取重点学习内容,并建立单元教学内容结构,促进音乐学习。最后通过整合形成单元教学的整体框架。

3. 从"长短"课时衔接规划

教师需要创造性地发现一些长短课时的划分,如合唱单元,在40分钟内可能无法完成教学目标,甚至形成"一课一曲"的简易模式。这种模式割裂了教学内容之间的联系,既不能充分挖掘作品的育人价值,也不能满足学生对音乐学习的需求,知识呈现形式碎片化和零散化,核心素养效果低下。所以,具身设计长短课时尤为重要,它能使课堂教学从一节课拓展成为一个由不同主题命名的"音乐学习周"或者"音乐学习月",更好地让学生沉浸在音乐学习的氛围中。

第六节　制定单元学习评价

新课程标准倡导评价促进学习的理念。教学评价是教学活动的重要环节。大单元教学评价需要寻求学教评一致性,从而建构学教评一体化模式,这需要教师在"大观念"的视角下对评价进行统筹设置。

1. 以核心素养为导向的评价维度

在"欣赏""表现""创造""联系"这4类艺术实践中,根据具体的课时安排和教学内容对标14项具体学习内容,分类设置不同的评价目标。图5-1所示的为音乐学科课程内容框架。

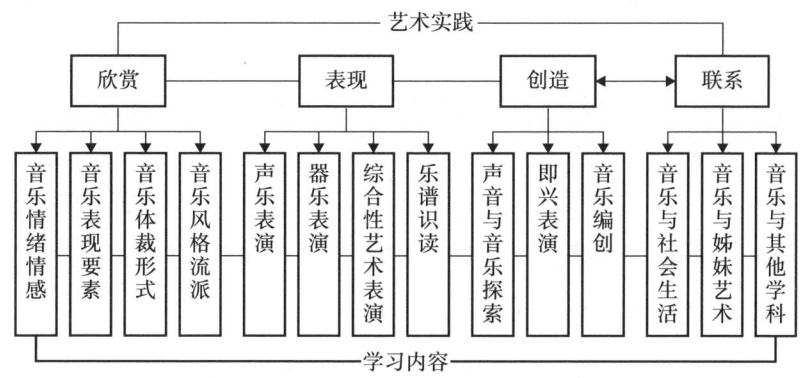

图5-1　音乐学科课程内容框架

1)"欣赏"维度的学习评价

教师应该思考学生怎样才算是欣赏一首乐曲。例如,欢快的音乐一般在速度上比较快,节奏比较密集、短促,力度也比较强,通过直觉类比的心理联觉作用,能唤起人们欢快、高兴的情绪反应,如果学生的反应符合音乐所表达的情绪,就说明是正确的。在学习评价中要求学生的反应以及联想与想象既要符合音乐的基本特征又能体现个性化。只有这样,才能不断丰富学生的听觉经验,对音乐要素、体裁、流派能正确感知与判断,更好地理解作曲家想要表达的情感和意图,真正促进学生音乐欣赏能力的提升,而不至于天马行空,'臆'想天开。

2)"表现"维度的学习评价

需要分学段对其表现特征进行具体刻画,根据学段不同,要求和评价也略有不同。例如,在演唱、演奏的基本要求上,1~2年级以自然演唱为标准,3~9年级则必然要学习相应的专业知识和方法,掌握相关的演唱、演奏的技能才能更好地表现音乐。随着年龄的增大,歌唱表现要求在逐步提高。另外,在识读乐谱的能力方面,1~2年级要求简单认识节奏谱和常用音乐符号,做到节奏、音高基本正确即可。3~5年级则需要围绕听、唱、读、写四个方面来制定评价标准,音乐识谱不仅是能认识音符和节奏,知道它们的音高与时值,而且还必须用唱、奏表现出来,以提升学生的识谱、记谱和运用乐谱的能力。

3)"创造"维度的学习评价

同样需要分学段对其表现特征进行具体刻画。例如,1~2年级涉及情景表演任务,学生能根据一定情境和主题,运用多种手段进行角色扮演、形象塑造、生活场景再现等综合性艺术活动。好的表演不仅能较好地展现情境和故事情节，还能较好地表达自己的情绪和想法，设计简单的表演动作，运用适当的道具等，这样更能体现出学生的个性差异，展现学生在创造方面的实际能力。其他学段涉及更高阶的音乐即兴表演，根据音乐情绪、节奏、旋律以及歌词内容进行律动、舞蹈的即兴表演，在表情自然、表演完整的基础上进一步体现创意和变化，如动作的变化是否丰富、舞蹈造型是否优美、动作设计是否有新意等。

4)"联系"维度的学习评价

音乐与相关文化的联系是音乐课程人文学科的集中体现，也是培养学生核心素养中文化理解的重要内容。根据学段的差异性，仍然需要分学段对其表现特征进行具体刻画。例如，1~2年级的学生只需要表明自己对音乐或音乐现象的感受即可。教师也要引导学生在生活中留意、关注身边的音乐，并乐于参与。3~5年级则要求学习音乐不只是停留在课堂上，而且还要通过学习激发学生对音乐的兴趣，不断增强他们表现、创造和运用音乐的能力，将这种能力迁移到日常生活中，不断丰富丰满自己。可以用能否说明选择这些音乐的原因来判断学生音乐理解和运用能力的高低。

2. 立足课堂的单元学习评价样态

单元学习评价样态涉及学习态度、过程表现、学业成就等多个方面，贯穿艺术学习的全过程和课堂教学的各个环节，单元学习评价具体表现为以下四类评价。

1) 表现性评价

新课标指出，"重视表现性评价"，"注重引导学生对自己的学习历程进行写实记录"。所以，教师不应仅在每个教学环节、每个学生活动中设计相应的评价，而且除了对学生进行表现性评价之外，还需要兼顾趣味化的评价方式，丰富评价内容，形成可视化的评价证据。学生每一个细微的表现都可能触发课堂教学的微小革新。通过一个个学生活动、一个个探究单元、一门门课程的累积，不仅学生的艺术修为和核心素养自身得到进步，而且彼此间相互促进、相得益彰，共同形成每一个学生的健全人格——成为更丰富更丰满的人。

2）发展性评价

发展性评价的要义在于促进学生的自我观察与自我分析,让他们发现自己的潜质所在、成长空间所在,并为之提供舞台使其潜质充分显露,并由此得到提升。发展性评价要坚持学生主场原则,一切遵循学生的成长需求和发展规律,引导学生全面而有个性的发展。同时要注重动态发展过程,强调行为表现。评价不是为了"选拔"和"甄别",发展性评价着眼于学生的具体发展,注重诊断反馈,嵌入教育过程,了解学生最真实的课堂状态。教师要依据学生课堂观察,着眼学生的长足发展,关注学生在学习活动中的各种表现。

3）多主体评价

新课程标准中倡导坚持多主体评价,要设置自我评价、同伴互评、教师评价、家长评价等多主体的课堂学习活动评价方式,使得评价更加多元、全面。教师与学生在评价中相互学习,积极反思,共同成长,从而多了一把"尺子"。没有唯一恒定的标准答案,每个人感知都是不一样的,每个人都是独特的个体。例如,可以开设"主题演唱会"形式,引导学生以小组合作的形式在班级开展汇报演出,并推选出班级优秀汇报小组,在校级文艺节中进行表演展示;还可以利用班会课、校本课开展"专题活动",设计"音乐诗词大会""音乐知识竞答""音乐绘本分享会"等丰富多彩、形式多样的主题活动,让音乐知识不再拘泥于课堂,为学生提供表达的空间和表现的机会。

4）创新性评价

创新性评价可以促进教师教学方式和学生学习方式的转变。创新性评价可以从评改符号入手,抛弃传统的"√""×",取而代之更具人文色彩的"笑脸""大拇指"等表示优秀;"哭脸""小辣椒"等表示不足。有趣的评价会让学生乐于不断改善,获得成功的体验,增强学生的自主性和自信心。评价结果运用,最终的指向是"评价即育人",以学生对课堂任务的兴趣和投入程度给予个性化、创新性的解读。一项好的评价并不是告诉学生"做不到什么",而是告诉学生"可以做什么、能够做什么"。从评价结果判断出每个人的优点和长处,挖掘出每个人的潜能、兴趣、能力,鼓励其发挥自己的特长,给予每个人以科学的评价和定位,为学生做好"体检"和"把脉",为学生高阶目标和高阶思维能力的发展打下坚实基础。

第七节　优化单元教学建议

1. 遵循"少即是多"原则

依据单元教学安排的课时划分,提出单元教学之中每节课的重难点部分,设计由浅入深、范围逐步扩大的系列音乐实践活动。教师要做到少干预、少灌输,教师的成分少了,学生的自主性就多了。教师更多的是作为幕后的大师,而不是沉甸甸的课堂内容灌输者。所以设计课程内容是精简、有序,而不是杂乱无章;教学内容要以少胜多,捋清单元核心知识点,与学生生活经验、已有知识联系起来,学生学习迁移能力也就更强。这样才能使得学生头脑更加清晰,学生成为自己生活的主导者,有权利选择和设计自己想要的,努力生活成自己想要成为的人。

2. 强调体验性学习过程

一节好的音乐课体验时间应该超过30分钟。教师应将静态的知识与技能的学习变成动态的艺术实践过程,重视学生在学习活动中的角色体验,尽可能在艺术实践中扮演创作者、表演者、欣赏者和评价者,帮助学生在"用中学""创中学",一步步真切体验知识的含义,慢慢学会像专家一样思考,用"再发明"知识的方式去学习并理解知识难点,以进行深度体验,获得深刻理解。

3. 注重前后单元衔接

通过对教材中乐理知识点的量化分析,人音版小学教材中乐理知识点从一年级开始逐步渗透,直到三年级作为核心部分全面铺开。所以,我们需要站在全册教材、各个学段、单元之间的视域下,既要关注知识技能上的前后关联,设置每节课之间的整体难度,从实际出发,合理调整教学时间和教学方法。我们也要关注音乐能力上的关联,创编与活动则在其中显得尤为重要。通过设计多样化的体验活动,激发学生自发参与到音乐实践中,学生能力在不知不觉中得到提升和锻炼。

4. 从单元整体视角出发

新课程标准中"教学指导"部分提及,教师应当重视以单元为整体的课程设计,调整过分偏重以课时作为划分单位的课程设计,倡导以单元为一个整体的教学布局,这样能更好地将散乱、零碎的音乐知识构筑成一个完整、系统、有逻辑的知识脉络。通过共享的音乐属性精确找出"核心",推动思维的进阶,实现核心素质的渗透。

5. 智慧教育赋能音乐课堂

美育的质量在于融合,以智慧教育赋能音乐课堂。促进数字技术与中华优秀传统文化的融合,探索运用云展览、数字文博、虚拟演出、全息技术等促进中华文明的传承创新。鼓励有条件的地方探索互动教学、AI交互式作曲、AI交互式作词、虚拟乐器、音准训练、节奏训练、音基训练等多个功能模块,围绕学、教、创、评四个维度形成智能音乐教育闭环。让学生在互动的学习环境中更轻松、更愉悦地学习音乐,提高学生学习的积极性和趣味性,培养学生创意思维和实践能力。打造多元教学场景的智慧课堂,以满足学校素质教育的全方位需求,建立新时代素质教育创新示范。

第六章

大单元教学的
实施要点

理论阐述总是抽象的,如何设计和实施大单元教学,对于一线教师而言是具体的、现实的挑战。下面我们将一一解构,帮助教师更好地架构以核心素养为导向的大单元教学。

第一节　仔细研读文本

作为一线教师,首先需要根据新课程标准从整体布局去架构,依据学段分层去理解;其次充分挖掘教材文本,从教材内外看到音乐知识的纵深和美育价值;最后拟定大单元主题情境也是非常重要的一环,将大情境、大任务贯穿始终,从而生成本单元的思维导图。

1. 研读课程标准

1) 从整体布局去研读

艺术新课程以一门课程的视角进行顶层规划、整体布局,将原来音乐、美术分科课程整合为五门艺术课程一体化的综合设计,并细致深入设计课程内容。艺术课程形态整体分为三大板块:1~2年级,艺术综合;3~7年级,音乐、美术为主线的分科课程;8~9年级,艺术选项课程①。以音乐学科为例,第一阶段1~2年级,以"唱游音乐"为主的艺术综合,强调艺术活动的综合性、趣味性、游戏化的快乐学习,凸出从幼儿园向小学过渡期的关键时期,激发孩子们对学习的热情,并且教会他们在其中找到满足感和成就感。第二阶段3~7年级,以音乐为主线,教学中有机融入舞蹈、戏剧、影视等姊妹艺术,为学生掌握较为全面且深入的艺术基础知识和基本技能、核心素养奠基。第三阶段8~9年级,强调学生自主性,促进学生至少掌握两项艺术特长,为学生的个性化学习做好铺垫,并有效衔接高中学段模块化教学。所以,理解艺术课程标准修订按照"总分结合"的思路设计,遵循艺术学习规律一体化构建,先综合后分项,促进学生在音乐学科方面的深度发展。

2)从学段分层去研读

艺术新课程的学段目标划分非常细致,采用"2322"模式,细化为四个阶段,对学段目标表述更具体,贴合学生不同年龄阶段发展特征。例如,1~2年级在艺术综合课程中设置了四项学习任务(分别是"趣味唱游""聆听音乐""情境表演""发现身边的音乐"),根据不同学段学生年龄特点,设置不同的学习任务,用贴合学生生活趣味的学习任务来呈现。通过主题式、生活化、情境化、综合性的音乐实践活动完成教学目标,加强课程内容与学生生活的联系,并融入社会主义核心价值观、中华优秀传统文化、革命文化等,凸出学生为主体和学科的逻辑,体现音乐课程实践性的特点。

2.研读教材文本

1)与教材成为最亲密的同伴

身为教育工作者,我们每天都在接触教科书,对其中音乐的研究也最为透彻。因此,从这个角度来看,教科书不仅是我们授课的内容和歌唱的基础,更像是我们的知己伙伴。教师与教材乐曲的关系要做到以下几点:一要非常重视。就算是较为简单的歌唱内容,也需要多听,所谓书读百遍其义自见。二要非常熟悉。要对乐曲体裁、人文内涵、历史背景进行深入分析和充分挖掘,从多个维度

---

① 崔学荣.艺术课程改革的新动向·新突破·新征程——《义务教育艺术课程标准(2022年版)》(音乐)解读[M].2022:326.

理解并设计学生活动。三要非常擅长。教师要善于运用自己的歌唱技巧或演奏技巧,演唱或演奏教材歌曲,带领学生感受美、欣赏美和聆听美。

2) 在教材内充分挖掘音乐元素

教材是各种音乐知识的载体,是教师开展音乐教学活动的主要依据。应尽量避免对学生一板一眼地讲授专业音乐知识,更多的是让学生从教学活动中体验、感受乐曲。我们致力于加强学生的审美教育,深入研究并提取课本里的音乐成分,让原本单一的音乐课程变得更加富有艺术感。从人音版的中小学音乐教科书中选择的作品,都有其独特的美丽之处与丰富多彩的音乐特性:有些歌颂大自然的壮丽景色;有些表达出深厚的家国情怀;还有些展示人与人之间的真诚感情。所有这些歌曲都在讲述关于"美"的故事。

3) 在教材外充分挖掘美育价值

教科书并不是教师进行音乐教学的唯一依据,教师也有能力在课余时间挑选出一些合适的音乐作品,以此来对学生进行美育的渗透。现在的小学生大部分都有自己钟爱的歌曲,教师可以挑选出最富有美育意义的歌曲,与学生共同欣赏美。例如,最近在小学生中最为流行的《孤勇者》,这首歌对于孩子们来说,真的只是一首"儿歌"这么简单么? 答案是否定的。首段歌曲描述了勇敢面对挑战和付出的故事,整首音乐描绘了一个坚定抵抗困境、无畏于逆境的人物形象,让小朋友们通过表演体验到奋斗的精神力量。接着,他们认为"孤勇者"是来自日常生活中的普通人,身为教师,需要给孩子们以鼓励,同时教导他们如何去战胜自身的不足,从而获得尊敬和赞美。

3. 创设主题情境

1) 设置主题式任务驱动的情境

"情"和"境"通俗来说也就是"情绪"和"意境"。用富有感染力的情绪和深远的意境,为学生营造一个良好的学习氛围,还可以为学生提供一个宽广自由的想象空间。大单元的学习情境需要合乎以下要求[①]。一是主题式。应采取"角色代入"的设计思想,让学生跳脱原来的学生角色,在主题情境中变身为特定的任务

---

① 杜鑫茹. 情境创设法在中小学音乐课堂中的应用[J]. 戏剧之家,2021(24):56-57.

角色,积极主动地承担起角色赋予的任务和使命,运用学习情境中的工具、资源等,以角色的视角出发创造性地解决问题。二是任务驱动。在学习情境中要抛出有层次、有结构的任务链,通过学习任务围绕单元学习主题次第展开,构成一个前后关联的任务链。任务链与教学目标紧密相关。三是贯穿始终。创设情境切忌脱离现实世界,需要与学生产生真实的心灵交流。同时也不能来低跳脱情境,学生情绪在整堂课都是有波动的,有情绪高涨的时候也有情绪低落的时候,教师在此过程中需要全程引导。基于与学生的生活情境和发展需要的主题情境,以核心素养作为单元的透视镜来统整学科知识,以助于深度研习。

2）注重科学合理的情境

教师需要注意在教学过程中所创设的情境不能时常跳脱、牵强附会,不然很有可能起到反作用。因此,创设情境的方法一定要同时具备时效性和科学性,这样创设出的情境才能在课堂中发挥最好的作用。另外,在教学过程中所创设的情境一定要与学生现有的认知水平与心理特点相符合。要根据教学任务以及学生能够接受和感知的程度来创设情境,以此来适应学生的心理特点。在保证教学内容不超过学生现有认知水平的同时,也要保证其具有一定的难度与挑战性,让学生的音乐潜能得到开发。

3）围绕活动培养发散性思维

"发散性思维是指在考虑问题的过程中,没有一定的途径和思考方向,可以试着突破原有的知识框架和知识结构,自由地思考,任意地想象,从而产生大量独特的新的思想,最终能够使问题得到圆满解决的一种思维方法。"[①]教师在音乐教学中一定要有意识并且有步骤地扩大教学思路,让学生学会从多个角度去思考问题,从而培养和训练学生发散性思维。只有这样才能让学生沉浸情境,积极配合教学,从而获得很好的教学效果。

实践举例:通过研读教材不难发现,爱国主义是教育的一个永恒主题,在人音版教材中往往在前两个单元总会出现爱国主题体裁的作品,甚至随着学段的上升,教材中的爱国形象由"报童"到"龙的传人",一下子就激起了学生对先辈们的崇敬之意,十分贴合学生的实际生活和年龄特点。因此可对教材内容进行拓展或组合,凝练并拟定本单元学习专题——《爱祖国》,提炼出"传递时代精神,激

---

① 　张书梅.理论力学的想象空间与发散性思维[J].河南城建高等专科学校学报,2002,(01):63-64.

发爱国情怀"的大观念,将三个课时主题确定为,"回忆峥嵘岁月、赞誉绿水青山、展望最美中国"。该单元由回望祖国历史到赞颂美好河山,再到走向民族复兴,设计了明、暗两条线贯穿三个课时。明线为作品的音乐风格特点和演唱形式;暗线为爱国情感体验的层层递进,从回望历史的时代歌声到聚焦当下的赞美情怀,再到展望未来的自豪之情,三个课时中爱国情感不断积累,最终内化为学生对爱国主义的全面认知,明晰文化理解的内涵。明线与暗线相互交织,感性与理性相互交融。

4. 制定本单元的思维导图

实施过程中需要注意,教师一定不要仅设计单课时教案,这样很难实现高层次素养目标的构建,还需从整体上把握知识体系和素养目标的持续构建,可多维度寻找教材素材为单元的实施载体,呈现本单元的思维导图,感知单元"森林"的全景。图6-1为人音版二年级上册第4课《咯咯哒》单元思维导图。

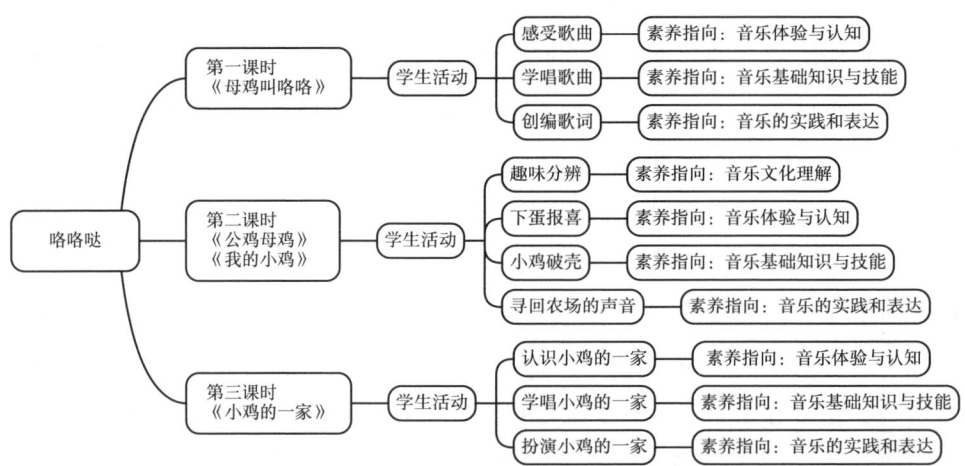

图6-1　人音版二年级上册第4课《咯咯哒》单元思维导图

第二节　深度理解音乐学科大观念

站在音乐学科视角,为什么要深度理解音乐学科大观念?这是我们需要思考的问题。"大"是什么样?"大"如何凝练?何"大"之有?教师要如此这般循证来理解音乐学科大观念。

1. 音乐学科的"大观念"是什么样的

大观念是一种观点的表达,而非简单的词组或音乐知识点的罗列,大观念应当是鲜明地指出本单元教材文本中的学科观点或概念。大观念也是一种持续性理解,不是一课一得,而是从本单元中提炼出的"少而精"的课程内容,需要持续地加强理解与螺旋式建构知识体系。大观念是深层次的学科要素,它居于学科知识结构的核心,而不是学科中浅层的、零碎的知识内容;大观念是能迁移的"活知识",致力于让学生形成解决问题的能力、素养和品德,不是"多而散"的学科概念和死记硬背的"惰性知识"。

2. 音乐学科的"大观念"是怎样凝练的

1) 从课程标准中解读

音乐学科课程内容包括四类"艺术实践",涵盖十四项具体的"学习内容",从不同学段设置不同的"学习任务"进行具体论述,逐步分化并转化成大观念。例如,音乐学科中将"趣味唱游"学习任务转化成"声随心动才能好好'玩'音乐"的学科大观念。"独唱与合作演唱"学习任务转化成"歌唱是进行音乐体验、实践和表现最原本的方式"的学科大观念。将"探索生活中的音乐"学习任务转化成"音乐在生活中无处不在"的学科大观念。

2) 从核心素养中提炼

核心素养是连接宏观教育理念、中观培养目标和微观教学目标的重要纽带。在教学中,教师可以将核心素养作为切入点,通过字眼解读,逐步分解出音乐学科"大观念"。例如,通过对"文化理解"核心素养的内涵解读,分解出"音乐具有丰富的人文内涵""中国音乐作品传达了中华优秀传统文化的艺术化表达和时代精神内涵"等学科大观念。

3) 从教材内容中提取

通过研究学习内容、分析学习重难点和梳理音乐要素,挖掘音乐作品在表现特征方面的关联性,并以此建立音乐作品之间的逻辑、提取本单元的大观念。回归"育人本位"的音乐教学,应当合理使用教材,而不是一味说教材,要重视艺术体验,强调心灵、身体、思维与环境的互动,使学科知识得到运用。例如,在戏曲主题单元的学习中,教师可以从脸谱、乐器、四功、行当等元素入手,挖掘音乐作品在表现特征方面与学习内容之间的逻辑线。与此同时,通过教材内容、学情研究、学习目标、学习活动的整体性分析与研究,可以提炼出"戏曲是一门综合性和程式化极强的艺术形式"等学科大观念。

4) 从社会生活中发现

教师要有善于发现的眼睛,从生活中、大自然里探索音乐,引导学生观察生活中与音乐相关的现象和活动,探究、理解音乐与社会生活的关系,使用常见的"生活"乐器,创造身边的音乐,养成在生活中与音乐为伴的习惯。

实践举例1:以二年级《咯咯哒》单元为例,围绕选编的四首描绘"鸡"的歌(乐)曲,提炼了"体验感知'鸡'的音乐形象"的大观念,帮助学生用生活经验领悟音乐,短时间内对"鸡"有更深的理解。将三个课时主题确定为高傲的公鸡、温柔的母鸡、活泼的小鸡。这三个课时主题与大观念密切相关,设计以"音乐农场之旅"为主线设计音乐游戏活动小任务群。从认识性格迥异的小鸡一家入手,环环相扣,各部分既相对独立,又具有系统性特征。

实践举例2:我们将"节奏"作为重组单元的主题。提到节奏,人们第一时间会想到音乐。诚然,节奏是音乐学科的基础概念,而在美术学科,节奏是一个抽象的概念。所以在本单元,通过"层层叠叠""剪花团"等艺术活动,从重复和渐变等美术学科概念中参透美术语言中的"节奏"。节奏在音乐和美术这两个艺术学科当中存在的形式和定义大相径庭,但是从统整的视野来看,它们是相通的。"节奏"渗透性地存在于生活的时时刻刻、方方面面,人们可以用各种方式表达节奏,这一大观念与艺术核心素养中审美感知、艺术表现和创意实践非常契合。

第三节　教师身份的转变

贯穿本次新课程标准改革的主线就是育人为本,本次改革改变了以往强调的学科逻辑体系,所以,教师要引领学生关注并走进现实世界,让学生成为学习的主人。那么,转变教师身份就成为当务之急了。如何转变?这体现在以下四个方面。

1. 做一名"真诚"的欣赏者

核心素养主张回归课程育人。教育过程中,学生的行为往往超出预期,给教师带来意想不到的情况。这恰是教育的绝佳机会。老师应更加重视学生的内心需求、爱好与思考,懂得包容地聆听他们的声音,并通过交流互动捕捉他们闪耀智慧的时刻。此外,教师更要关注学生点滴的成长和长足的发展,教会学生自评和他评,"自我肯定"和"赏识别人"都是最好的学习方式。优秀的学生往往是被夸奖出来的,教师应该成为每个学生的赞赏者,充分信任他们。走下讲台,教师和孩子们一样会被音乐感染,一样爱玩爱跳。

2. 做一名"灵魂"的唤醒者

教师要成为学生"心智的激励唤醒者",成为学生的"精神教练"。教师在设定目标及知识点时,要符合课程标准中该学段的要求,同时依据课程标准的要求对教材内容做出恰当的选择、整合与补充,使单元主题更能体现学生的发展兴趣和需要。学习内容的设计要体现深刻性和进阶性,每个目标的达成要留有足够长的时间,还要充分调动学生多感官体验音乐,在音乐游戏和实践活动体验中渗透音乐基础知识和基本技能的教学。设计学生活动任务群,让学生在唱游中体验音乐要素。教师要允许预设被打破,接受不确定和变化,这样学生才能掌握鲜活的单元知识。

3. 做一名"退后"的引导者

教师要摆脱传统教学中枯燥乏味的"离身学习",调动学生多觉联动,通过具身实践的深度参与,让儿童站在课堂中央,教师的身份往后退。教师从期望学生"学会什么"出发,设计并展示学生如何学会的过程,不求知识点的面面俱到,而是着力于让学生从整体上把握知识脉络,帮助学生积累解决问题的经验,打通知识学习与真实情境的"最后一公里",体现以学定教。

4. 做一名"美"的发现者

"随风潜入夜,润物细无声"真正诠释了音乐教育就是美的教育,音乐教师就是美的使者,其带来的是一种不能轻视的、潜移默化的美育渗透。作为一位音乐教师,需要成为美的发掘者,并热衷于服务学生。这并非只是停留在言语层面的口号,而是需要我们深入到音乐教学的每一个环节中去践行。音乐教育的目标是通过美来感染和塑造学生的品格,让他们在一个充满美的氛围里茁壮成长。为了使学生能感受到审美的快乐,并在日常琐事中寻找那些美好的创作时刻。爱在课堂之间是流动的,学生自然会爱上音乐,爱上学习。

第四节　利用常态教研

如何在常规教学中有效实施单元整体教学,并落实到每一节课,其重要的一环为常态教研。有效的教研活动可以提升教师的教学水平和专业能力。那么,怎样可以让教研有内容、有质量、有效果呢?

1. 设置话题研讨,找准教研定位

对于如何提升集体备课的效果,目前一些学校的教研活动还停留在主观臆想的层面,忽略了对真实课堂教学的评估。集体备课应设定明确的目标。比如设计话题讨论:如何精确掌握大单元框架和知识结构? 答案是,建构单元支架。以一个主题(专题、话题、问题)为核心,根据单元目标组织、联结学习内容,形成前后贯通的学习情境、学习任务、学习活动以及学习评价。单元支架的文本内容由单元主题(大观念)、单元教材分析、单元知识点及目标、学习难点诊断、单元课时划分、单元学习评价等六大板块组成。以单元支架中的六大板块作为常态教研中研讨的主要内容,即可使教研对象更加明确,主线更加清晰。在教研过程中,教师也可进一步研讨单元教学情境设定、单元课时划分以及音乐拓展素材的摘选,是否兼具生活和学习的意义等。只要是能为本单元教学设计服务的,都可以集中头脑风暴。还可以研讨单元评价与单元目标是否一致、单元目标是否体现了思维进阶、如何运用单元评价检验单元目标的达成度等问题,让音乐教研落地。

2. 设计课堂观察量表,提供教研数据

在单元教学之中,要确保学教评的一致性,并形成闭环,实现教学质量的螺

旋式上升。为了让教学的质量可评、可测、可见,我们需要设计课堂观察量表。需要强调的是,课堂观察量表出发点是素养,同时素养也支撑着整个教学过程的设计。同时,观察量表也要确立以学习为中心,从以下四个维度进行观课。一是"观察目标达成情况",主要看音乐目标制定是否合理、教学目标是否达成,依据达成率随时修订教学设计。二是"观察学习活动情况",即观察活动与活动之间是否逻辑关联,是否运用了至少一种以上的学习策略,学生是否经历了从个人—分组—集体的三个学习历程,音乐的核心素养是否在活动中得到锻炼和提升。三是"观察学生参与情况",主要看学生在音乐学习过程中,思考、表达、实践等活动的参与度,以及学生的课堂发言是否聚焦、课堂学习完成情况等。四是"课后学生调研情况",即针对教学目标设计调查问卷或访谈提纲,把握学生对知识的掌握和理解程度。全班都会的教学内容无须多言,不会的部分则需要经过课堂教学再次深化。

3. 同单元异构,提升教研品质

根据各校情况,选定一个主题,共备一个大单元,不同的教师进行同单元异构。一是"同单元异构",把课堂作为教学研究的实验室,有利于克服个性化课堂存在的弊端,给教师提供了一个参照和比较,引发参与者智慧的碰撞,长善救失、取长补短,显著地提高教研教学效果。二是展现出教师不同的设计理念,以及对教材文本不同的解读等,可以检验教学手段的有效性。教师间就教学设计来研讨实施路径和策略,围绕如何让课程变有"趣"、是否符合新课程标准的要求、单课时教学的链接能否体现大单元教学的全貌等做研讨研究,让教研更有新意。三是有利于提高教师素养,促成教师间的知识共振,逐步提升教学水平、教育智慧等,促进教师专业成长。

第五节　聚焦单元教学评价

评价涉及学习态度、过程表现、学业成就等多个方面,贯穿艺术学习的全过程和艺术教学的各个环节。教学评价是在教学中落实教育方针体现教育目的的重要措施,有利于引导教师按照学生学情和学习规律进行教学。单元教学评价可以从以下三个方面进行。

1. 表现性评价

针对学生在艺术教育中的实践、体验和创新特性,教师将重点关注并记录他们在艺术学习、实践以及创作等活动中的典型行为和态度。通过展示作品或者演示技巧等方式,教师可以对学生的艺术学习情况进行高效评估。

单元教学评价须超越"分分计较"的纸质化测验,走向学生学习课程内容后其身心留下来的核心素养的"具体表现性评价",更关注"综合、运用、评价和创造"等高阶目标和高阶思维能力的培养和考察。其实,表现性任务与标准是一种共同生长的关系。教师制定的评价内容为学生提供了测验他们表现水平的具体规则,可以通过情境化的语境描述学生的表现状态,而不是用单纯的分数来划分学生所表现出的能力。我们可以依据"具体表现性评价"的评分标准"倒推"具体的目标表现,让学生在使用评价规则时可以实时了解自己的进步以及自我发展,成为学习的主导者。所以表现性评价是注重过程的评价,应在课堂上普遍应用并推广。

2. 增值性评价

这是一种基于学生学业进步和发展潜力的评价方式。它关注学生的起点和进步,而非仅仅关注学业成绩。它通过比较学生在进出课堂、进出校园等不同时间点的表现,来评价教师的教学效果和学生的学习成果。增值性评价不仅关注学生的学业成绩,更重视学生的学习历程,因此它能够更全面、客观地评价教师的教学能力和学生的学习效果。

那么,增值性评价在课前、课中、课后三个环节如何体现?一是在课前阶段,教师既要备课还要"备"学生,预测教学中可能出现的难点和问题,设计合理的教学计划和教学策略,为学生的学业进步预设增值空间。二是在课中阶段,教师应注重激发学生的学习兴趣和潜能,通过创设情境等有趣的教学手段,帮助学生更好地理解人文内涵和掌握音乐基础知识。同时,要关注学生的个体差异,满足不同学生的需求,使每个学生在课堂上都能得到进步,从而促进学生在学习过程中的增值。三是课后反思改进,教师不仅看学生的进步,也要注重自我的提升。教师要对教学过程进行反思,通过学生课堂观察量表,及时调整教学策略,提出二次修订的设想。持续改进和反思,教师可以实现教学能力的不断提升,从而为学生提供更高质量的教学服务,形成教育的闭环。

3. 即时性评价

学生在课堂活动中的表达,是对教学过程的积极参与,他们在课堂上呈现出来的状态和变化,是他们内心思维主动参与和建构的过程。因此,在音乐教学中,我们的即时评价语言必须根据课堂适时变化。一要洞察学生的心理变化。唯有将学生视为学习的主要角色,学生才会站在课堂中央,如此教师才能迅速感知到学生的状态和动向,理解他们的情感波动,从而更自信、更有准备地应对课堂的变化,作出即时性的评价。二要呵护学生的灵感火苗。真实的课堂教学中充满着不确定性,音乐的灵感总在不经意间发生。在难以预料的一个个瞬间,教师应用即时评价呵护学生灵感火苗。三是即时纠正学生的认知偏差。音乐学科以立德树人为根本,所以,在教学中最重要的目标是提高学生审美和人文素养,弘扬中华美育精神,树立正确的审美价值观。以美育人、以美化人、以美培元,贯穿教育全过程,这就需要教师在即时性评价中纠偏。表6-1所示的为人音版二年级上册第4课《咯咯哒》单元评价。

表6-1　人音版二年级上册第4课《咯咯哒》单元评价

评价内容	评价目标	评价形式	评价工具	评价结果运用
审美感知	聆听音乐,对音乐的情绪反应及对音乐的联想和想象符合"鸡"的音乐形象。	自我评价 同伴互评 教师评价	教室音乐乐园榜 观测个人表现	A档(优秀) B档(良好) C档(合格) 本单元共计15枚徽章(分别为"高傲的公鸡""温柔的母鸡""活泼的小鸡"称号徽章),教师在课堂上即时性表扬,得到徽章最多的学生可登上本单元音乐乐园榜首
艺术表现 创意实践	1.跟随同伴一起演唱,姿势正确、声音自然;节奏、节拍、力度正确;模唱简单旋律、画出简单旋律线或图形谱。 2.唱游活动中能配合音乐进行简单的声势、律动、打击乐器演奏和情景表演;基本表现出情景表演的主题和内容,动作符合音乐特点和角色特征,能体现自己的创意	徽章评价 自我评价 同伴互评 教师评价	教室音乐乐园榜 观测个人表现 互动课堂平台	

续表

评价内容	评价目标	评价形式	评价工具	评价结果运用
文化理解	运用生活经验领会音乐,感知理解"鸡"的音乐形象;向他人介绍身边的音乐现象时,能较清晰地表达自己的感受和想法	自我评价 同伴互评 教师评价	教室音乐乐园榜 观测个人表现 互动课堂平台	A档(优秀) B档(良好) C档(合格) 本单元共计15枚徽章(分别为"高傲的公鸡""温柔的母鸡""活泼的小鸡"称号徽章),教师在课堂上即时性表扬,得到徽章最多的学生可登上本单元音乐乐园榜首

第六节　单元教学课堂的实践

课堂作为育人重要载体和主渠道,不仅在内容上要体现育人的效果,从应用实践上也体现了不可取代、不可忽视的重大意义,所以我们要更加关注课堂。每节课堂的实施需要遵循以下五个原则和四个步骤,让授课变成一场共同的学习之旅。

1. 单元教学活动设计的原则

1) 规范性原则

教师在设计教学活动的时候,必须遵循课程标准的基本要求;通过分析和挖掘,准确把握学科中的主线与主题。此外,还需要规范各章节教学活动的具体内容、形式和要求,这是单元教学活动设计的基础和前提。

2）实效性原则

明确学生是活动的主体,具身设计实践活动,学生全方位全感官参与。教师在创设真实情境时,要能够吸引和激发学生对单元学习的兴趣;要熟知学习者已有知识基础,关注学习者已有的经验,明确学习者的最近发展区,紧紧围绕学科的主干知识、核心的学科概念来设计学习活动或单元主题,确保实施的实效性。切中学习者的需求,学习者的学习才有乐趣,探索才有动力。

3）创新性原则

教师的活动设计指向的是素养提升,体现学科本质和育人价值。大单元视角下的创新没有标准答案,但是有如下共同要求:以学生发展为本,以提升学生核心素养为宗旨;关注探究与实践,在创新活动中学以致用,实现自我成长。

4）衔接性原则

为达到教学目标,教学中可能会设计多个学生活动链,每个活动要整体规划并相互关联,且都指向核心素养,最终沉淀在学生身上形成综合能力。

5）持续修订原则

教学反思贯穿于教学设计与实施的全阶段,教学活动一旦展开,原有的单元目标需要根据学生情况以及课堂观测进行动态调整,因而,单元教学设计也是教师和学生在课堂教学之中共同完成的一份学习记录。持续修订分布在三个时间段,分别是教学前、教学中和教学后,当有学生提出疑问或对某些知识感兴趣时,教师则需要调整教学计划,支持学生的自主探究,这样,因材施教教学目标才会真实落地。

2. 单元教学活动设计的流程

第一步,撰写单元支架,形成初稿。

单元教学活动应该严格按照教研之后单元支架的单元主题"大观念"、单元教材分析、单元知识点及目标、学习难点诊断、单元课时划分、单元学习评价等六个板块去设计实施。在教学设计中,需要明确所教授的核心知识点,这些核心知识点应该是具有代表性、逻辑性和连贯性的,其能帮助学生建立知识体系或思维框架。

第二步,课后形成反思,二次修订。

第一次实施之后要有二次修订的教研组研讨和自我反思的过程,执教者应对照课程标准进行授课反思及修订。从目标设定与达成度、学生活动设计科学性与参与度,以及学生课堂观察量表等方面展开。教学目标是否达成,需要对照教学评价去检验;同时,也要关注知识点之间的逻辑性、关联性和迁移性,帮助学生掌握知识的本质和内在联系。

第三步,优化单元支架,再次实践。

执教者应吸收教研组建议并结合自身反思情况,再次进行课堂教学实践,这是一个持续迭代优化的过程。在这个过程中,需要注意:一是持续关注主题和学生的需求变化,及时调整单元目标和评价标准。二是与教研组和专家保持沟通交流,了解最新的教学教育理念和方法,不断储备知识。三是不断反思和改进,实践后再次反思,根据学生的课后反馈或教学的实际效果不断完善教学,形成教学研究的闭环。

第四步,收集课堂数据,对比研究。

对比第一次初稿和第二次修订,教师要从中找到教育"质"的规律,对音乐教学有更深一层的探索,为今后的教学梳理思路、指明方向。教学一旦展开,原本的单元教学设计就需根据学情而不断调整。从音乐教育的角度来看,不应该为了达成一个目标或技能而让学生失去更多的发展机会。在教育中我们不应忽视学生成长过程中的不确定性,而应该给学生留出思考的时间和更多试错的空间。因而,大单元教学设计也是教师和学生在教学进展中共同完成的一份实时更新的学习记录。

打样案例1：唱歌课为主的大单元教学设计

一、单元主题

《小小音乐家》。

二、大观念

小小音乐家的趣味音乐之旅。

三、单元内容综述

1. 内容简介：本单元是人音版一年级上册第7课《小小音乐家》，共选编了五首不同音乐风格的音乐作品，即法国民歌《法国号》、管弦乐《号手与鼓手》、小提琴独奏曲《会跳舞的洋娃娃》、活泼有趣的儿童歌曲《快乐的小笛子》和钢琴独奏曲《星光圆舞曲》。

2. 作品联系：本单元围绕"小小音乐家"这一人文主题进行编写。歌曲《法国号》让学生体验三拍子的音乐特点，用人声模仿和表现圆号的音色，体验长音和短音不同演唱方法带来的不一样的音乐情绪；管弦乐《号手与鼓手》让学生感受进行曲的风格特点，想象号手和鼓手的音乐形象，模仿和表现号手和鼓手行进演奏时的可爱神态；小提琴独奏《会跳舞的洋娃娃》让学生聆听小提琴的音色特点，感受快板和三拍子音乐的特点，用手指随着音乐画圈表现洋娃娃欢快舞蹈的画面；儿童歌曲《快乐的小笛子》让学生体会模仿和听辨小笛子吹奏的长音和短音，用活泼轻巧的声音和二拍子的肢体律动表达歌曲的音乐情绪；钢琴独奏《星光圆舞曲》让学生反复体会三拍子节拍特点，学会区分三拍子与二拍子的不同特点和表达的不同音乐情绪。整个单元通过五首作品，让学生体验音乐家"吹、拉、弹、唱"等丰富的音乐表现形式，让学生认识音乐家，了解音乐家了不起的地方，激发学生对音乐学习的热爱和兴趣。

3. 教学价值：本单元用"三拍子和二拍子"的节拍感知和对比，用"音的长短"来听辨、体验和表现，让学生感受到不同的节拍，不同音的长短，能表达不同的音乐情绪，联系生活中的自然音响逐渐过渡到音乐中不同打击乐音色和长短的学习；通过图谱聆听、形象演唱、律动表演、画出线条、音乐游戏等一系列音乐活动的设计，调动学生参与音乐活动的积极性，培养学生的节奏感和韵律感。

四、单元学习目标

1. 通过欣赏《号手与鼓手》《会跳舞的洋娃娃》《星光圆舞曲》三首不同表现形式的乐曲,感受吹、拉、弹三种演奏方式不同的音乐形象,激发学生对"音乐家"的喜爱之情,让每一个学生在音乐游戏和音乐感知中成为"小小音乐家"。

2. 通过想象和模仿小音乐家的不同"音乐形象",融合演唱、演奏、律动、即兴表演等多种音乐表现形式和内容,以"小小音乐家的趣味音乐之旅"为主线,以音乐趣味游戏方式开展音乐活动,让学生在音乐活动中体验、感知、表现、创造。

3. 探索自然界和生活中音的长短,听辨音乐中声音的长短和音色特点,能运用人声、动作、乐器等合适的方式进行模仿、表现、创造;识读八分音符、四分音符、二分音符的节奏符号,感知音乐中旋律、节奏、速度、情绪的变化,体验二拍子、三拍子的音乐特点,了解音乐的不同表现形式。

4. 通过参与"聆听音乐""趣味唱游""模仿表现""器乐演奏"等音乐活动,培养学生的节奏感、韵律感和初步的艺术表现力,感受不同节拍表现的不同音乐情绪,培养学生对"美"的感受力。

五、单元教学安排

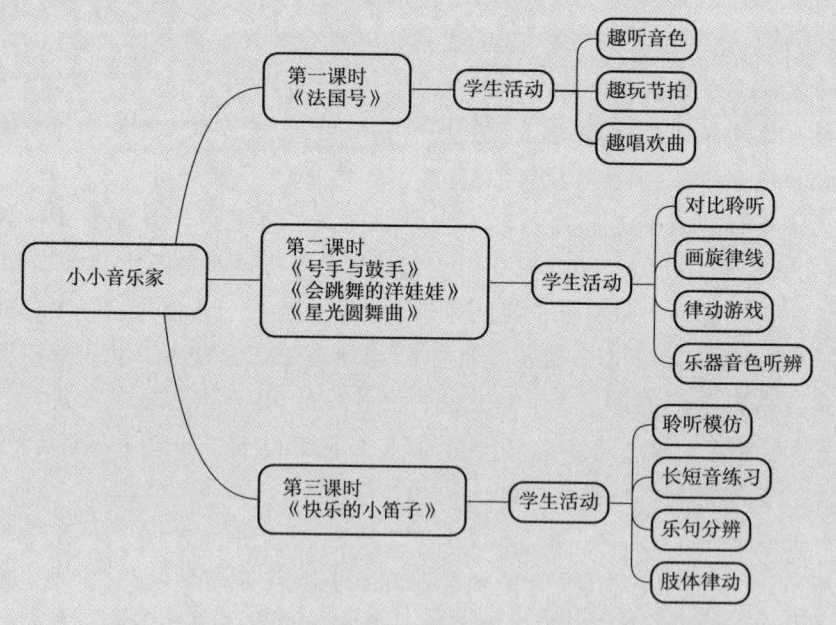

六、单元学习评价

评价目标	评价形式	评价工具	评价标准
1.通过欣赏三首不同表现形式的音乐,认识小号、小铜鼓、钢琴、小提琴等乐器,感受进行曲与圆舞曲的音乐风格。 2.在聆听中初步感受节拍特点和作品结构	自我评价 教师评价 学生互评	表现性评价 课堂观察评价	一星标准:能专注聆听
			二星标准:能听辨出不同音乐风格
			三星标准:在听辨不同音乐风格的同时,将风格与节拍律动联系起来
1.能用富有弹性的声音演唱《法国号》和《快乐的小笛子》,并通过肢体律动表现生动的音乐形象。 2.模仿和听辨不同乐器的音色和所演奏的长、短音,区分三拍子与二拍子的不同特点。 3.能用自己擅长或喜爱的方式表现三拍子和二拍子的强弱变化以及音乐情绪	自我评价 教师评价 学生互评	表现性评价 课堂表演展示 学生自评表	一星标准:能完整演唱歌曲
			二星标准:能跟随音乐准确有感情的演唱,身体表现音乐节拍韵律
			三星标准:能有感情地运用人声、动作、乐器等合适的方式进行模仿、表现、创造
1.能积极探索自然界和生活中音的长短,结合所学,发现音乐中声音的长短规律。 2.在音乐趣味游戏中,充分发挥想象力和创造力,对音乐形象进行体验、感知、表现、创造	自我评价 教师评价 学生互评	表现性评价 课堂表演展示 课后作业展示	一星标准:伴着音乐,愿意参与到音乐活动中
			二星标准:能主动探索,列举自然界和生活中的长短音
			三星标准:发现声音长短规律,并发挥想象,对音乐表演进行二度创作

七、单元教学建议

	重难点解决	活动设计	前后单元衔接
演唱《法国号》	1.感受节拍特点 歌曲三拍子的节拍韵律,将律动运用于歌曲表演,也可自选动作。 2.模唱歌曲 注意字头"嗡"唱饱满、"巴巴"双唇轻巧吐出。体验长音和短音的不同演唱方法带来的不一样的音乐情绪	尝试三拍子节奏的多声部创编活动,从而发挥学生的想象力进行即兴创作	本单元选编三首聆听作品,既为中高年级系统学习西洋乐器做准备,也将前面所学的《袋鼠》《野蜂飞舞》等课程做器乐的联系(即通过器乐表现乐曲情绪和音乐形象),对已积累的音乐经验加以巩固。 　本单元两首歌曲,其一从视觉到动觉,以两种不同节拍的对比,为中高年级节拍概念做预设,其二结合本册所学(二分/四分/八分;木鱼/碰钟)乐器中长、短音的探索,建立"音的长短"概念,实现从感性到理性的循序渐进的认识过程
聆听《号手与鼓手》《会跳舞的洋娃娃》《星光圆舞曲》	1.对比聆听 初步了解乐器音色、外观等特点。 2.模仿、表演、体验 模仿并表演吹、拉、弹三种演奏形式,体验并感受乐曲节拍、情绪的不同	尝试通过丰富实践活动(如游戏、律动、旋律线条、合作等)帮助学生感受并体验三首乐曲所表现的"小小音乐家"形象。学生体验之后需对比总结,让体验有深度	
演唱《快乐的小笛子》	1.感受节拍特点 感受歌曲二拍子的节拍韵律,将律动运用于歌曲表演,也可自选动作。 2."du"的发声练习 结合本单元所学,为表现音的长短做准备。 3.模唱歌曲 其中"fa"音出现较多,学生不易唱准,教师应多用琴带、耳朵听等方式帮助学生唱准	尝试结合本单元所学,为"音的长短"设计有趣练习,对生活中长短音的发现,对音乐、乐器中长短音的认识,做有序的递进式探索和体验	

《小小音乐家》
第1课时 《法国号》教学设计

一、学习内容

1. 欣赏圆号演奏片段

2. 学唱歌曲《法国号》

二、教学目标

1. 通过欣赏圆号演奏片段、学唱《法国号》,感受同一人文主题"小小音乐家"不同表现形式给人带来的不同的音乐感受,体验参与各种音乐活动的快乐。

2. 通过趣听音色、趣动节拍、趣唱歌曲三个音乐活动,初步感知三拍子的音乐特点,初步了解圆号的音色特点,能够模仿音乐家演奏的姿势并完整表现歌曲《法国号》。

3. 能听辨音乐的音色、节拍,尝试用"断开"和"连贯"两种演唱方法表现圆号的"音乐形象"。

三、教学重难点

重点:用人声模仿和表现圆号的音色,用肢体律动表现三拍子音乐特点。

难点:能用"断开"和"连贯"不同的演唱方法表现圆号的"音乐形象"。

四、学习过程简述

本节课学生以"乐器博物馆"为主线,经历"趣听音色—趣动节拍—趣唱歌曲"三个音乐学习活动,初步感知音乐的节拍、音色等特点。

五、教学准备

圆号音乐片段、《法国号》乐谱和音频、PPT。

六、教学过程

学生活动	设计意图	二次修订
本节课大任务(情境) 同学们早上好,很高兴能给大家上音乐课,今天老师想带大家去音乐博物馆游玩。音乐博物馆里有各种各样的乐器,它们还会唱歌哩!我们一起听一听是什么乐器在唱歌	本节课以"奇妙的音乐博物馆之旅"为主线设计音乐活动小任务群	引导学生尽可能说出一些乐器名称,做成一个乐器音色合辑,但是要有圆号的音色
学生活动一:趣听音色 1.学生完整聆听歌曲《法国号》,提问是什么乐器在唱歌?(有的学生说小提琴、喇叭、钢琴) 2.学生听老师介绍圆号的音色特点后,单独聆听歌曲前奏圆号的吹奏。思考:圆号的声音像什么?你想象的是什么音乐画面? 3.学生第二次完整聆听歌曲《法国号》。法国号演唱的声音是怎样的?音乐的速度是怎样的? 4.学生尝试用人声模仿圆号唱歌的声音	从一年级开始培养学生聆听音乐的习惯,围绕音乐要素,如音色特点、音乐速度、情绪等,激发学生内心的音乐听觉意识	教师可提问:圆号的音色像什么?还可以联想到什么声音?选择一种铜管乐器的音色进行对比,加深圆号音色的印象,为人声模拟做准备
学生活动二:趣动节拍 1.学生观看老师用器乐演奏、人声演唱、舞蹈律动表现歌曲三拍子的节拍。 2.学生说出三拍子的强弱规律,思考还可以用什么方式表现三拍子的音乐特点。 3.学生用自己喜欢的方式随着音乐表现三拍子的强弱变化	通过演奏、演唱、律动等多种感官体验活动,让学生在音乐活动中感知三拍子的节拍特点	三拍子强弱规律的学习使用探究式学习方式,增强感知体验

续表

学生活动	设计意图	二次修订
学生活动三:趣唱歌曲 1.学生聆听"断开"和"连贯"两种演唱方法,感受两种不同的音乐情绪。 2.学生欣赏圆号吹奏出的不同情绪的音乐片段,感知圆号就像人唱歌一样,可以表达不同的音乐情绪。 3.学生将"断开"和"连贯"两种演唱方法运用到歌曲表现中,注意还有一字多音的演唱方法。 4.学生模仿音乐家吹奏圆号,完整演唱歌曲。 5.学生观察一问一答的乐句,与老师对唱歌曲《法国号》	唱游活动的基础首先是唱会歌曲,在唱会歌曲的基础上唱好歌曲,通过不同音乐表现形式,理解歌曲不同演唱方法表达的不同音乐情绪,丰富学生表现	在两种歌唱技巧的掌握上,设计游戏让学生切身体验两种歌唱技巧的不同

七、学习评价

1.学生在课堂上能积极参与各种音乐活动。(合格)

2.学生在课堂上能积极表达对音乐的思考,完整演唱歌曲。(良好)

3.学生在课堂上能较清晰表达音乐感受,有表情地演唱歌曲。(优秀)

八、板书设计

法国号

　　活动一:趣听音色　　　　活动二:趣动节拍　　　　活动三:趣唱歌曲

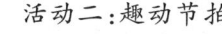

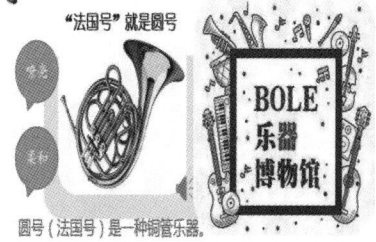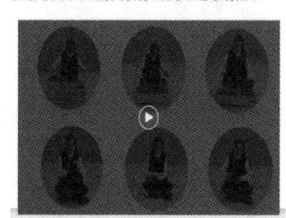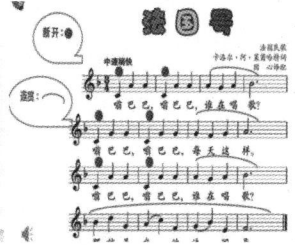

九、作业设计与反馈方式

1.课后同学们自己设计律动动作表现《法国号》三拍子的节拍特点。

2.学生将视频发送到班级群相册,老师给每个人发送评价与鼓励。

十、教学反思

这个教学设计文稿已是修订的第三稿。考虑到学生的学习互动参与性,因而线上教学20分钟由最开始的四个活动减少为三个学习活动。

本节课关注了学生完整聆听歌曲范唱,在学唱歌曲时体验了不同表现形式的音乐活动,围绕音乐要素进行学习。如果在设计时能加入学生自主学习,那就更好了。给学生自主学习的空间,自己发现问题,在老师引导下解决唱歌教学中的难点,能更好地培养学生音乐学习的能力。

《小小音乐家》
第2课时 《音乐杂货铺》教学设计

一、学习内容

1.聆听管弦乐《号手与鼓手》。

2.聆听小提琴独奏《会跳舞的洋娃娃》。

3.聆听钢琴曲《星光圆舞曲》。

二、教学目标

1.通过对比欣赏三首乐曲,拓宽学生的知识视野,感受人文主题"小小音乐家"不同演奏形式带来不同的音乐感受,体验并参与各种音乐活动,丰富内心世界。

2.通过对比聆听、画旋律线、律动游戏、乐器音色听辨等四个音乐活动,体验并比较三首乐曲的演奏形式和乐曲情绪的不同。

3.能听辨二/三拍子的音乐特点;初步了解乐器音色特点;能模仿"小小音乐家"的演奏姿势,自信地完整表现乐曲。

三、教学重难点

重点:通过音乐活动感受乐曲情绪的不同;体验、比较并模仿吹、拉、弹三种演奏形式。

难点:初步了解乐器音色特点,能模仿"小小音乐家"演奏姿势,自信地完整表现乐曲。

四、学习过程简述

本节课设定"音乐杂货铺"为主题情景:在这间杂货铺里陈列的每一件乐器都是"小小音乐家",都有自己的音乐故事,需要学生去唤醒它探究它。学生经历"踏步穿越—唤醒沉睡乐器—回归生活"三个音乐活动环节,初步了解乐器音色特点,模仿并表演吹、拉、弹三种演奏形式,体验并感受乐曲节拍、情绪的不同。

五、教学准备

彩色圆圈绳。

六、教学过程

学生活动	设计意图	二次修订
本节课大任务（情境） 1.创设"音乐杂货铺"的主题情境； 2.伴随乐曲《号手与鼓手》，踏步穿越进入"音乐杂货铺"； 3.唤醒沉睡的乐器（小提琴和钢琴），体验并欣赏《会跳舞的洋娃娃》《星光圆舞曲》； 4.总结奇妙的旅程	将本单元所接触的乐器拟人化，创设主题情境，每件乐器都有自己的故事和主题旋律，直观地让学生认识乐器外观、音色等特点，对比感受三位"音乐家"节拍、情绪的不同；体验吹、拉、弹三种演奏形式；最后能模仿并自信地完整表现乐曲	本课大任务仍延续前面"音乐博物馆"开展，开启"音乐博物馆的奇妙之旅"
学生活动一 1.穿越进入"音乐杂货铺"。 学生伴随乐曲《号手与鼓手》穿越进入"音乐杂货铺"（在教室围成圈队形，以彩色圆圈绳为界限）。 2.盲听"音乐杂货铺"中1号乐器并寻找它。 教师展示陈列在货架上被模糊化的乐器；首先邀请学生聆听1号乐器音色；其次聆听乐曲并找到1号乐器的音色。 （游戏规则：听到音色跳到圆圈里） 3.唤醒1号乐器——小号。 学生用自己的声音模拟唤醒小号，了解小号的外观、模仿小号的吹奏方式。 4.聆听全曲。 学生想象并模拟号手吹号的动作，教师模拟鼓手敲击的动作，比一比谁最神气	1.通过踏步，初步感受行进曲风格及二拍子特点。 2.将乐器模糊化，然后再逐一揭晓。一是为了给课堂制造神秘感；二是让学生更关注耳朵听到的乐器音色；三是以游戏的方式在乐曲里寻找。当听到小号音色时，跳入圆圈，需要学生注意力集中并保持聆听，且迅速做出反应	在听辨乐器音色的过程中要关注乐器音色的特点和乐曲音乐形象的关联。为大任务的顺利进行做铺垫

续表

学生活动	设计意图	二次修订
学生活动二 1.唤醒2号乐器——小提琴,并感受音色。 学生聆听《会跳舞的洋娃娃》,试着用自己的声音模拟2号乐器的音色唤醒小提琴,简单了解提琴家族并感受音色。 2.聆听乐曲A部分,画旋律线。 小提琴的演奏唤醒了洋娃娃,并且留下了一串神秘的舞步(见A乐段旋律线)。 **《会跳舞的洋娃娃》A乐段-旋律线**  3.体验节拍和乐曲A部分的旋律情绪。 进行圆圈律动:体验三拍子和乐曲A部分的旋律情绪【可爱活泼】。 4.聆听乐曲B部分。 选择直线或圆圈来表示旋律情绪的变化【优美抒情】,并用肢体自由地模仿画圈动作。 5.了解曲式的音乐形象,完整聆听并予以表现	1.因小提琴的音色为首次聆听并为后续西洋乐曲学习打好基础,由小提琴介绍自己家族成员。 2.通过画旋律线感受A乐段,通过律动再次熟悉A乐段的节拍、情绪,也为B乐段的快速听辨打下基础。 3.聆听B乐段时,设计自由地用肢体表现的目的是让学生分批分组到圆圈中进行展示,在增强自信心的同时打开更多表达和体验的通道。 4.用音乐形象分析曲式结构,易于学生理解、表演	对比欣赏弦乐和管乐有什么不同。同时回顾法国号的音色,以更好地体验弦乐的音色特点

续表

学生活动	设计意图	二次修订
学生活动三 1.唤醒3号乐器——钢琴。 伴随乐曲《星光圆舞曲》,教师模仿钢琴弹奏和星星"闪闪"的律动,学生猜出3号乐器是钢琴和藏在钢琴里的小星星。 2.体验节拍并感受钢琴音色。 跟随教师律动,再次感受三拍子,模拟钢琴演奏并感受音色。 3.熟悉主题旋律。 为主题旋律填词哼唱"我们围成圈来跳舞、来唱歌、来跳舞"。 4.听辨并分析变奏。 听辨变奏一,以旋律线变粗来表现音响更丰满,力度变强;听辨变奏二,以流星律动表现情绪激动,以及对美好夜晚的赞叹;听辨变奏三/四,以男女生双人舞律动表现音乐逐渐推向高潮,旋律华丽流畅。 【女生:提裙摆敬礼,男生:背手敬礼】 5.介绍圆舞曲,完整聆听并表现之。 回答主题旋律在乐曲中出现的次数(7次),了解曲式音乐形象	1.通过直观"闪闪"的律动引出课题。 2.根据主题旋律做三拍子的律动思维发散,再次体验并巩固三拍子特点。 3.围绕主题旋律的听辨变奏,以旋律线、单人律动、双人律动等表现方式,感知乐曲旋律特点。同时也锻炼学生等待和合作的能力。 4.用音乐形象分析曲式结构,易于学生理解、表演	回顾三拍子的节奏特点,同时对比聆听铜管乐、弦乐、钢琴的音乐形象,并引导学生体验钢琴的音色与《星光圆舞曲》的关系
学生活动四 1.完成板书表格。 2.德育渗透:音乐是奇妙的、有力量的,热爱音乐的我们都能成为小小音乐家。	总结奇妙的旅程,检测本节课所学知识,锻炼思考和音色听辨的能力,最后欣赏《星光圆舞曲》是为了让学生情绪得到回落——平静安宁的夜空,做到前后呼应,给人深刻印象	在活动总结中体现大任务"奇妙的音乐博物馆之旅",并回顾本单元乐器的音乐形象要素

七、学习评价

1.学生在课堂上能积极参与各种音乐活动。(合格)

2.学生在课堂上能感受三首乐曲节拍/情绪,并乐于表达和分享。(良好)

3.学生在课堂上能初步了解乐器音色特点,并模仿"小小音乐家"使用吹、拉、弹三种演奏形式,神气地、自信地完整表现乐曲。(优秀)

【在课堂中教师可随时给予"小号手""小提琴手""小钢琴手"称号徽章,得到徽章最多的学生可登上音乐乐园榜首】

八、板书设计

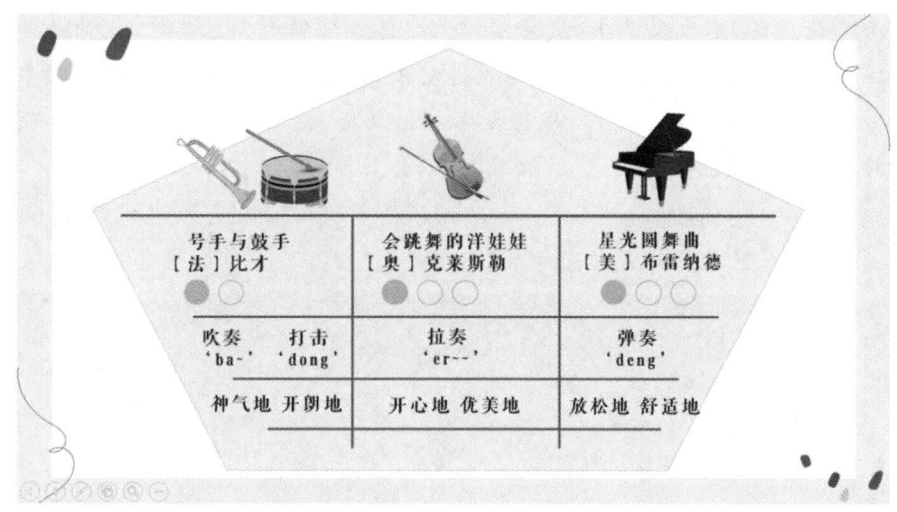

号手与鼓手 [法]比才 ○ ○	会跳舞的洋娃娃 [奥]克莱斯勒	星光圆舞曲 [美]布雷纳德
吹奏 打击 'ba~' 'dong'	拉奏 'er~~'	弹奏 'deng'
神气地 开朗地	开心地 优美地	放松地 舒适地

九、作业设计与反馈方式

作业设计:

1.请选择本节课中最喜欢的一件乐器,首先回忆它的演奏方式和音色,然后随着乐曲想象它的音乐情绪,最后完整表现出来。【可创编自己喜欢的表演动作】

2. 你还认识哪些乐器朋友? 能跟我们介绍它么? 它是怎样演奏的? 你能自信、神气地模仿么?

反馈方式:

1.拍摄作品上传至班级群相册分享,师生互评互赞。

2.下节课面对面交流分享。

十、教学反思

本节课通过对比欣赏三首乐曲,拓宽学生的知识视野;在分曲聆听时不是枯燥地一首接一首,而是创设一个较为魔幻的场景。一年级的学生会非常感兴趣,课堂中跟随老师一起穿越进入杂货铺来探寻沉睡的乐器的故事。首先遇到的问题是怎样把这些乐器唤醒呢?在这个基础上,需要进行一系列的音乐活动的探索。这间杂货铺陈列的乐器都被拟人化了,它们就是"小小音乐家",它们演奏自己的情绪、表达自己的快乐。在学习的过程中,跟随、聆听它们,感受它们热爱音乐的心情,那么,热爱音乐的我们也可以成为一个音乐家或演奏家。考虑到作为20分钟的线上课程,三首乐曲无法同时欣赏,可考虑适当精简1个或2个音乐实践活动;考虑到作为40分钟的线下课程,在最后总结板块,需要给学生自主探索创造的空间。教师可以通过"神奇的遥控器游戏"进行分组合作,对学完的三首乐曲进行总结,不仅仅是听到、看到、玩到,还要理解到。总而言之,体验要有深度。学生在游戏中自由地、积极地表达对乐曲的思考、感受和总结,并初步建立规则意识和合作意识,对音乐保持好奇心和探究欲,并乐于与他人分享和交流自己的发现和感受。

扫码看视频

《小小音乐家》
第3课时　《快乐的小笛子》教学设计

一、学习内容

学唱《快乐的小笛子》。

二、教学目标

1.通过学唱歌曲《快乐的小笛子》,体验歌曲欢快、活泼的情绪与情感,感受音乐带来的愉悦之情;发现身边的音乐,对音乐产生兴趣,并能主动参与音乐实践。

2.通过聆听模仿、探索实践、歌唱体验、律动游戏来感受歌曲二拍子的节奏特点,能分辨音的长短并能感知乐句,初步感受歌曲规整的乐句特点。

3.能体验和辨别歌曲强弱规律特点,参与律动,探索音的长短。

三、教学重难点

重点:用人声模仿小笛子音色,感受歌曲中音的长短带来的情绪变化,用肢体律动表现二拍子音乐特点。

难点:体验相同乐句和基本相同乐句,以及基本相同乐句中较难模唱的部分。

四、学习过程简述

本节课学生继续以"小音乐家的趣味音乐之旅"为主线,经历"聆听模仿—长短音游戏—乐句分辨—肢体律动"四个音乐学习活动,感知音乐的节拍、音色、长短、乐句等特点。

五、教学准备

圆号等铜管乐音乐片段;小笛子演奏片段;《快乐的小笛子》乐谱和音频;生活中吸管之类的小物品。

六、教学过程

学生活动	设计意图	二次修订
本节课大任务： 本节课以"小音乐家的趣味音乐之旅"为主线，通过模仿吹奏、音柱长短音游戏、找尾巴乐句分辨、走方格节奏律动等，体验歌曲所带来的愉悦快乐的音乐情绪。在"小音乐家的趣味音乐之旅"中发现音的长短、强弱规律来表现音乐，找到音乐所带来的成就感，塑造"小小音乐家"自豪神气的形象	本节课体现"小小音乐家"这一单元主题，通过引导、探索、发现、体验，创设"小小音乐家"主动探索音乐的快乐旅程这一音乐情境，在模仿吹奏、长短音柱游戏、找尾巴乐句分辨、走方格节奏律动中体验歌曲愉悦的音乐情绪，树立"小小音乐家"自豪神气的音乐形象。同时，能从吸管类物品中发现生活中的音乐	大单元大任务围绕奇妙之旅进行生活中的乐器之旅，是对前面课程的拓展和运用
学生活动一：聆听模仿 1.聆听音乐家演奏铜管乐片段，回顾圆号的音色。 2.模仿吹奏，保持正确口型。 3.聆听小笛子音乐片段，说一说小笛子的音色。 1)请务必包含学生自主活动。 2)学生活动中至少运用一种合作学习策略	选取音乐家铜管乐器演奏片段进行赏析，进一步熟悉吹奏乐器发声原理及吹奏方法，小笛子的吹奏和音色，对比不同乐器音色，便于学生模拟不同音色	回顾本单元的器乐音色，为更好地进行生活中的音乐之旅做好准备
学生活动二：长短音游戏 1.练习吹奏长短音气息。 2.用"嘟"音模仿音的长短练习。 3.学生与老师配合练习。 如：老师唱短音，学生唱长音，反之亦可。 同时注意歌唱姿势和正确口型。 4.结合歌曲节奏类型进行长短音练习。 5.用"嘟"音作歌曲第一乐句的发声练习	通过气息的练习让学生感知长短音与气息的关系，气息长音就长，气息短音就短。以正确姿势和口型为学生体验"小小音乐家"的形象和情绪做好充分准备	增加学生的长短音练习活动

续表

学生活动	设计意图	二次修订
学生活动三:乐句分辨 1.完整聆听歌曲,体会歌曲情绪。(快乐的) 2.聆听歌曲,找出歌曲中的长音。 3.在听到乐句的长音处击掌,一共击掌四次,有四个乐句。 4."找尾巴"游戏。聆听歌曲,将四个长音与四个乐句进行配对,发现有两个长音一模一样。 5.找相同乐句和不同乐句。第一、三乐句相同,第二、四乐句基本相同,找出不同的地方。 6.用"嘟"音模唱歌曲,在不同旋律的地方画旋律线。 7.听歌曲,填歌词(填入关键词)。 歌曲里面是谁在唱歌? 在哪里唱歌? 谁听到了歌声? 唱的什么歌?(小笛,花园里,鸭,嘟嘟) 8.跟着小笛子图形谱模唱歌词	1.用找长音的方法来分辨乐句,对长短音练习和乐句的学习起到很好的承上启下的作用。 2.通过"找尾巴"的游戏来进一步分辨乐句和找基本相同乐句,引导学生对音乐进行探索,初步认识规整乐句的特点,为歌曲的演唱做铺垫。 3.通过小笛子图形谱的模唱,解决基本相同乐句中不同旋律准确模唱的难点	可以根据单元大任务进行学生活动设计,设计"找尾巴"的旅行游戏,能更好地贴近单元教学
学生活动四:肢体律动 1."走方格"二拍子节奏律动。第一遍走步,一个方格两步;第二遍走步,每个方格的第一步踏重音。有什么不同呢?(第二遍有重音,更有律动)。 2.引出二拍子强弱的节奏特点。 3.小组合作表演歌曲。 (四人一小组)	1."走方格"的节奏律动契合了一年级学生喜欢跳格子,乐于探索的性格特点。首先出现空方格,让学生试着根据音乐节奏走一走,接着出示一方格走两步,再接着是一方格强弱两步,引导学生体验、探索二拍子强弱的节奏特点。 2.小组合作采用四人一小组,这样是对四个乐句的复习,也是对强弱节奏律动的巩固,突出本节课的教学重点,培养学生的合作意识和音乐审美表现	须增加对小组的评价,评价的方式与大任务进行关联

七、学习评价

1.学生能用"嘟"模仿小笛子的吹奏,分辨长音和短音并能通过自己的方式表达。(合格)

2.学生能体验并表达二拍子强弱的节奏特点。(良好)

3.学生能准确演唱歌曲,并有表情地表演歌曲。(优秀)

八、板书设计

快乐的小笛子

学生活动一：聆听模仿—— 发现

学生活动二：音长游戏——探索

学生活动三：乐句分辨——体验

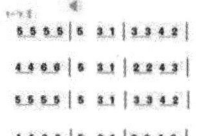

学生活动四：游戏律动——表现

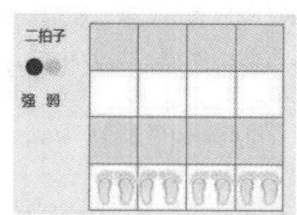

九、作业设计与反馈方式

本课采用实践性作业引导学生学会发现身边的音乐,激发它们对音乐的喜爱和对生活的热爱。

作业一：敲击身边物品,聆听所发出的声音,看看哪些物品发出的声音长、哪些物品发出的声音短,并录制下来,做好记录,拍照发给老师。

作业二：用硬纸片卷起做小笛子,或小笔筒、卷纸芯、一截PV管材(清洗干净),试着放在嘴边吹一吹,看能发出什么声音。你能吹出一首歌曲吗？拍照发给老师。

十、教学反思

《快乐的小笛子》是人音版教材一年级上册第七课《小小音乐家》的第三课时。这首歌曲欢快活泼,一段体结构,四个乐句,具有鲜明的二拍子强弱的节奏特点,尤其是模仿小笛子吹出了"嘟嘟嘟嘟"的声音,旋律格外有童趣,活泼且富有童趣的歌词也刻画了吹小笛子的儿童天真可爱的形象。

一年级学生天真、活泼、好动,孩子们十分喜爱"小小音乐家"的形象。前面两节课学生们学习了《法国号》《号手与鼓手》等乐曲,学生们已经对二拍子、三拍子的强弱规律,有了初步的体验,本节课重点在于让学生们进一步熟悉二拍子的强弱规律,并能分辨长音短音,能通过长音的聆听分辨乐句,初步建立乐句的音乐感知。同时,基本相同乐句不同音的音准模唱也是本节课的难点。

为达到本节课的预期目标,我们采用"聆听模仿、长短音游戏(音柱节奏型)、乐句分辨(找尾巴游戏)、肢体律动(走方格游戏)"四个音乐活动,以引导学生参与、探索、发现、表现音乐,体验音乐带来的快乐情绪。一年级学生好奇心强,他们急于找到问题的答案,让他们带着问题去聆听歌曲,包括音的长短、强弱的节奏规律以及歌词等,激发学生的探索欲望,让课堂成为"小小音乐家"的快乐之旅。

但是,这首歌曲速度比较快,很多学生跟不上节奏,加上歌词,更会显得手忙脚乱。所以,在歌曲的教唱设计上,应先从模仿小笛子的音色开始(用吸管帮助学生建立吹奏的意识),到"吹奏"长短音,再到"吹奏"音柱节奏型(歌曲的节奏型),"嘟"音节奏型练声曲,引入到从长音找乐句,分辨乐句不同,从而能准确找到音准,解决教学难点。为体验音乐快乐的情绪及歌曲的律动感,我们教师采用"走方格"的方式启发学生找到节奏重音,通过重音与非重音的对比,引导学生感受重音带来的律动变化和特点,从而加深对二拍子节奏的认识。歌词部分也是本节课的一个难点,一个音一个字,速度稍快,学生不易带词歌唱,所以在学生熟悉歌曲旋律和律动的基础上,通过猜歌词关键词,帮助一年级学生建立歌词的逻辑关系,增加歌词的趣味性,也更有利于歌曲的表演。

整堂课的教学采用探究式学习方法,探索"小小音乐家的趣味音乐之旅",让孩子们在学中玩、玩中学,快乐发现、快乐体验、快乐学习、快乐游戏,提升学生审美感知和艺术实践能力。

打样案例2：欣赏课为主的大单元教学设计

一、单元主题

《大海的歌》。

二、大观念

音乐要素变化给音乐形象塑造带来的不同效果。

三、单元内容综述

1. 内容简介：本单元是人音版二年级上册第7课《大海的歌》，选编了四首音乐作品，两首优美抒情的学唱歌曲《大海》和《云》，两首不同风格且对比强烈的聆听作品，独唱歌曲《大海摇篮》和管弦乐曲《海上风暴》（片段）。

2. 作品联系：本单元围绕"大海"这一主题进行编写。歌曲《大海》是一首海的抒情诗、海的赞歌。歌曲为3/4拍，二段体结构。歌曲的节奏很有规律，其A乐段描绘了一幅平静、宽广和博大的大海画面。B乐段与A乐段形成对比，起伏的旋律似大海的波涛，浪与波交融起伏跌宕后又回到宁静的画面，以抒发对大海的赞美之情。旋律显得宽广，有着海的气势，描绘了诗画一般的意境，让人遐想。本课另一首歌唱作品《云》是一首抒情的儿童歌曲，3/4拍，四个乐句构成的一段体结构。歌曲的节奏舒展平稳，旋律起伏跌宕，优美抒情，白云在蓝天上飘荡，引发了孩子们天真的联想，寄托孩子真诚而美好的愿望。本单元聆听的管弦乐《海上风暴》选自挪威作曲家格里格作于1891年的管弦乐《培尔·金特第二组曲》的第三首，又名《海上风暴之夜》，描写培尔金特在美洲淘金成为百万富翁后乘船回国，在海上遇到风暴袭击时的情景。另一首聆听作品《大海摇篮》是一首具有民歌风情的少儿歌曲，2/4拍，带再现的二部曲式。较有规律的节奏似平静的大海般摇曳，配以抒情的旋律、诗一般的歌词，歌唱了少年儿童心中美丽的大海。整个单元四首作品，通过演唱歌曲，感受歌曲优美、抒情的音乐情绪，通过对比、聆听分辨表现"海"的不同，让学生感受音乐要素变化给音乐形象塑造带来的不同效果。

3. 教学价值：本单元两首学唱歌曲《大海》和《云》都是三拍子的，其风格抒情、优美、速度较慢,旋律连贯,《大海》《云》侧重感受三拍子的律动和强弱规律,以及四三拍节奏型带来的抒情、稳定的节奏,旋律跌宕起伏表现平静宽广的大海之美,让学生在学唱歌曲中通过换气记号感受音乐的乐句,让学生感知正确换气演唱达到歌曲流畅优美的效果,表现音乐情绪。两首欣赏作品《海上风暴》和《大海摇篮》,贯穿"大海的歌"单元主线。一首为戏剧性冲突强烈的管弦乐组曲,表现海面从惊涛骇浪、电闪雷鸣到风暴平息、回归寂静,侧重感知"风暴的大海";另外一首作品是我们民族风格的少儿歌曲,抒发孩子们心中美丽的大海,侧重感知"柔美的大海"。通过大单元学习,启发学生对比、感知、理解四首作品,感受音乐的节拍、速度、力度、音色等音乐要素变化给音乐形象塑造带来的不同效果,引导学生学会观察自然、热爱自然,进一步积累音乐经验。

四、单元学习目标

1. 能用优美流畅的歌声演唱歌曲《大海》和《云》,并能按照歌曲《云》中的换气记号演唱。

2. 能用简单的语言描述《大海摇篮》和《海上风暴》片段的不同感受。

3. 用画旋律线和体态动作表现音乐中的"大海摇篮"。

4. 能与同学合作,用打击乐器或身边的物体编创和表现大海的各种声响。

五、单元教学安排

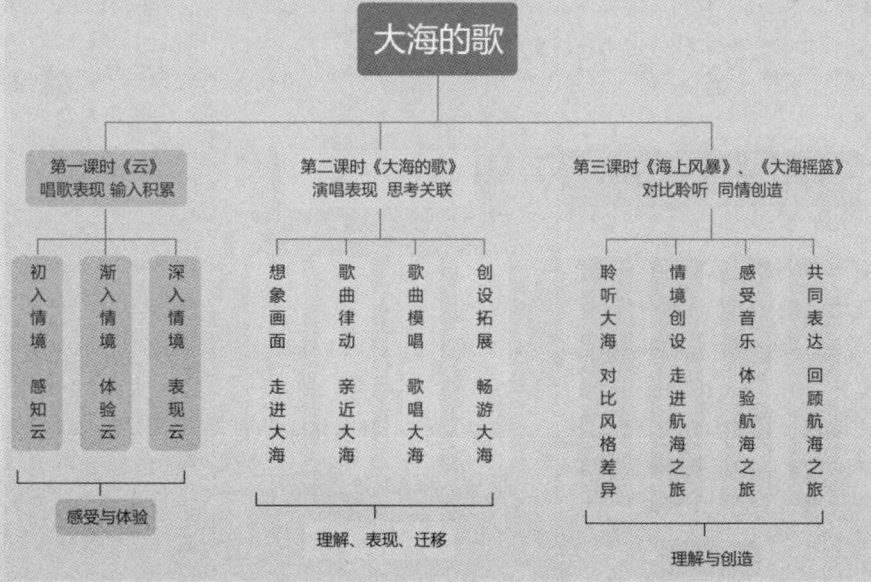

六、单元学习评价

评价目标	评价形式	评价工具	评价标准
1.用优美流畅的歌声演唱歌曲《云》和《大海》,能结合体态律动表现音乐画面。 2.认识并运用换气记号,掌握并唱准附点节奏。 3.把握三拍子轻盈摇曳的韵律感,能够用自己喜欢的方式表现三拍子的强弱变化及音乐情绪	自我评价 教师评价 学生互评	表现性评价 课堂表演展示 学生自评表	一星标准:能完整演唱歌曲。 二星标准:能跟随音乐正确有感情地演唱,并用身体表现音乐节拍韵律。 三星标准:能有感情地用人声、动作、乐器等方式进行表现、创造
1.通过欣赏两首不同风格的音乐,感受平静的大海和波涛汹涌的大海。通过各种方式演绎出"大海"不同形态的音乐形象。 2.启发学生在聆听、画旋律线、身体律动等音乐活动中去体验、感知、表现、创造	自我评价 教师评价 学生互评	表现性评价 课堂观察评价	一星标准:能专注聆听。 二星标准:能根据音乐要素听辨出不同音乐形象。 三星标准:在听辨不同音乐形象的同时,将音乐特征和音乐活动联系起来
1.积极探索生活中的声音,结合所学,选择不同的打击乐器、自制乐器、人声模仿表现心中的大海。 2.结合音乐趣味游戏,充分发挥学生对音乐的审美感知、艺术表现、创意实践、文化理解	自我评价 教师评价 学生互评	表现性评价 课堂表演展示 课后作业展示	一星标准:伴随音乐,积极参与音乐活动。 二星标准:能主动探索生活中的声音。 三星标准:发挥想象力,激发声音与生活的联系,对音乐表演进行二度创作

七、单元教学建议

	重难点解决	活动设计	前后单元衔接
演唱《云》	1.用体态动作感受歌曲三拍子的强弱及韵律,较好地表现歌曲意境。 2.准确掌握每个乐句以及长音的时值,在歌曲中自然地使用换气记号	尝试通过奥尔夫音乐律动引导学生参与活动,激发学生兴趣	本单元选编两首歌曲,一是让学生在熟悉的三拍子中感受音乐特点的不同,为后期中段音乐鉴赏作知识积累。二是让学生结合本单元学习的换气记号,感知乐句的划分,建立乐句概念,为今后对音乐结构的深入学习作铺垫。 　　本单元选编两首风格对比强烈,表现形式不同的作品,让学生体会同一形象不同的艺术表现,辨别音乐形象,积累音乐经验。通过旋律线条、图形谱、综合性艺术表现等方式表现音乐情绪。尝试通过打击乐器、人声、自制乐器等形式编创大海各种音响活动,引导学生观察自然,热爱自然
演唱《大海》	1.情境感知。 感受音乐所描绘的诗画意境,鼓励学生积极参与。 2.感受节拍、节奏特点。 感受歌曲三拍子和符点节奏,体会三拍子不同的音乐感受,并通过律动、演唱表现出来。 3.掌握歌曲的乐句。 通过吹奏乐器,帮助学生找到气口,同时稳定音准,学生更直观地演唱,巩固换气练习。 4.用体态表现歌曲。 通过声势律动将节奏融入歌曲中,增加乐曲的趣味性	尝试通过丰富的活动,如声势律动,吹奏乐器等多角度体验大海,感知音乐,帮助学生以各种形式演唱歌曲,理解歌曲意境,丰富歌曲的表现形式	
聆听《海上风暴》《大海摇篮》	1.欣赏《大海摇篮》和管弦乐《海上风暴》,通过对比聆听分辨大海的不同。 2.通过想象大海,感受风暴来临、电闪雷鸣、归于平静三个音乐学习活动,能带上表情和身体动作表现音乐形象。 3.听辨《海上风暴》音乐要素变化给音乐形象塑造带来的不同效果	1.对比聆听。 通过两首作品的聆听了解不同音乐风格的特点。 2.体验、模仿、编创。通过图形谱、律动、乐器模仿等多种形式,表现音乐作品,感受不一样的大海	

《大海的歌》

第1课时　《云》教学设计

一、学习内容

1. 学习乐句、换气记号。

2. 学唱歌曲《云》。

二、教学目标

1. 通过学唱歌曲,感受歌曲优美、抒情的情绪以及大自然的美丽景色。

2. 通过不同形式的音乐活动,在体验、合作、探究等实践中增强学生音乐兴趣,提高对音乐的探索欲望。

3. 学会运用换气记号,用自然、柔和、亲切的声音演唱歌曲《云》。

三、教学重难点

重点:感受歌曲三拍子的强弱及韵律,能较好地表现歌曲意境。

难点:在歌曲中自然地使用换气记号。

四、学习过程简述

本节课学生以"云"为主线,经历猜谜语、想象《云》——听一听、感知《云》——唱一唱、体验《云》——演一演这三个音乐学习活动,初步感知音乐的情绪、节拍、换气记号运用等特点。

五、教学准备

多媒体课件、钢琴、小球。

六、教学过程

学生活动	设计意图	二次修订
本节课大任务(情境) 走进小白云,用音乐的形式表现它。 1.谜语:大大一团棉花糖,高高挂在蓝天上,天天飘来又飘去,小小雨滴里面藏。(云) 2.云是怎样的? 有什么特点? 3.欣赏一组美丽的图片(不同颜色,不同形态的云)。你们想象到什么画面?(生:蓝蓝的天空上小白云在玩捉迷藏,它们有的变成小狗,有的变成棉花糖,有的变成了帆船)	通过猜云的谜语启发学生说说对云的了解,欣赏云的图片,让学生大胆想象,创设一种欢快、愉悦的课堂情境,把学生带入了云的遐想中,激发学生对云的向往和探索	小白云终于可以跟白云姐姐一起去远方浇麦田啦,它太期待了。随着小白云的飘动,我们也仿佛坐上了小船
学生活动一:听一听,感知《云》 1.聆听歌曲。小白云唱了什么? 师:请你们闭上眼睛,仔细听,小白云的歌声中唱了什么? 2.聆听歌曲,体验情绪。 3.画旋律线感知歌曲。思考:歌曲是几拍子的? 4.引导学生用小球感受三拍子中强拍的位置。 5.感受乐句,了解换气记号。 师:歌曲有几个乐句? 每一个乐句转换一个方向或做一个不同的动作。 6.读歌词。学习、感受乐曲换气记号	根据低年级学生学习能力和心理特点,在教学中,通过创设以学生参与为主的音乐学习情境,听歌曲内容、情绪,感受3/4拍的强弱规律,有感情地读词,每一个乐句做一个不同的动作等音乐活动,既让学生初步感知歌曲,同时又激发学生学习兴趣和探索欲望	请同学们回忆一下,前面我们学的哪些歌曲是3/4拍? 3/4拍的强弱规律是怎样的? 用小球感受三拍子中的强拍
学生活动二:唱一唱,体验《云》 1.师生合作模唱旋律,帮助迷失方向的大云朵。生:5——,1——,3——,2——。 2.学唱歌曲。 1)小球传递,感受三拍子的韵律。 2)跟琴学唱歌曲第一段。 3)分乐句教唱需注意的乐句,完整演唱歌曲	通过师生合作模唱旋律、恒温传递方式,学生在兴趣的引导下主动探究、合作体验,在唱一唱的音乐实践活动中进一步增强愉悦的形象思维能力	每位学生手里拿一个小球,跟着音乐的节拍,强拍时把球传给身边的同学

续表

学生活动	设计意图	二次修订
学生活动三:演一演,体验《云》 1.拿出小球,两人合作,一个乐句一个动作,边唱边表演。 2.德育教育。热爱大自然,热爱劳动。 3.在歌声中结束今天的音乐课	通过合作表现,理解乐曲的乐句特点,巩固歌曲《云》中的换气记号运用。引导学生用优美流畅的歌声演唱歌曲《云》	两人面对面坐着,第一个乐句,A同学右手握住小球伸手向前;第二乐句,把小球放至左肩;第三乐句,传给B同学。B同学接过小球,跟A同学动作一样。依次进行

七、学生评价

1.学生课堂上能积极参与各项音乐活动。(合格)

2.学生课堂上能积极表达对音乐的思考,完整演唱歌曲。(良好)

3.学生课堂上能较清晰表达音乐感受,主动思考,有表情地演唱歌曲。(优秀)

八、板书设计

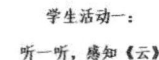
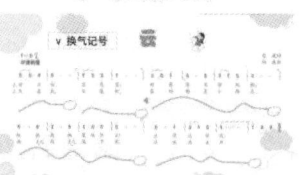

九、作业设计与反馈方式

1.课后可以找你喜欢的歌曲加入换气记号唱一唱。

2.和家人一起边唱边做《云》的律动。

3.把你的作品发至班级群相册,或报名参加课前三分钟的分享展示。

十、教学反思

《云》是人音版教材二年级上册第7课的学唱歌曲,节奏舒展平稳,旋律起伏跌宕,优美抒情,白云在蓝天上飘荡,引发孩子们天真的联想,从"蓝天""白云"到"大海""帆船",从"装着小雨点"的大船到"快快浇麦田",寄托了孩子们真诚而美好的愿望——愿大自然忠实地为人类服务,让人类的辛勤劳动换来丰硕的成果。

结合学生的年龄特点,本课的设计理念是:始终以激发孩子兴趣为主,"寓教于玩""寓教于乐",让孩子在"玩中学、乐中学"。例如,在唱谱环节,不是每个学生都具备相同程度的识谱能力,为了使每一个学生都能得到识谱的感受体验,教师降低了识谱难度,让学生去帮助迷失方向的大云朵,采用了师生接龙合作的方式,每个乐句的长音结尾都留给学生接唱。学生在聆听教师的演唱中,等待自己的那部分歌唱。这样一来,既确保了学生的兴趣,也确保了不同程度的学生积极参与到识谱练习中,既减少了学生对识谱的恐惧感,也保证了演唱旋律的完整性、趣味性,为孩子们营造了一个开放而富有活力的学习氛围。

2022年版艺术课标认为:音乐教育应重视学生在学习过程中的艺术体验,激发学生参与艺术活动的兴趣和热情。作为一名小学音乐教师,我深知我们的任务不是为了培养音乐家,而是应该面向全体,让每一个孩子具有感受美、欣赏美、表现美、创造美的能力。在《云》的课程设计中,我重视每一位学生的参与、体验,从引导学生感受三拍子中强拍的位置到师生合作模唱旋律;从个人拿出小球感受三拍子的韵律到两人拿一个小球合作,一个乐句一个动作边唱边表演;从师生接龙唱曲谱到合作表现,从动作编创到综合表演,让每一位同学都积极参与其中,将学生对音乐的感受和音乐活动的参与放在首要位置。

改进:在教唱时关注学生高位置发声会更好。

《大海的歌》
第2课时 《大海》教学设计

一、学习内容

学唱歌曲《大海》。

二、教学目标

1. 通过学唱歌曲《大海》，学生能感悟词曲中蕴含的"美"，懂得保护大海、保护环境、热爱大自然。

2. 巩固换气记号，感知附点节奏，通过旋律线、游戏和肢体律动表现歌曲《大海》。

3. 有感情地演唱，初步掌握三拍子歌曲的强弱规律，感受歌曲的音乐形象，能用自然、有表情的声音演唱歌曲《大海》。

三、教学重难点

重点：加强对三拍子的感受，用轻柔流畅的声音演唱歌曲，感受歌曲所带来的美好情绪。

难点：引导学生唱好带附点节奏的小节。

四、学习过程简述

本节课以"一起去看海"为主线，经历"趣赏音乐—趣味律动—趣唱歌曲"三个音乐活动，感受大海的宽广与美丽，抒发对大海的喜爱与赞美之情。

五、教学准备

多媒体课件、钢琴。

六、教学过程

学生活动	设计意图	二次修订
本节课大任务(情境) 走进大海,用音乐的形式表现大海。 同学们,老师今天要带同学们"一起去看海"。请你们说说,你见过的大海或者印象中的大海是怎样的呢?大家在音乐中感受大海形象	以"一起去看海"为情境,设计一系列音乐活动	用视频将大海的声音和美丽景色展现给学生,让学生快速进入主题
学生活动一:趣赏音乐 1.完整聆听《大海》,欣赏大海画面。歌曲给你怎样的感受? 2.完整聆听歌曲,随音乐自由律动,感受音乐旋律,用身体描绘音乐旋律的形态。(起伏、荡漾) 3.读词,从词中感受歌曲描绘了怎样的大海画面? 4.完整聆听歌曲《大海》,想一想:哪一段音乐让你感觉浪花最高(关注学生音高位置)	音乐是聆听的艺术,围绕音乐要素,如节拍、节奏、旋律、歌词等,激发学生音乐聆听习惯,从而为演唱歌曲作铺垫	学生在赏析中可以通过多种方式描绘音乐特点,比如说心情、颜色、画面。加入奖励机制,以小组为单位,有创意的小组获得小海螺奖励,调动学生积极性
学生活动二:趣味律动 1.学生与老师合作用声势表现歌曲三拍子节奏。 2.通过《云》《大海》的聆听体验,比较3/4拍的特点。 3.随老师声势游戏进一步感受大海三拍子的"摇荡"特点。 4.学生随音乐演唱,一起玩"人浪"游戏,用手臂起伏模仿大海波浪,更深入地表现三拍子韵律感	通过多种形式的音乐体验活动,让学生在音乐中感知三拍子韵律,为正确演唱和表现做准备	加入师生节奏活动为歌曲伴奏,进一步让学生感知三拍子强弱规律,加深歌曲聆听。 师(拍手):× × × 生(拍腿):× 0 0

续表

学生活动	设计意图	二次修订
学生活动三:趣唱歌曲 　1.学生模仿小海螺的声音,用"wu"模唱旋律。 　2.歌曲中的附点节奏像海浪涌起的小浪花,学生找出歌曲中的附点节奏,并唱准、唱好。 　3.学生复习上节课学习的换气记号,自主添加到歌曲中,做到自然换气。 　4.学生观察图形谱,找出舒展与紧密的节奏,感受大海的平缓与微微波动。 　5.学生完整表现大海的音乐形象。 　6.欣赏描写大海的歌	关注学生的声音,并引导学生回忆换气记号的使用方法,结合游戏体验、图形谱、对比等引导学生更好地理解歌曲,使学生歌曲唱得优美动听	教师用"摇"的动作,让学生关注第三、四句的演唱,也体现附点音符在歌曲中的表现。A乐段和B乐段的对比,让学生体验大海带给我们的美妙感觉

七、学生评价

1.学生课堂上能积极参与各项音乐活动。(合格)

2.学生课堂上能积极表达对音乐的思考,完整演唱歌曲。(良好)

3.学生课堂上能较清晰表达音乐感受,主动思考,有感情地演唱歌曲。(优秀)

八、板书设计

大海

学生活动一　　　　　　学生活动二　　　　　　学生活动三
趣赏音乐　　　　　　　趣味律动　　　　　　　趣唱歌曲

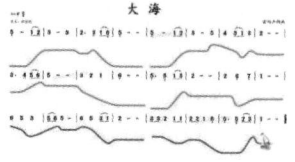

九、作业设计与反馈方式

1.课后同学们利用生活中的小物件,自制乐器模仿海浪的声音,或者自编打击乐，为歌曲伴奏。

2.学生将个人作品发送到班级群相册，老师给每位同学发送点评。

十、教学反思

这首歌曲作为一首抒情的三拍子作品，旋律动听，歌词美妙。在教学设计上，牢牢把握"以学生为主体"的教学理念，以新课标第一学段"唱游·音乐"课程四项学习任务之"趣味唱游"为抓手，以"大海旅行"为情境展开。具体操作如下：在教学环节中，首先通过情境创设激发学生的学习热情，复习节拍知识，帮助学生巩固三拍子的韵律；其次在三拍子律动中充分体验、感受、学唱歌曲；最后在"趣唱歌曲"中用优美的歌声表现美丽壮阔的大海，在拓展中感受不同节拍、不同风格的《大海》，再一次激发学生探寻音乐与生活的联系。教学设计主要有以下特点。

(一)遵循学生身心特点——"唱游·音乐"

本课设计遵循学生的身心特点，从二年级学生的兴趣、能力和需要出发，设置丰富多彩的音乐实践活动，激发学生的学习兴趣。在教学中，教师运用"声势律动""人浪游戏"，让学生在玩中学，在学中玩，使教学方法趣味化和游戏化，以提升学生的学习兴趣。

(二)强调音乐学科特点——"实践性"

学生的一切学习活动(如感受与体验、实践与创造)都立足于音乐，并在音乐中完成。本课通过丰富多彩的实践活动，从视觉、听觉、动觉中，有效提高音乐素养，增强学生音乐表现的自信心。学生通过聆听音乐，想象画面，身体随之律动，从而激发学生的音乐联想。通过节拍游戏、声势律动引导学生去比较、体验三拍子韵律，感受《大海》三拍子表现的"摇荡"大海，感受音乐的美好。此外，在学习附点节奏时，利用孩子们熟悉的浪花形态，一阵阵海浪与乐句联想，解决教学重难点。通过图形谱引导学生关注旋律、节奏、乐句，用"wu"引导学生用轻柔的声音演唱，通过回顾歌曲《云》的换气记号和连音线，将这两种记号运用到《大海》演唱中，让演唱更加流畅柔美。在A、B乐段分别设计"摇"和"跳动"的体态律动，引导学生唱好歌曲。整堂课采用体验式和探究式的学习方法，老师和学生在"看海"的真实情境中，一起歌唱，一起跳舞，一起游戏，营造美好的氛围，让学生感受自然之美、生活之美、音乐之美。

改进：最后一句中的"太阳—月—亮也"的节奏，有的学生唱成"太阳—月亮—也"，在教学中运用对比、节奏图谱、随琴慢唱，会唱得更好。

扫码看视频

《大海的歌》

第3课时　《海上风暴》教学设计

一、学习内容

1.聆听《大海摇篮》。

2.欣赏管弦乐《海上风暴》。

二、教学目标

1.欣赏《大海摇篮》和管弦乐《海上风暴》,通过对比聆听分辨大海的不同,增强学生的音乐感知力。

2.参与风暴来临、电闪雷鸣、归于平静三个音乐学习活动,活动中能带上表情和肢体动作表现音乐形象。

3.感受《海上风暴》音乐要素变化给音乐形象塑造带来的不同效果。

三、教学重难点

重点:感受音乐的情绪,听辨力度的变化,并根据力度的变化想象其塑造出的不同音乐形象。

难点:用表情及肢体动作表现音乐形象。

四、学习过程简述

本节课学生以"航海之旅"为主线,通过聆听《大海摇篮》,想象大海,跟着培尔·金特一起感受风暴来临、电闪雷鸣、归于平静三个音乐学习活动,初步感知音乐要素变化给音乐形象塑造带来的不同效果。

五、教学准备

多媒体课件、钢琴、鼓、镲、彩带。

六、教学过程

学生活动	设计意图	二次修订
本节课大任务(情境) 　用你喜欢的方式表现音乐形象,表现出不一样的大海! 　师:同学们,今天老师要带你们去往哪里呢?请闭上眼睛,仔细聆听!(师用海浪鼓模仿海浪的声音。)你们见过大海吗?你印象中的大海是怎样的?今天,我们跟着培尔·金特一起开启我们的航海之旅	这个环节,主要通过聆听海浪声,想象大海;通过欣赏《大海摇篮》,感受美丽、平静的大海,也为后面对比聆听、分辨大海的不同作铺垫	多么美丽、平静的大海啊!看,海面上有一艘船,那是培尔·金特的船,他在美洲淘金成为百万富翁后准备乘船回国哩
学生活动一:航海之旅之风暴来临 　1.(播放《海上风暴》A乐段。)思考:大海永远这样平静吗?你们听,大海怎么啦?它带给你怎样的感受?揭示:乐段主题———风暴来临。 　2.学生描述海上被暴风雨袭击时的情景。 　3.复听:你听到海上风暴的哪些声音?你们能用自己的声音来模仿吗?还可以怎样表现? 　4.跟着图型谱来感受。用拉紧绳索动作表现出大海中摇摆不定的船,用彩带表现漩涡。 　5.加入鼓劲的词,唱一唱乐曲主题,帮助培尔·金特对抗风暴。 　6.聆听B乐段。和A乐段相比,B乐段的海面怎么样?音乐的力度有变化吗? 　7.用动作完整表现A、B乐段	音乐是聆听的艺术,风暴来临直接从音响上给学生深刻的感受。通过聆听,让学生感受音乐主题紧张的气氛;学生用语言描述海上被暴风雨袭击时的情景、心情;通过联想、图形谱、拉紧绳索、飘动彩带、加入鼓劲的唱词等形式,帮助培尔·金特对抗风暴。在听听、唱唱中记住音乐主题,感知音乐作品形象,诠释学生对风暴的理解	大海一生气,风暴就要来了。培尔·金特在此次风暴中会有怎样的命运呢?让我们在音乐中去寻找答案吧

学生活动	设计意图	二次修订
学生活动二:航海之旅之电闪雷鸣 1.聆听《海上风暴》第二部分。音乐的力度是强还是弱?海面上发生了怎样的变化? (生:大海浪又翻滚了起来,电闪雷鸣,一场更大的风暴将要来袭)揭示乐段主题——电闪雷鸣。 2.再次聆听。思考:雷声一共出现了几次?可以用怎样的动作表现? 3.结合图形谱,学生用镲、拍手、"轰"等声音模仿自然音响,表现第二部分	通过对比聆听、想象、律动多种感官体验活动,让学生在音乐活动中感受海上风暴发生时的电闪雷鸣	在你们的帮助下,培尔·金特跟着我们一起拉紧绳索、唱着不怕不怕的歌曲,勇敢地与风暴战斗!他的船在海面上继续前行,接下来音乐的力度又是怎样的?海面上又发生了怎样的变化
学生活动三:航海之旅之归于平静 1.聆听尾声,培尔·金特和他的船经历了那么多磨难,现在他怎么样了? 2.你从哪里感知到的?(生:音乐的力度在慢慢变弱,感觉大海很平静。)揭示乐段主题——归于平静。 3.海上的暴雨停了,海面上又风平浪静了。想象此时的海面景象,用动作模仿平静的大海	引导学生通过听、说、表现等一系列教学活动,扩大学生的想象空间,使学生体会经过风暴又归于平静的大海,加深学生对音乐的感受和体验	在我们的帮助下培尔·金特终于战胜了风暴,迎来了晴天(出示图片)。平静的大海,小船在海面上静静地移动,你听,远处传来动听的歌声。放歌曲《大海摇篮》

学生活动	设计意图	二次修订
学生活动四:编创不一样的大海 　1.简单介绍作曲家格里格(挪威)及《海上风暴》选段的创作背景。 　2.简单介绍器乐:海上风暴的音乐形象由哪些器乐来演奏和表现呢?来看看吧!(器乐组合展示图) 　3.完整聆听,用身体动作表现音乐。 　4.欣赏《大海摇篮》。 　5.用生活物品编创不一样的大海	了解作曲家格里格及其创作背景,进一步感受乐曲特点。贯穿"大海的歌"单元主线,最后通过聆听《大海摇篮》,从"风暴的大海"到"柔美的大海",启发学生对比,感受音乐的节拍、速度、力度、音色等音乐要素变化给音乐形象塑造带来的不同效果。编创环节,检验学生的学习迁移运用,增强团队合作能力。引导学生结合生活、观察生活,用生活中的物品表现不一样的大海,进一步积累音乐经验	格里格发挥了他巨大的想象力和精细的构思,以挪威民间音乐为依据并运用高超的管弦乐技巧,生动而精确地以音乐描绘了剧中的环境、情节和人物性格

七、学生评价

1.学生课堂上能积极参与各项音乐活动。(合格)

2.学生课堂上能积极表达对音乐的思考,完整表现乐曲。(良好)

3.学生课堂上能较清晰表达音乐感受,主动思考,完整表现乐曲。(优秀)

八、板书设计

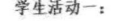

海上风暴

学生活动一:	学生活动二:	学生活动三:
航海之旅-风暴来临	航海之旅-电闪雷鸣	航海之旅-归于平静

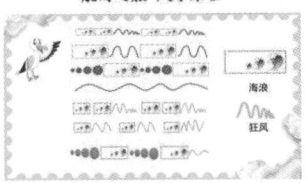
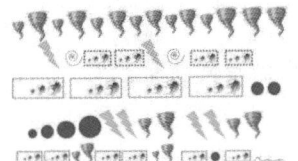
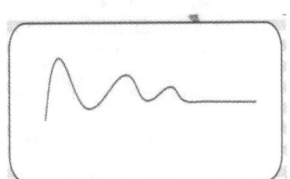

九、作业设计与反馈方式

1.课后可以找你感兴趣的表现大海的歌曲或乐曲听一听。

2.欣赏格里格的作品或《培尔·金特第二组曲》的其他作品。

3.继续探索生活中的音响,将编创的作品发至班级群里或报名参加课前3分钟的分享展示。

十、教学反思

本课教学设计,根据教科书内容及特点,从听赏到律动,从想象到表现,都抓住了乐曲的力度变化、情绪感受,让学生发挥丰富的想象,从而感受、体验和领悟乐曲的特点。具体做法如下。

1.采用对比欣赏法,鼓励学生想象音乐形象。

如在导入新课时,我请同学们聆听轻柔的海浪,想象美丽的大海,接着播放视频《大海摇篮》。思考:音乐带给你怎样的感受? 这片大海的景色怎么样? 当学生沉浸在美丽的大海时,教师提议跟着培尔·金特的船一起去海上畅游,并让学生思考:大海是一直这么风平浪静的吗? 继而播放A乐段主题。大海发生了什么变化? 你的心情怎么样? 通过比较聆听,孩子们知道了大海的另一面——海上风暴。

在聆听感受B乐段时,教师也让学生对比聆听。与A乐段相比,B乐段的海面怎么样? 音乐的力度有什么变化? 通过聆听比较,学生发现,音乐的力度不同,因此想象出的情景也不一样。

在学习第二乐段的旋律时,教师让学生思考:音乐的力度是强还是弱? 此时海面上发生了怎样的变化? 由于有了第一乐段的情景想象,学生很容易想象到海浪翻滚,电闪雷鸣,一场更大的风暴来袭的场景。学生们不禁为培尔·金特担心,跟他一起面对风暴。尾声音乐变得越来越宁静,学生们一下就联想到海上风暴已渐渐平息,培尔·金特死里逃生啦! 终于可以安全回到家乡。在具体的情景中学习音乐,激发了学生的学习兴趣,在比较中去体验、感悟,学生们在思考中发现了音乐的语言。

2.采用奥尔夫教学法,鼓励学生积极参与音乐活动。

2022年版艺术课标指出,在教学中,应引导学生积极参与演唱、演奏、律动、音乐游戏等艺术活动,积累实践经验,享受艺术表现的乐趣。

在教授《海上风暴》时,教师通过奥尔夫教学法引导学生感受海上风暴。例如在感受《海上风暴》A段时,结合学生已有的经验,教师启发学生想象。学生想到培尔·金特一定很危险、很害怕,为了帮助培尔·金特,他们用拉紧绳索的动作表现大海中摇摆不定的船,用彩带表现旋涡,与他一起跟风暴战斗。在熟悉主题后,他们尝试加入鼓劲的词唱一唱,告知培尔·金特不要惊慌、不要害怕,勇敢对抗风暴。在表现《海上风暴》第二部分时,学生用镲、拍手、"轰"的声音等模仿电闪雷鸣的自然音响,用彩带表现旋涡,用唱或拉紧绳索的动作表现大海浪,用多种形式来表现一场大风暴来袭的场景。

在尾声部分,学生用动作模仿海鸥、用"呜"模仿轻柔的海浪,表现海上的暴雨停了,海面上又风平浪静的景象。学生在参与中,不仅感知了音乐,并且通过聆听、想象、动作进行了一系列的体验,熟悉了乐曲的主题、结构,对乐曲情节的理解也变得更加深刻。

改进:学生在拿、放乐器时如能更加有序,以及教师的巡回指导更有针对性,则会更好。

打样案例3：综合课为主的大单元教学设计

一、单元主题

《快乐的舞蹈》。

二、大观念

舞蹈能表达情绪和情感。

三、单元内容综述

1. 内容简介：本单元是人音版二年级下册第5课《快乐的舞蹈》，共选编了四首不同风格的民族歌（舞）曲，分别是具有中国少数民族风格的演唱曲目《金孔雀轻轻跳》和《喜鹊钻篱笆》；具有鲜明舞曲特点的聆听曲目单簧管演奏的《加伏特舞曲》和小提琴演奏的《霍拉舞曲》。

2. 作品联系：本单元围绕"快乐的舞蹈"这一人文主题编写，将中外音乐作品有机结合。何为快乐的舞蹈？这必然需要解放学生的肢体。四首作品都来自民间的歌舞体裁和形式，也表达了生活中的普通人是如何跟随音乐，随心而舞，自由而舞。歌曲《金孔雀轻轻跳》对学生演唱中的缓咬字、软起声提出要求，体验并感受傣族舞蹈风格特点；歌曲《喜鹊钻篱笆》让学生边唱、边跳、边做游戏，进一步了解彝族风土人情，感受到儿童团结友爱，玩游戏时无忧无虑的心情；舞曲《霍拉舞曲》让学生感受由小提琴的断弓技法奏出顿音主题，跟随音乐用手画一画旋律走向，感受变化并体验欢腾的乡村舞会场面；舞曲《加伏特舞曲》继续让学生体验四拍子舞曲的特点，感受高低变化的旋律，并能对音的高低做出即兴反应。整个单元四首作品，都是适合学生律动的、富有自身风格的歌（舞）曲，并且适合从生活经验出发，形象化地用竹节、呼啦圈和方块格等来比喻音乐中的"小节、小节线和终止线"等相关音乐知识。

3. 教学价值：本单元将构建"快乐的游学之旅"情境，通过"启程""携程""归程"三个情境模式层层递进、环环相扣，跟随音乐地图依次进入四站旅程（四首乐曲），最终完成重难点的学习。巧妙地将中外民族音乐文化渗透到教学各环节，注入了浓厚的生活气息，真正将民族音乐融入学生内心。

本单元侧重于学科核心内容中"音乐的表现力"的学习，主要聚焦于舞蹈形式的体验，围绕音乐作品的聆听与学唱内容，让学生在音乐实践活动中，用动作充分感受和表现音乐作品的舞蹈特点,尝试用舞蹈或肢体表达情绪和情感,激发学生表现音乐和创造的欲望,同时也期望孩子们的身体永远充满活力。

另外本单元开始建立一线谱的初步概念,帮助学生找到流动的"do"以及音符在线与线、间与间、线与间之间的读谱规律,为学生进入三年级识读五线谱打下基础。

四、单元学习目标

1. 能从四首具有民族风格特点的歌(舞)曲中感知体验中外不同风格、不同地区的舞蹈风格和乐曲特点;知道身体的任何一个部分都可以为我所用,不受约束,随心起舞。

2. 能在理解歌词的基础上缓咬字、软起声,用正确的歌唱姿势和优美的嗓音演唱歌曲《金孔雀轻轻跳》和《喜鹊钻篱笆》;能发挥联想选择适合的舞姿和舞步表现乐曲《霍拉舞曲》《加伏特舞曲》的情绪和风格,通过唱、画、演、跳等系列学生活动,充分感受和表现音乐作品的舞蹈特点,了解乐曲结构和音乐形象。能在音乐游戏中理解音乐中小节、小节线、终止线以及流动"do"等音乐相关知识。

3. 能编创简单的舞蹈动作,或者使用小乐器边唱边演再现音乐场景,进行创造性的综合表演;通过感受并熟悉高低变化的旋律,能对音的高低和旋律的走向做出即兴编创。

4. 能理解舞蹈就是用身体讲故事,表达特定的情绪情感或者风格特点;能从各具特色的民族歌(舞)曲中吸取快乐的能量,传递给身边的朋友;能用生活经验理解相关音乐知识。为学生打开肢体和善用肢体语言表达情绪情感打下基础。

五、单元教学安排

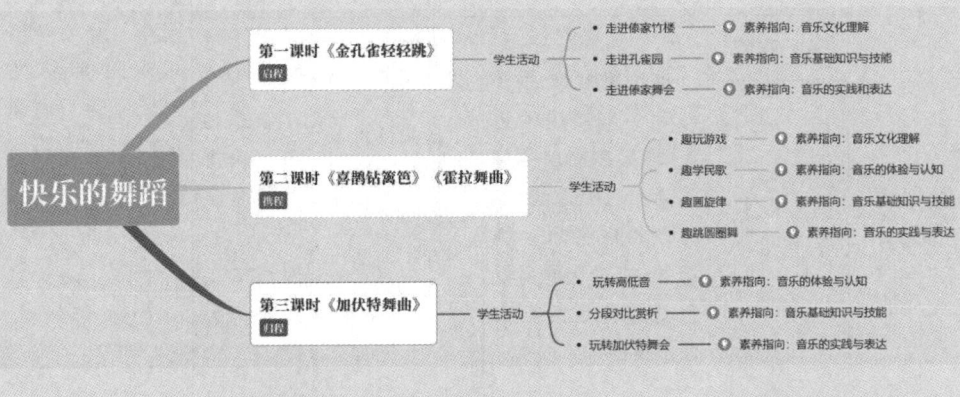

六、单元学习评价

评价维度		评价目标	评价形式	评价工具	评价结果运用
审美感知	聆听与欣赏	能感受中外民族歌（舞）曲的旋律起伏、乐器音色、大跳音程以及音乐情绪的特点；想象音乐情景能用肢体自如表现和表达音乐，随心起舞	自我评价同伴互评教师评价音乐地图纪念卡	音乐地图纪念卡、观测个人表现	★审美之星 ★艺术之星 ★创意之星 ★文化之星　解锁本单元前，学生将会收到特制的音乐地图纪念卡。在音乐学习中依次进入四站旅途并完成"集徽章挑战"，每成功挑战一项可获得一枚徽章，每站最高可累积四枚徽章。旅行结束后获得徽章最多的同学，可荣登音乐乐园榜首；本单元结束后音乐地图纪念卡可永久保存留念
	表现与表达				
艺术表现	演唱与演奏	能用优美、自然、欢快的嗓音以及正确的歌唱姿势演唱歌曲；能参与"快乐的舞蹈之旅"，参与系列音乐实践活动的表演；能理解小节、小节线、终止线的音乐知识，对流动的"do"有初步概念	自我评价同伴互评教师评价音乐地图纪念卡	音乐地图纪念卡、观测个人表现、互动课堂平台	
	乐谱识读				
	综合性表演				
创意实践	音乐探索	能用象脚鼓、手摇铃等小乐器边唱边奏，能编创简单的舞蹈动作边唱边演，参与并再现音乐主题场景；能对音的高低和富有特点的旋律做出反应	自我评价同伴互评教师评价音乐地图纪念卡	音乐地图纪念卡、观测个人表现、互动课堂平台	
	即兴编创				

续表

评价维度		评价目标	评价形式	评价工具	评价结果运用
文化理解	音乐与姊妹艺术	能够理解中国少数民族彝族、傣族的风土人情,也能了解荷兰、罗马尼亚舞曲的风俗文化;理解舞蹈与音乐密不可分,舞蹈也可以表达内心情绪情感,舞蹈动作是生活动作的提炼和夸张化	自我评价同伴互评教师评价音乐地图纪念卡	音乐地图纪念卡、观测个人表现、互动课堂平台	★审美之星 ★艺术之星 ★创意之星 ★文化之星 　解锁本单元前,学生将会收到特制的音乐地图纪念卡。在音乐学习中依次进入四站旅途并完成"集徽章挑战",每成功挑战一项可获得一枚徽章,每站最高可累积四枚徽章。旅行结束后获得徽章最多的同学,可荣登音乐乐园榜首;本单元结束后音乐地图纪念卡可永久保存留念
	音乐与社会生活				

七、单元教学建议

内容	重难点解决	活动设计	前后单元衔接
演唱《金孔雀轻轻跳》	1.歌曲咬字处理。用联想听唱法学习歌曲，感受音乐情绪，并想象孔雀的外在形象，使学生对歌词缓咬字、软起声有所理解。 2.傣族舞语汇。通过情境、演唱、模仿、游戏等活动体验傣族舞的风格特点。 3.相关音乐知识。通过本节课"傣家竹楼"的情境，形象地使用生活中的竹节比喻音乐中的"小节、小节线和终止线"，便于学生从生活经验中去理解音乐知识	建议创设傣家竹林的情境，让学生身临其境了解傣族音乐的风格，体验傣族孔雀舞的韵味；在模仿和想象中提高舞蹈的表现力和表达欲	在音乐能力上的关联。 1.旋律能力：本课通过画旋律线、演奏技法、队形舞步变化，加强对音乐元素中旋律的感知，为中高段"旋律的进行"（上行、下行、波浪形）概念进行预热体验。积累丰富的音乐经验，提升对音乐的感知能力。 2.舞蹈表现力：以"舞蹈"为主题的单元，二年级上册已有第一次接触，小学阶段共出现三次，这是学生们第二次接触，第三次则是四年级下册，因此本单元起着承前启后的作用，本单元与二年级上册不同的是，本单元始终关注作品的民族性特征，如何引导学生去感知舞蹈的多样性、音乐的多元化，并鼓励学生在实践生活中通过肢体去欣赏模仿进而表达情感情绪，思维和难度都在慢慢升级。 在知识技能上的关联。 1.小节等概念：小节是让音乐能够跌宕起伏、有规律地强弱交替的基石。本单元第一次对后续更规范的音乐学习打下重要基础。 2.一线谱识读：从本课起，在一线谱上识读"d"和"r"字母谱，结合之前一年级学习的节奏类型，锻炼学生综合识谱能力；同时帮助建立"流动的'do'"初概念，找到音符在线与线、间与间、线与间之间的读谱规律，为学生进入三年级识读五线谱预热，建立五线谱首调唱名法的正确概念

演唱《喜鹊钻篱笆》聆听《霍拉舞曲》	1.理解歌词。 通过本土打击乐器（象脚鼓）作为基础拍，让学生先对歌词朗朗上口，再通过喜鹊钻篱笆游戏进一步理解歌词，融入彝族的风土人情。 2.流动的"do"。 通过"喜鹊钻篱笆"音乐圆圈游戏，让学生扮演喜鹊和篱笆，在游戏中体验和理解流动的"do"初概念 3.活泼欢快的歌（舞）曲特点。 通过视频、演奏技法、旋律线条、舞步变换、队形变化等音乐实践活动对音乐情绪和舞蹈形式进行深一步的想象和体验	建议设计符合音乐情境的圆圈舞蹈游戏，通过体验中外不同的圆圈舞，感受不同的音乐形象和不同的舞蹈风格特点，在舞蹈游戏中感受团结友爱和快乐	在音乐能力上的关联。 1.旋律能力:本课通过画旋律线、演奏技法、队形舞步变化,加强对音乐元素中旋律的感知,为中高段"旋律的进行"(上行、下行、波浪形)概念进行预热体验。积累丰富的音乐经验,提升对音乐的感知能力。 2.舞蹈表现力:以"舞蹈"为主题的单元,二年级上册已有第一次接触,小学阶段共出现三次,这是学生们第二次接触,第三次则是四年级下册,因此本单元起着承前启后的作用,本单元与二年级上册不同的是,本单元始终关注作品的民族性特征,如何引导学生去感知舞蹈的多样性、音乐的多元化,并鼓励学生在实践生活中通过肢体去欣赏模仿进而表达情感情绪,思维和难度都在慢慢升级。 在知识技能上的关联。 1.小节等概念:小节是让音乐能够跌宕起伏、有规律地强弱交替的基石。本单元第一次对后续更规范的音乐学习打下重要基础。 2.一线谱识读:从本课起,在一线谱上识读"d"和"r"字母谱,结合之前一年级学习的节奏类型,锻炼学生综合识谱能力;同时帮助建立"流动的'do'"初概念,找到音符在线与线、间与间、线与间之间的读谱规律,为学生进入三年级识读五线谱预热,建立五线谱首调唱名法的正确概念

续表

			在音乐能力上的关联。

聆听《加伏特舞曲》

1.音的高低。

通过结合空间、图形谱、旋律线条、声势、动律等视、听、动的方式表达音的高低变化。

2.乐曲结构。

A乐段主要通过图形谱、舞步、演唱等学生活动引导学生感受和体验音乐,凸显舞曲的"快乐性";B乐段与A乐段形成对比,通过邀请舞伴和模仿舞伴来即兴编创,学习西方礼仪同时锻炼生生间交互能力

建议以音的高低聆听和反应为切入口,让学生反复赏析并记忆A乐段主题旋律,对于主题再现听感会有敏锐的听辨。再次通过小节的概念,让学生对四拍子舞曲了解得更加直观,凸显舞曲的"快乐性"

在音乐能力上的关联。

1.旋律能力:本课通过画旋律线、演奏技法、队形舞步变化,加强对音乐元素中旋律的感知,为中高段"旋律的进行"(上行、下行、波浪形)概念进行预热体验。积累丰富的音乐经验,提升对音乐的感知能力。

2.舞蹈表现力:以"舞蹈"为主题的单元,二年级上册已有第一次接触,小学阶段共出现三次,这是学生们第二次接触,第三次则是四年级下册,因此本单元起着承前启后的作用,本单元与二年级上册不同的是,本单元始终关注作品的民族性特征,如何引导学生去感知舞蹈的多样性、音乐的多元化,并鼓励学生在实践生活中通过肢体去欣赏模仿进而表达情感情绪,思维和难度都在慢慢升级。

在知识技能上的关联。

1.小节等概念:小节是让音乐能够跌宕起伏、有规律地强弱交替的基石。本单元第一次对后续更规范的音乐学习打下重要基础。

2.一线谱识读:从本课起,在一线谱上识读"d"和"r"字母谱,结合之前一年级学习的节奏类型,锻炼学生综合识谱能力;同时帮助建立"流动的'do'"初概念,找到音符在线与线、间与间、线与间之间的读谱规律,为学生进入三年级识读五线谱预热,建立五线谱首调唱名法的正确概念

扫码看视频

《快乐的舞蹈》
第1课时 《金孔雀轻轻跳》教学设计

一、学习内容

1.学唱歌曲《金孔雀轻轻跳》。

2.欣赏孔雀舞《雀之灵》。

二、教学目标

1.通过创设情境,初步了解傣族的风土人情;从音乐、律动中体验傣族音乐风格和傣族孔雀舞的韵律。

2.能用优美、柔和、自然的声音演唱《金孔雀轻轻跳》;通过"小孔雀"角色代入,充分感受和表现音乐作品的舞蹈特点;能在音乐游戏中掌握小节、小节线、终止线等音乐知识。

3.通过合作探究,编创简单的舞蹈动作或使用小乐器边唱边演再现音乐场景,进行创造性的综合表演。

4.通过学唱歌曲、创编舞蹈感受我国少数民族能歌善舞的快乐能量,并将其传递给身边的朋友;能用生活经验理解相关音乐知识;为学生善用肢体语言表达情绪情感打下基础。

三、教学重难点

重点:可以用优美、柔和、自然的声音正确演唱歌曲;掌握小节、小节线、终止线等音乐知识。

难点:通过音乐感受并模仿傣族孔雀优美的形象和姿态特点,感受傣族舞蹈特点;编创简单的舞蹈动作或使用小乐器边唱边演再现音乐场景。

四、学习过程简述

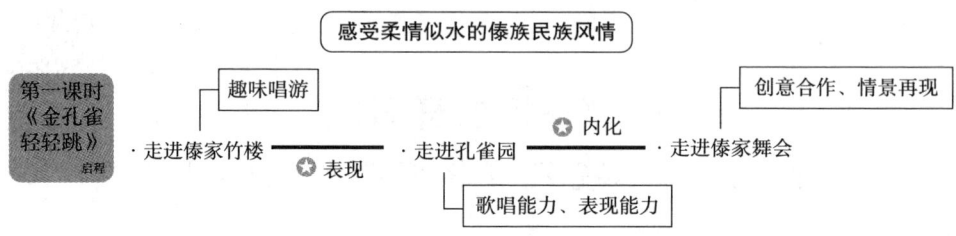

五、教学准备

《金孔雀轻轻跳》乐谱和音频、PPT、象脚鼓、巴乌、手串铃、音乐地图。

六、教学过程

学生活动	设计意图	二次修订
本节课大任务（情境） 　同学们，请跟随老师的舞步，开启快乐的旅程吧！穿越这片竹林，我们将来到一个美丽又特别的地方。是哪呢	本节课以"快乐的舞蹈之旅"为主线设计音乐游戏活动小任务群	依据"具身学习"修订为：在教室地板贴上竹林（见板书设计），学生用傣族舞步踏入竹林进入课堂
学生活动一：走近傣家竹楼 　1.学生模仿傣族（勾提步）舞步穿越竹林。【提示：在教室的地板上贴上五根竹子】 　2.学生观看介绍"傣族风土人情"的微课，了解傣族风俗、服饰、节日活动、乐器、动物、舞蹈等相关文化。 　3.孔雀在傣族人民心中是吉祥幸福的象征，揭示课题《金孔雀轻轻跳》	通过设计竹楼的情境让学生初步感知傣族的风土人情、音乐风格和舞蹈韵律特点	第二个环节修订为：请学生扮演傣族小朋友，给大家解释家乡风土人情，这比微课更有趣味性和参与感

学生活动	设计意图	二次修订
学生活动二：走近孔雀园 1.介绍云南本土乐器(象脚鼓)并敲击,学生在竹林上,可视化地感受2/4拍的强弱规律特点。 2.根据强弱规律,学生在竹子上分划出小节,理解并掌握小节、小节线和终止线等音乐知识。 3.用"wu"母音哼唱歌曲,说一说:歌曲的情绪和速度如何? 学生回答:优美、舒畅,中速。 4.使用云南本土乐器(巴乌)教唱学习第一段歌词,对学生的咬字提出要求(缓咬字、软起声);解决歌唱中难点部分(一字多音、同头换尾)。 5.学习第二段歌词,猜一猜:小卜少、小卜帽在傣语的意思	通过地板上的竹林将强弱规律可视化,学生根据强弱规律很快能分划小节,更加便于学生从情境中理解音乐知识。 使用云南本土乐器教唱歌曲,能更好地让学生感受音乐韵律特点。 解决歌唱同头换尾的难点,可根据旋律走向设计相似的舞蹈动作,让学生"唱到—看到—做到"	通过踏入竹林可视化感受2/4拍的强弱规律后,应迅速总结小节线等相关知识,让学生体验之后有收获。将第四个环节修改为先使用象脚鼓敲击伴奏,念唱第一段歌词,再使用巴乌教唱。注意:也可根据各地自身情况,使用葫芦丝等云南本土小乐器
学生活动三：走近傣家舞会 1.对比观察生活中孔雀和舞蹈家演绎的孔雀的不同之处。 【舞蹈动作是生活动作的提炼】 2.学习体验孔雀舞的手型(嘴型手、掌型手)用舞蹈手型模拟孔雀的姿态和形态。 3.加入小乐器手摇铃,学生边唱边跳边演第一段歌词。 4.分组自由创演第二段歌词,分组展示并全班学习模仿。 5.傣家舞会马上就要开始了,请带上歌声、乐器、舞蹈参加泼水节的狂欢吧	对比体验舞蹈动作来源于生活动作,使学生更好地为舞蹈语汇的创编展开大胆的想象,通过协作完成创演任务。 以评促学,不断加深艺术体验,引导学生发现自己的艺术潜能	依据本节课突出傣族语汇中营造的"柔、缓、慢"等意境特点,将第二、三环节结合,摇铃乐器套入学生手部和脚踝,做手型和勾踢时,摇铃乐器发出声音,结合傣族舞蹈韵律,边唱边跳,情境交融,美感十足

七、学习评价

1.学生在课堂上能体验傣族音乐风格和孔雀舞的韵律。(审美之星)

2.学生在课堂上能正确演唱歌曲,掌握相关音乐知识。(艺术之星)

3.学生在课堂上能参与音乐创编活动,边唱边跳边演再现音乐场景。(创意之星)

4.学生在课堂上能吸取傣族同胞能歌善舞的快乐能量,用肢体自如的表现表达音乐,随心起舞。(文化之星)

八、板书设计

学生活动一:
走近傣家竹楼

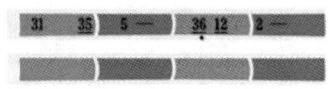

学生活动二:
走近孔雀园

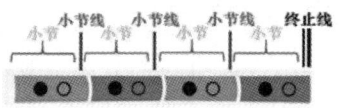

学生活动三:
走近傣家舞会

九、作业设计与反馈方式

1.课后同学们合作创演,学习其他傣族舞蹈语汇动作,搭配使用其他乐器,边唱边跳边演,体验音乐风格和舞蹈韵律。

2.拍摄作品/精彩瞬间上传至班级群相册分享,师生家互评互赞。

十、教学反思

基于二年级学生心理特点,他们已有一定的认知水平和急切的表演欲望,更适合可视化/直观的学习。因此,从大单元的视角出发,运用情境带动唱游,教师在设计每一次活动的背后都是有目的的,解决一个难点或是蕴含相关音乐知识,学生们玩后要有总结,这样体验才能有深度,才符合低龄段音乐教学"以生活经验理解音乐"。在歌曲第四、五乐句的教学中发现,学生们对同头换尾不理解,甚至是唱不准换尾部分的旋律,教师就结合傣族孔雀舞的律动来解决,根据换尾部分的旋律走向设计相似的舞蹈动作,高音、低音时选择不一样的造型,效果好很多。

《快乐的舞蹈》
第2课时 《圆圈舞之旅》教学设计

一、学习内容

1.学唱歌曲《喜鹊钻篱笆》。

2.欣赏乐曲《霍拉舞曲》。

二、教学目标

1.通过学习两首乐曲,对比感受中外民族歌(舞)曲的音乐风格特点和风土人情;激发学生对民族民间音乐的喜爱之情,感知不同风格的圆圈舞所带来的欢乐。

2.能用欢快、愉悦、富有弹性的声音演唱《喜鹊钻篱笆》,跟随《霍拉舞曲》画一画旋律线,体验"颤音""顿音"多样化的表现;通过趣玩—趣唱—趣画—趣舞等音乐实践活动,充分感受和体验圆圈舞曲风格和特点,能在音乐游戏中初步理解流动的"do"概念。

3.通过小组合作探究,想象音乐情境能用肢体自如表现和表达音乐情绪与风格。首先根据基础的舞步动律,编创简单的舞蹈动作,最后延展到舞蹈队形的变化,再现音乐场景,进行创造性的综合表演。

4.通过圆圈舞之旅感受中外民族能歌善舞的快乐能量和团结友爱的精神,理解舞蹈是世界的语言,人们都能随心快乐起舞。

三、教学重难点

重点:通过体验不同的圆圈舞蹈,体会中外民族歌(舞)曲的音乐风格特点和风土人情;能与同伴合作,跟随两首不同的乐曲跳一跳基本舞步。

难点:通过合作探究,根据基础的舞步动律,编创简单的舞蹈动作和队形的变化,再现音乐场景,进行创造性的综合表演;能在音乐游戏中理解流动的"do"初步概念。

四、学习过程简述

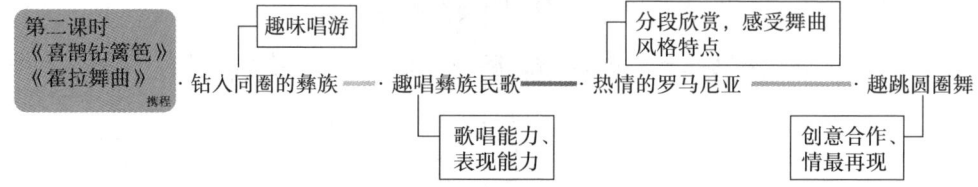

五、教学准备

乐谱和音频、PPT、象脚鼓、手摇铃、音乐地图。

六、教学过程

学生活动	设计意图	二次修订
本节课大任务(情境) 同学们,请跟随老师的舞步,出发迈向新的旅程吧!咿呀——我们居然钻入了一个圆圈的世界,真是太神奇、太有意思了!这是哪里呢	本节课以"快乐的舞蹈之旅"为主线设计音乐游戏活动小任务群	为凸出综合课程的特点,此环节修订为以学生做喜鹊钻篱笆的游戏进入课堂,大情境用游戏进行串联
学生活动一:钻入圆圈的彝族 1.学生结对,以游戏的方式"钻"入教室。 2.聆听音乐,模仿教师彝族舞步【三步一踩】。 3.揭示课题《喜鹊钻篱笆》。 4.学生模仿错落有致的篱笆造型【例:低处的篱笆、高处的篱笆】,老师模仿喜鹊,当喜鹊钻过篱笆会发出叫声,体会流动的"do"	通过彝族游戏导入,一是能快速吸引学生的目光,二是喜鹊钻过不同高度的篱笆会发出相同音高的叫声。其实,喜鹊的叫声就是音乐中的do、re。在游戏中初步建立流动的"do"的概念	第四个环节在实际教学中会有一些难度,需要先分角色进行探究。例如:请你思考,如何用身体摆出错落有致的篱笆造型?这里需要修订加入三维空间的概念,随后老师再模仿喜鹊飞上飞下,建立可视化流动的"do"的概念

续表

学生活动	设计意图	二次修订
学生活动二:趣唱彝族民歌 1. 学习彝族语言(阿西里西——),划分为山上寨子组和山下寨子组进行"对唱""对喊"。 2. 使用象脚鼓伴奏,有节奏地朗读歌词,猜猜歌词含义。 3. 聆听全曲,分寨子接龙演唱,在反复记号处唱两遍;演唱第三乐句时声音需要轻巧、富有弹性,演唱第四乐句时则需要连贯、富有感情。 4. 双圈舞蹈,一边玩游戏,一边律动,一边演唱	通过情境分组"对唱""对喊"来营造热闹欢乐的氛围,邀请更多小朋友来玩游戏。在处理第三、四乐句的演唱时可加入合适的律动,为后面学习双圈舞打下基础	第二个环节的修订为:用手摇铃进行伴奏,因为彝族服饰里面银饰较多,此举更加注重情境的合理性。第四个环节的修订为:先游戏再加入演唱,根据游戏规则在唱"吆喝"的时候换伙伴
学生活动三:热情的罗马尼亚 1.观看《热情的罗马尼亚》自制微课视频。"舞蹈是世界的语言,在国外的一个地方也与彝族相似,大家手牵手,踩着欢乐的旋律,跳起圆圈舞"。 2.揭示课题《霍拉舞曲》。 3.聆听全曲,说一说乐曲的速度和节奏如何?【快速、紧密】仿佛看到了怎样的画面	通过观看自制的微课视频,感受罗马尼亚的风土人情;通过对比,体验不同的圆圈舞蹈,体会中外民族歌(舞)曲的音乐风格特点和风土人情	第一个环节同样修订为:请学生神秘地扮演曲作者迪尼库,自己介绍家乡和平生作品,过程应生动有趣

续表

学生活动	设计意图	二次修订
学生活动四：趣跳圆圈舞 1.分段欣赏——第一乐段。 ①聆听并画有趣的旋律线，分析颤音和顿音在旋律线上的呈现，感受舞曲营造的轻松欢乐氛围。 ②学习第一乐段舞步。 【脚尖画圆—脚跟、脚尖交替点地—转动手腕、拍拍肩膀】 2.分段欣赏——第二乐段。 ①聆听乐段。提问：乐曲的速度和节奏如何变化？【主题素材不断展开，节奏更加紧密，使乐曲逐渐形成高潮】 ②出现了几次长音？听到长音时请你停下来，摇一摇你的双手。 ③完成创演任务单，分组协作并表演各具特色的圆圈舞，营造生动活泼的舞蹈场景。 3.分段欣赏——第三乐段。 ①聆听乐段，它与哪一乐段相似？ ②为乐曲的结尾设计有创意的造型。 【第三乐段结尾更干脆、更利落】 4.完整表演。 5.提问：乐曲是由什么乐器演奏的？ 观看作曲家迪尼库演奏视频，了解小提琴颤弓和连顿弓技巧以及演奏姿势	通过画旋律线来组成罗马尼亚有趣的简笔风景，学生感如同鸟鸣般婉转的颤音和飞瀑般奔流的快速顿音，其在旋律线可视化的呈现，为小提琴的演奏技法建立初步理解；通过《喜鹊钻篱笆》大集体编创，到《霍拉舞蹈》小团体圆圈舞编创，体现了从集体到个人的智慧聚焦化，不仅实践舞步延展，更思索队形的流动变化，激发学生的空间思维和挖掘学生的舞蹈编创能力	本环节在实际教学中效果较好，但是容易让学生的思维受限，学生习惯性按照老师的固定模板进行编创，使学生思维开拓不够。 可尝试修订为：从第一段乐段的分段欣赏开始，便让学生理解并感受罗马尼亚热情似火的民间舞蹈风格和热情奔放的民风，随后学生自行创编自由自在的舞步，抒发情绪情感

七、学习评价

1.学生在课堂上能感受中外不同风格的圆圈舞带来的欢乐。(审美之星)

2.学生在课堂上能积极参与音乐实践活动,准确表现中外不同风格的圆圈舞风格和特点。(艺术之星)

3.学生在课堂上能贡献个人创意,积极参与创演任务,边唱边跳边演,自如地再现音乐场景。(创意之星)

4.学生通过本节课的学习,能理解舞蹈是世界的语言,吸取中外各民族人们能歌善舞的快乐能量和团结友爱的精神,并尊重不同民族的舞蹈文化。(文化之星)

八、板书设计

圆圈舞之旅

学生活动一:
钻入圆圈的彝族

学生活动二:
趣唱彝族民歌

(喊声:喔…嗨)

学生活动三:
热情的罗马尼亚

学生活动四:
趣跳圆圈舞

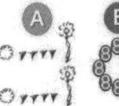

九、作业设计与反馈方式

1.课后同学们继续合作创演圆圈舞,在队形流动、互换伙伴和舞步创编上进行更多的探索,边唱边跳边演,体验音乐的风格和舞蹈韵律。

2.拍摄作品/精彩瞬间上传至班级群相册分享,师生间互评互赞。

十、教学反思

本节课从单元整合视角出发,将舞曲、乐曲和舞蹈揉为一体,形成开放的课堂。以彝族风俗"圆"的特点为主线,串联到罗马尼亚霍拉舞,让学生对比体验中外圆圈舞的不同风格和不同魅力。通过圆圈舞之旅吸取中外各民族能歌善舞的快乐能量和团结友爱的精神,理解舞蹈是世界的语言,舞蹈让人类心意相通,每个人都可以随心快乐起舞。

本节课以"圆圈游戏"为驱动,引导学生找到游戏与乐曲的关系,层层递进地让学生在音乐游戏、舞步律动、舞蹈编创等艺术活动中树立规则合作意识。同时编者也通过从《喜鹊钻篱笆》大集体编创到《霍拉舞蹈》小团体圆圈舞编创,体现了从集体到个人的智慧聚焦化。但是编者仍然在思考,如何通过基础舞步让学生迁移更多的律动延展方式。【例如:彝族舞步"三步一踩"到"三步一?"到……;"自拍手"到"互拍手"到"反拍手"到……】编创中提醒学生不怕出错,不固化脚步,更多地在流动中进行舞蹈、队形、空间的变化,更多更深地激发学生的空间思维和挖掘学生的舞蹈编创能力。

《快乐的舞蹈》

第3课时　《加伏特舞曲》教学设计

一、学习内容

1.欣赏乐曲:戈塞克《加伏特舞曲》。

2.欣赏乐曲:巴赫《加伏特舞曲》。

二、教学目标

1.通过学习《加伏特舞曲》,体验并感受乐曲各部分不同情绪色彩的特点,学生在多种音乐实践中自信地表达音乐,快乐起舞。

2.通过体验律动、填词编唱、画图形谱、双人舞等学生实践活动,能熟悉并分辨《加伏特舞曲》的主题旋律,感知旋律的走向和音乐情绪的特点。

3.通过运用空间来自由创编肢体律动,让学生深入了解"大跳音程"的概念,通过体验不同的音乐形象和双人舞创编等活动,让学生了解乐曲ABA的曲式结构。

4.通过聆听乐曲,初步认识并了解西方管弦乐器中的木管乐器——"单簧管";初步了解法国宫廷"加伏特舞",积淀西方音乐文化和人文素养。

三、教学重难点

重点:能够感知乐曲的旋律走向和不同主题的音乐情绪色彩的特点,通过多种音乐实践活动熟悉《加伏特舞曲》的主题旋律。

难点:能够分辨乐曲ABA的曲式结构;能自如地使用肢体律动创意表达"大跳音程",使用丰富的肢体语言展现宫廷"加伏特舞"的气质特点。

四、学习过程简述

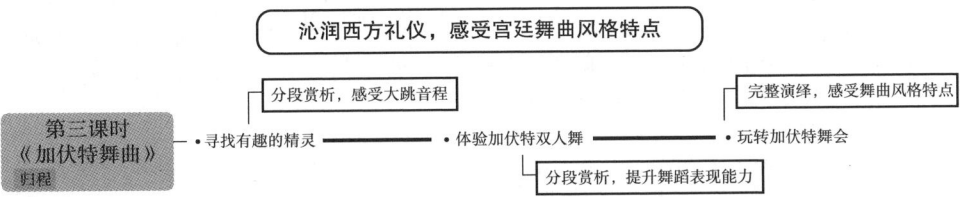

五、教学准备

乐谱和音频、PPT、音乐地图。

六、教学过程

学生活动	设计意图	二次修订
本节课大任务(情境) 　同学们,我们继续出发迈向新的旅程吧! 前面就是美丽浪漫的法国城堡。看! 这座有着几千年历史的城堡中飞出来一群小精灵,它们在欢迎咱们的到来哩	本节课以"快乐的舞蹈之旅"为主线设计音乐游戏活动小任务群	此环节的修订为:老师化身精灵飞出城堡,迎接同学们的到来,这个精灵还带点魔法,营造浪漫、绮丽的沉浸式课堂
学生活动一:寻找有趣的音程精灵 　1.聆听乐曲A部分:这群活泼的精灵是怎样飞舞的? 答:一会儿飞得高,一会儿飞得低。 　2.揭示课题《加伏特舞曲》。 　3.聆听乐曲A部分:乐曲的情绪是怎样的? 答:活泼明快。 　4.观察这群活泼精灵飞舞的路线图,其有什么特点? 见下面图形谱: 　5.用"beng"音哼唱A部分旋律,师生合作接龙;创意填词演唱A部分旋律"我们一起和精灵们,来跳舞""路过城堡看到小草,长高高……" 　6.分组研讨:你能用身体的律动自由表现音的高低么?【提示:利用空间的变化】总结"大跳音程"的概念。 　7.完整表现乐曲A部分。(自由行走+自由表现"大跳音程")	通过寻找—观察—体验精灵飞舞的路线图,让学生了解"大跳音程"的概念,从而感受乐曲A部分活泼明快又略含幽默的色彩。通过哼唱和填词演唱,加深学生对主题旋律的记忆,为更好地分辨曲式结构做好铺垫。最后通过利用身体空间的变化来对音的高低予以编创,打开学生的思路,同时让学生学会自如地用肢体语言来表现自己	通过上一课时,学生初步了解了三维空间的变化,以及如何在自己身体上来展现。那么,第六个环节可以修订为:更加细致地对舞蹈的美感和动作进行细化,教师在学生律动之时可以细致引导。 　随后引出"大跳音程"的概念,并围绕大跳音程做拓展的听辨游戏,以测试学生的听辨能力

续表

学生活动	设计意图	二次修订
学生活动二：体验优雅的加伏特双人舞 1.聆听乐曲B部分：与乐曲A部分相比，旋律和情绪发生了怎样的变化？答：平稳连贯。 2.分析乐曲A部分和B部分的五线谱。 乐曲A部分：多出现跳音、装饰音和八度音程，所以构成活泼明快又略含幽默的色彩。乐曲B部分：多出现保持音、圆滑音，所以旋律较平稳，显得饶有风趣。 3.共舞双人舞舞谱：自由行走＋交换舞伴。 见下面舞谱：  4.乐曲第三部分重复了乐曲A和乐曲B的哪个部分呢？ 5.回忆并讲解曲式结构ABA	通过对比分析乐曲A和乐曲B两部分的主题旋律五线谱，直观体现乐曲各部分的不同情绪色彩。通过双人舞的舞蹈律动渗透西方的舞蹈礼仪和文化，在舞蹈中加入难度，进行同伴之间的交互，能很好地锻炼学生的社交礼仪。通过回忆和体验音乐形象的方式，让曲式结构更加清晰	历经柔情似水、热情如火这两个课时的舞蹈风格，此环节重点突出宫廷舞蹈风格——优美典雅。 所以第三个环节的修订为：西方宫廷舞蹈散点的双人舞结构，让学生身临其境进行感受；尝试让学生在理解旋律结构的基础上，对双人舞进行创编，教师可以示范并给予双人舞元素的素材。学生专注于双人舞蹈的礼仪和美感，取消随机交换舞伴
学生活动三：玩转加伏特舞会 1.完整演绎ABA结构。 2.介绍《加伏特舞曲》的主奏乐器——单簧管，它是管弦大家族中的木管类乐器。 分别聆听单簧管低音区、中音区和高音区的音色特点。 3.拓展欣赏：巴赫《加伏特舞曲》	通过聆听和观察，了解管弦乐器中的木管乐器，对单簧管的音色和外形有初步了解，为后续《单簧管波尔卡》的学习做铺垫	第三个环节修订为：以微课的形式介绍管弦乐大家族，分别在微课中聆听单簧管《加伏特舞曲》低、中、高音区的演奏音色

七、学习评价

1.学生在课堂上能感受乐曲各部分的不同情绪色彩,自信地表达音乐。(审美之星)

2.学生在课堂上能积极参与音乐实践活动,熟悉并清楚分辨《加伏特舞曲》的主题旋律。(艺术之星)

3.学生在课堂上积极参与编创,利用肢体自如地表达"大跳音程",与同伴共舞。(创意之星)

4.学生在课堂上能初步认识管弦乐器中的木管乐器——"单簧管",在双人舞中感知"加伏特舞"宫廷舞步,积淀音乐文化和人文素养。(文化之星)

八、板书设计

九、作业设计与反馈方式

1.课后同学们继续合作演绎加伏特舞蹈,在队形流动、互换伙伴和舞步创编上进行更多的探索,边唱边跳边演,体验音乐风格和舞蹈韵律。

2.拍摄作品/精彩瞬间上传至班级群相册分享,师生、家长互评互赞。

十、教学反思

研读艺术新课标,基于对学段目标中学习任务"情境表演"的理解,本节课以达尔克罗兹的体态律动为基础,用三个学生活动串联起整个教学,激发学生好奇心、提高观察力、集中注意力、训练灵敏反应、增加社会交互、培养团队协作能力。

为了让学生更好地抓住《加伏特舞曲》A部分和B部分的旋律特点,依据二年级学生的年龄特点,创设精灵城堡的大情境。在A段前四个乐句结尾,旋律出现大跳的地方,请学生边听边模仿活泼可爱的精灵,分别呈现"跳一跳""往上飞"的精灵形象,并加入歌词演唱。最后四句,教师不再给予学生示范,而是鼓励学生运用肢体语言,对音高的变化做出身体空间的变化,让学生发挥自己的想象,创编动作参与聆听,对培养学生的感受力和舞蹈表现力都有大的提升。通过多种多样的方式熟悉A部分旋律,学生能很快区分B部分的旋律特点,曲式结构一"听"了然。

"加伏特"原是法国古代的一种民间舞曲,有数百年的历史。它最初是一种编队比较简单的舞蹈,以后逐渐演变成双纵队的队形,后又变成四人一组,现在这种传统舞蹈仍保存在民间。到18世纪,"加伏特"曾是法国宫廷舞蹈中最受欢迎的舞蹈之一,因此,在玩转加伏特舞会的展演环节,设计了宫廷版本的双人舞交互,将礼仪渗透进舞蹈律动中。

第二部分

如何设计与实施大单元教学

第七章

音乐大单元教学的内涵与特征

音乐大单元教学是指一种基于音乐作品、音乐知识、音乐体验等多个方面的综合单元教学方法。通过一个单元的学习,学生可以深入了解音乐的不同元素,如节奏、旋律、和声等,并将这些知识应用到创作、演奏和音乐欣赏中。这种教学方法可以激发学生的音乐兴趣,增强他们的创造力和表达能力。同时,音乐大单元教学也有助于提高学生的音乐素养和综合能力,促进他们在音乐领域的全面发展。本章旨在探讨音乐大单元教学的内涵与特征,试图分析实践方法及其对音乐教育的意义。

第一节　大单元教学内涵

音乐大单元教学是一种先进的教学理念,是以音乐课本单元为学习单位,以大问题、大任务为组织核心,依据音乐课程标准,聚焦学科课程核心素养,围绕某一主题或活动(大概念、大任务、大项目)对音乐教学内容进行整体思考、设计和组织实施的教学过程。这种教学方法整合了主题相关、知识点相似、歌曲背景相同的音乐作品,引导学生从宏观角度把握歌曲的结构、节奏(见图7-1)。

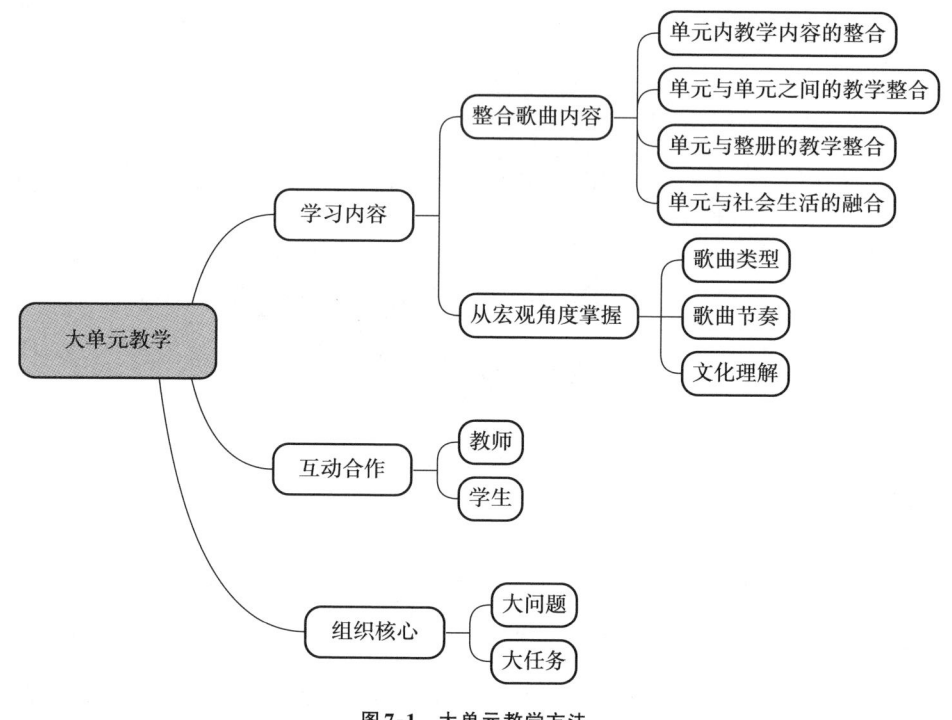

图 7-1　大单元教学方法

　　大单元的各个组成部分不再是仅体现教学内容共同要素的碎片,而是一个能够深度对接核心素养的环环相扣、螺旋上升的整体。传统教学中,教师们惯用的模式是一个知识点"讲到底"、一首乐曲"听到底"、一首歌曲"唱到底",而忽略了教材中歌曲与歌曲、课时与课时之间的联系。"大单元教学"作为一种新型的教学模式,从大观念视角出发,注重每个学时、每个知识点与整体单元课程目标的关联,关注各课时之间循序渐进的进度,从学情出发,有序地把学习资源进行选取、拆分、整合、重组,将散点式的知识点采用网状的形式架构来形成结构化大单元内容。

　　无论是何种教学形式,都不能脱离音乐课程的基本理念。我们可以从整体性内涵、音乐内涵、人文内涵、科学内涵这四个方面来看大单元教学。

1. 整体性内涵

　　音乐大单元教学的整体性内涵主要体现在以下几个方面。

1）单元设计的整体性

单元设计的整体性是音乐大单元教学的基础。单元设计需要考虑单元主题、教学目标、教学内容、教学方法、教学准备等多个方面,确保整个单元的教学内容相互关联、相互呼应,形成一个有机整体。这样的设计有助于教师更好地把握教学方向,关注学生的需求和发展,达到教学效果。在设计单元时,教师需要考虑单元之间的逻辑关系,将不同主题、不同难度的内容进行整合,形成一个完整的教学单元。

2）教学内容的整体性

教学内容的整体性是音乐大单元教学的核心。教学内容不仅包括音乐基础知识、技能训练,还包括音乐欣赏、音乐创作、音乐表演等方面的内容。这样的设计有助于学生更好地理解和掌握音乐知识,提高他们的音乐水平和鉴赏能力。教师需要将不同的教学内容进行整合,形成一个完整的教学体系,同时注重教学内容之间的衔接和连贯性,确保整个教学过程流畅、有序。

3）教学过程的系统性

教学过程的系统性是音乐大单元教学的重要保障。教学过程需要注重情境创设和活动设计,关注学生的需求和发展,不断优化教学效果。同时,教学中需要注重各环节之间的衔接和连贯性,确保整个教学过程流畅、有序。在教学过程中,教师需要关注学生的情感体验和参与度,通过多样化的教学方法和手段激发学生的学习兴趣和积极性。

由此可见,音乐大单元教学的整体性内涵主要体现在单元设计、教学内容和教学过程的系统化等方面,实现教学内容的系统化、教学过程的系统化和教学效果的优化。通过这样整体性的教学设计,有助于教师培养学生的音乐素养和综合能力,同时也有助于提高教师自身的教学水平和教学质量。

2. 音乐内涵

音乐内涵是音乐大单元教学的核心概念。它指的是音乐作品中所蕴含的情感、思想、文化内涵等。这些内涵可以通过音乐的形式表现出来,如旋律、节奏、音色等。音乐大单元教学强调的是通过整体的、系统的学习方式,让学生更好地感受和理解这些内涵。

1）音乐风格的探索

将不同风格的音乐整合在一起,形成一个大的单元,让学生通过比较、欣赏、演奏等方式,深入了解各种音乐风格的特点和它们之间的差异。例如,教师可以选取一系列具有相似主题或风格的乐曲,将这些乐曲整合成一个单元,通过系统讲解和欣赏,帮助学生更好地理解这些乐曲的内涵。此外,教师还可以组织学生进行音乐实践活动,如音乐会、音乐沙龙等,让学生在实践中感受音乐的魅力。

2）音乐历史和文化背景的融入

将音乐与历史、文化、社会等背景相结合,让学生了解音乐的发展历程和演变过程,从多个角度去感受和理解音乐。这样,学生不仅可以欣赏优美的旋律和动人的节奏,还可以了解音乐背后的历史背景、文化内涵和作者的情感表达。这样的学习方式不仅可以让学生更好地理解音乐,还可以培养他们的审美能力和文化素养。

3）音乐技术的深化

除了基本的音乐技术,如音准、节奏、和声等,还可以扩展到音乐创作、编曲、乐器伴奏等方面的技术,让学生掌握更全面的音乐技能。

4）跨学科的融合

将音乐与其他学科如语文、数学、信息技术等相结合,形成一个大的单元,让学生从多个角度去理解和欣赏音乐,增强他们的综合素质和创新能力。

5）实践活动的开展

通过组织音乐实践活动,如音乐会、音乐节、音乐比赛等,让学生亲身参与音乐创作、表演,提高他们的实践能力和团队协作精神。

总之,音乐大单元教学是一种新型的音乐教育模式。它以音乐内涵为核心,通过整体、系统的学习方式,帮助学生更好地理解音乐,提高他们的音乐素养和文化素养。这种教学模式不仅有利于学生的全面发展,还有助于培养出更多具有审美能力和文化素养的音乐人才。

3. 人文内涵

人文内涵是音乐大单元教学中一个重要的方面。音乐不仅仅是一种艺术表现形式,更是与人类文化、历史和社会紧密相连。音乐大单元教学不仅关注音乐本身,更注重音乐与文化、音乐与情感、音乐与社会的紧密联系。通过将一系列相关的音乐作品作为一个整体来理解和教授,音乐教师能够引导学生更全面地理解音乐作为一种文化现象的丰富性和多样性。这种教学方式强调了音乐的人文内涵,能够帮助学生培养对音乐的热爱和对美的感知。

1) 音乐与文化

通过音乐大单元教学,学生可以深入了解不同文化背景下的音乐艺术,了解不同时代的音乐风格和发展脉络。这不仅有助于培养学生对不同文化的尊重和欣赏,也有助于加深学生对历史和社会的理解。

通过学习音乐大单元,学生可以了解到世界上不同的民族音乐、古典音乐、流行音乐等,丰富了他们的文化素养。例如,学生可以学习到中国古代的古琴、二胡等乐器,了解到西方古典音乐作曲家巴赫、莫扎特等,或者近代流行音乐歌手艾薇儿、泰勒·斯威夫特等。这样的学习能够拓宽学生的视野,增加他们对不同音乐形式和文化的了解,同时也培养了学生对音乐艺术的兴趣和热爱。

2) 音乐与情感

人文内涵的音乐大单元教学还能够培养学生的审美情趣和情感表达能力。音乐具有独特的魅力,能够唤起人们的情感共鸣。通过学习不同类型的音乐作品,学生可以感受到音乐所传递的情感、情绪和意义。比如,学生通过欣赏莫扎特的交响乐体验到宏伟、激情和壮丽;通过聆听民族音乐,了解到不同地域的文化特色和情感表达方式。音乐大单元教学不仅仅是让学生学会演奏或唱歌,更重要的是培养学生对于音乐的感受和理解能力,让他们能够用音乐来表达自己的情感和内心世界。

3) 音乐与社会

此外,音乐大单元教学还能够培养学生的合作意识和团队精神。在音乐教学中,学生需要通过合奏、合唱等方式与他人进行协作和配合,共同完成一项大的学习任务。这种教学方式能够帮助学生建立良好的人际关系,学会与他人合作和沟通,从而增强他们的社会适应能力。这不仅需要学生之间的相互理解和配合,还需要培养他们的耐心和协作能力。例如,在合唱团或乐队中,学生需要时刻注意与其他成员的配合,共同完成一首乐曲的演奏。通过这样的合作,学生们能够学会合作,培养出良好的沟通和协调能力,同时也增强了他们的集体荣誉感和归属感。

综上所述,音乐大单元教学的人文内涵包括了对不同文化的了解与尊重、审美情趣和情感表达能力的培养,以及合作意识和团队精神的培养。通过学习音乐大单元,学生能够提升自己的文化素养和审美情趣,并培养良好的合作精神和团队意识。这样的教学方法不仅能够促进学生全面发展,也有助于他们在将来的生活和工作中更好地适应和融入社会。

4. 科学内涵

音乐大单元教学的科学内涵,重点在于培养学生的科学思维和创新能力,通过音乐教育,启发学生的观察、分析和推理能力,让他们能够在音乐艺术中体验和探索科学的规律。同时,音乐教育也可以培养学生的创造力,引导他们进行创造性的思考和表达。

研究表明,音乐教育对学生的数学和科学学科的学习有积极影响,能够提高他们的学习成绩和学习兴趣。因此,在音乐大单元教学中注重科学内涵的培养,有助于学生全面发展和提升综合素质。

此外,音乐大单元教学的科学内涵还包括了音乐与科学学科的交叉融合。通过将音乐与科学的知识结合起来,可以帮助学生更好地理解两个学科之间的联系和互动。例如,通过学习音乐的频率和音色特点,学生可以了解到声音的传播和变化规律。另外,通过学习乐器的构造和工作原理,学生可以探索乐器的物理原理和振动规律。这种跨学科的学习不仅能够增加学生对音乐和科学的兴趣,还可以培养他们的跨学科思维能力和创新能力。

音乐大单元教学的科学内涵还体现在教学方法和评价方式上。在教学中,注重培养学生的实践能力和探究精神,通过实际操作和实践活动,让学生亲自去体验和探索音乐中的科学规律与现象。同时,在评价学生的学习成果时,不仅注重对学生音乐技能的评价,还可以结合科学知识和科学实践进行评价,以全面衡量学生的学习效果。

总之,音乐大单元教学的科学内涵包括培养学生的科学思维和创新能力,促进音乐与科学的交叉融合,以及注重实践探究和综合评价。这种教学方法有助于学生全面发展,提高学习兴趣和学习能力,同时也培养了他们在音乐和科学领域中的综合素养和创造力。

综上所述,音乐大单元教学是以核心素养为导向的教学方法,并发挥学生的主体作用,将系统论的方法和教材中具有内在关联性的音乐单元、歌曲类型或者乐理知识等进行分析、重组、整合。以大概念为引领,立足学生的"学"和"理解",通过设置"大任务""大情境",让学生在解决真实问题的情境中习得技能和方法,并形成关键能力和必备品格。最终达到以美化人、以美培元,培养德、智、体、美、劳全面发展的社会主义建设者和接班人的目标。

第二节 大单元教学特征

音乐大单元教学作为一种教学方法,在当今的教育环境中备受关注。教育专家普遍认为,传统的分散教学模式对学生的学习帮助有限,而音乐大单元教学则能够更好地促进学生综合能力和创造力的发展。这种教学方式具有以下几个特征(见图7-2)。

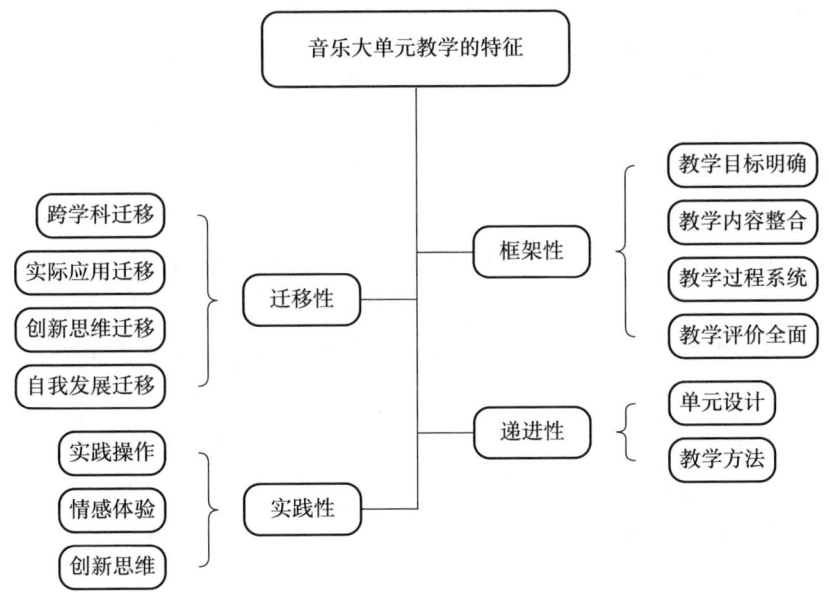

图7-2 音乐大单元教学的特征

1. 框架性

音乐大单元教学的框架性特征主要体现在以下几个方面。

(1)教学目标明确:音乐大单元教学的教学目标明确,涵盖了审美感知、艺术表现、创意实践、文化理解等多个方面,旨在通过一系列教学活动,全面提高学生的音乐素养和综合能力。

(2)教学内容整合:音乐大单元教学将音乐课程中的知识点和技能点进行整合,形成一个完整的单元,旨在通过系统性的教学设计,使学生更好地理解和掌握音乐知识,形成完整的知识体系。

(3)教学过程系统:音乐大单元教学过程系统性强,注重教学内容的层次性和渐进性,从简单到复杂,从基础到高级,逐步提高学生的音乐水平和鉴赏能力。同时,教学过程注重情境创设和活动设计,关注学生的需求和发展,不断优化教学效果。

(4)教学评价全面:音乐大单元教学的教学评价全面,包括对学生的学习成果、学习过程、情感态度等方面的评价。通过教学评价,教师可以及时了解学生的学习情况,调整教学策略,不断提高教学质量。

总之,音乐大单元教学的框架性体现在教学目标明确、教学内容整合、教学过程系统以及教学评价全面等方面。这些特点有助于教师更好地把握教学方向,关注学生的需求和发展,不断提高教学质量。同时,也有助于培养学生的音乐素养和综合能力,促进学生的全面发展。

2. 迁移性

音乐大单元教学的迁移性特征主要体现在以下几个方面。

(1)跨学科迁移:音乐大单元教学通常将音乐与其他学科(如文学、历史、艺术等)相结合,形成一个有机的整体。这种跨学科的教学方式有助于培养学生的综合素养,增强学生的知识迁移能力。

(2)实际应用迁移:音乐大单元教学不仅关注学生的音乐知识和技能,还注重培养学生的音乐应用能力。通过学习不同风格和不同背景的音乐作品,学生可以更好地理解和适应不同的文化背景和环境,从而在日常生活中更好地应用所学知识。

(3)创新思维迁移:音乐大单元教学注重培养学生的创新思维和创造力。通过探究、表演、创作等多种方式,学生可以更好地发挥自己的想象力和创造力,从而在音乐和其他领域中取得更好的成绩。

(4)自我发展迁移:音乐大单元教学注重学生的自我发展和自我实现。通过学习不同风格和不同背景的音乐作品,学生可以更好地认识自己,了解自己的兴趣和特长,从而更好地规划自己的未来发展。

由此可见,音乐大单元教学的迁移性特征主要体现在跨学科迁移、实际应用的迁移、创新思维的迁移以及自我发展的迁移等方面。这些特征有助于提高学生的综合素质和综合能力,增强学生的社会适应能力和竞争力。小学音乐教学中的大单元教学以教材内容为基础,充分连接学生的生活经验,与现实世界中的问题相联系,让学习内容与生活发生千丝万缕的联系,学生才会对学习内容产生亲切感,激发好奇心,从被动的受教育者变成积极的自主学习者。

3. 递进性

音乐学习是一个系统的过程,这在音乐教材的编排上也得到了充分体现。每个年级的知识学习并非从浅到深、一气呵成,而是会注重不同年龄段学生的能力特点,循序渐进地进行学习。

比如人音版音乐教材在唱歌的形式上,一年级时让学生进行齐唱的学习,在三年级时加入了轮唱的学习,还会初步了解合唱,在四、五年级时加深合唱的难度,这也符合学生的学习规律和特点。

这种生长性的特性能够让知识形成循序渐进的网络体系,学生在学习的过程中能够逐渐建构起学习的思维,提升综合素养。

音乐大单元教学的递进性特征主要体现在以下几个方面。

(1)单元设计的递进性:音乐大单元教学通常采用递进式单元设计,将音乐作品按照不同的主题和层次进行划分,由浅入深、由易到难地逐步推进。这种设计方式有助于学生在学习过程中逐步提高自己的音乐素养和技能水平。

(2)教学方法的递进性:音乐大单元教学注重采用多种教学方法,如探究式、表演式、合作式等,逐步提高学生的音乐素养和技能水平。这些教学方法的运用有助于学生在学习过程中逐步掌握音乐知识和技能,增强学生的学习积极性和主动性。

综上所述,音乐大单元教学的递进性特征在实践中得到了很好的体现和应用。通过递进式单元设计和多种教学方法的运用,教师可以逐步提高学生的音乐素养和技能水平,增强学生的学习积极性和主动性,从而达到更好的教学效果。同时,递进式的教学方法也有助于培养学生的自主学习能力和创造力,为学生的未来发展打下坚实的基础。

4. 实践性

音乐大单元教学具有实践性特点,主要体现在以下几个方面。

(1)实践操作:音乐大单元教学注重学生的实践操作,包括演奏、演唱、表演等实际操作活动。通过这些实践活动,学生能够更好地掌握音乐知识和技能,提高音乐表现能力和音乐素养。

(2)情境体验:音乐大单元教学注重情境体验,将音乐作品置于一定的情境中进行分析和处理。通过情境教学,学生能够更好地感受音乐的情感和意境,更好地掌握音乐知识和技能,同时也能更好地理解音乐作品的主题和内涵。

(3)创新思维:音乐大单元教学鼓励学生从不同的角度思考和表达自己的观点和感受,注重培养学生的创新意识和创新能力。这些实践操作和创新思维的结合,可以更好地激发学生的学习兴趣和积极性,促进学生全面发展。

简而言之,音乐大单元教学具有实践性特点,通过实践操作、情境体验、创新思维等方面的实践,可以更好地培养学生的音乐表现能力和音乐素养,促进学生的全面发展。

综上所述,教师要基于大单元教学的框架性、迁移性、递进性、实践性等特点,设计更具针对性的大单元教学方案,帮助学生更好地理解音乐的内涵和价值,在音乐鉴赏和学习的过程中培养学生的艺术表现、审美感知、文化理解、创意实践等素养,让学生获得全面发展。

第八章

小学音乐大单元教学的类型

在设计大单元教学时,教师要认识到单元内知识整合是构建知识体系的基石,通过整合单元内的知识点,能够形成对单一单元内容的全面理解和把握;单元之间知识整合是知识网络的纽带,通过关联不同单元的知识,构建起知识之间的逻辑联系;单元与整册知识整合是知识体系的宏观把握,通过将各个单元的知识融入整册书的知识框架中,形成对整册书内容的系统认识;而单元与社会生活知识整合则是将教学内容与实际生活相关联,有助于学生在生活中应用所学知识,从而增强学生的实践能力和综合素质。这四个层次的内容整合相互关联、层层递进,共同构成完整的知识体系。

第一节　单元内教学内容整合

在新课程标准指导下,小学音乐大单元教学设计与实施的重要性不容忽视。为了确保学生在音乐学习中获得深刻且全面的审美体验,首要任务是对单元内的教学内容进行系统性整合。这种整合并非简单的知识点与技能点的堆砌,而是基于对教材的深入研究,将各类人文主题、音乐要素及知识技能等有机融合,构建出既具深度又具广度的教学体系。

1. 人文单元的内容整合

音乐教材中的人文类作品涵盖了广泛的领域,如自然与环境、国粹与民俗、少数民族特点以及赞美儿童生活等。以人音版二年级上册第一单元《问声好》为例,该单元围绕"问声好"这一人文主题进行编写,有歌曲《早上好》《小麻雀》《夏天的阳光》和管弦乐作品《森林水车》。前两首作品将三拍子和二拍子的节拍特点融入歌曲学习之中,用声势律动让学生体验节拍强弱的魅力;后两首欣赏作品旨在培养学生良好的倾听习惯,启发学生的音乐想象力,感受音乐形象,培养学生热爱生活、感恩生活的乐观情怀。教师可以围绕人文主题将单元内的教学内容进行整合,创设情境并以任务为驱动来设计大单元课程,以四首作品为载体,让学生在"听、画、唱、编、奏、演、创"等音乐活动中感受音乐的魅力,从而更加喜爱音乐。

2. 技能单元的内容整合

除了以人文主题为单元的教学设计,教师还要仔细分析单元内的各个知识点和技能点,找出它们之间的内在联系和逻辑关系,然后设计教学活动,使学生能够在学习过程中形成完整的知识体系。这种整合有助于提高学生的综合理解能力和应用能力。以人音版二年级下册第五单元《快乐的舞蹈》为例,知识与技能方面设计了"小节、小节线和终止线"的内容,并形象化地用"竹节、跑道终止线"等生活经验来比喻音乐中的"小节、小节线和终止线",便于学生用生活经验去理解音乐知识。在教授音乐作品时,教师通过引导学生感受音乐作品中的情感、理解音乐背后的故事,可以激发学生的情感共鸣,提升学生对音乐的热爱与鉴赏能力;同时,鼓励学生积极参与音乐表演与创作,让学生在实践中体验音乐的魅力与乐趣,在课堂乐器的使用中促使技能的提升。

综上所述,在新课程标准背景下,小学音乐大单元教学需深入整合教学内容,将知识点、技能点、情感态度等要素有机结合,形成完整的教学体系,进而培养学生的音乐素养与审美能力。

第二节　单元与单元之间的教学整合

在教学实践中,不仅要聚焦于单元内部的教学整合,还需放眼全局,注重各单元间的教学整合。这类整合要在教学设计时深思熟虑,挖掘各单元间的内在联系和逻辑关系,确保教学内容形成有机整体,避免冗余和割裂。

1. 知识技能关联

在小学音乐大单元教学中,单元知识的整合也是非常重要的。将多个知识点进行整合,能够更好地帮助学生构建完整的知识体系,提高学生的学习效率。具体来说,教师可以从以下几个方面进行单元知识的整合。

(1)知识点的关联性:教师可以将不同的知识点进行关联,如节奏、音高、和声等元素之间的关系,让学生更好地理解和掌握音乐知识。

(2)知识的系统性:教师可以将不同单元的知识点进行整合,形成一个完整的知识体系,帮助学生建立系统的音乐知识框架。

(3)知识的拓展性:教师可以根据学生的学习情况,适当拓展相关的知识点,如音乐背景、文化内涵等,以提高学生的综合素质。

小学音乐大单元教学是一种有效的教学方式,能够将相关的音乐知识、技能和情感串联起来,形成一个完整的单元。单元知识的整合,能够更好地激发学生的学习兴趣,提高学生的学习效果。教师在教学过程中需要注重教学内容的连贯性、教学方法的多样性和评价方式的综合性,同时注重知识点的关联性、系统性和拓展性,以帮助学生建立完整的音乐知识体系,提高综合素质。

2. 人文主题关联

人文主题是指以人文精神为核心的教学主题,包括文学、历史、哲学、艺术等多个方面。在小学音乐大单元教学中,与人文主题相通的整合可以通过以下几个方面来实现。

(1)教学内容的选择:教师在选择教学内容时,应该注重与人文主题相关的内容,将音乐教育与人文教育相结合。例如,教师可以选取一些具有人文内涵的音乐作品作为教学内容,引导学生欣赏、感受和表达。

(2)教学方法的运用:教师在教学过程中,应该注重教学方法的运用,如合作探究、情境创设等,将人文主题贯穿其中,引导学生思考、探究和表达。

(3)实践活动的开展:教师可以组织一些与人文主题相关的实践活动,如音乐剧、合唱比赛等,让学生在实践中感受人文精神,提高人文素养。

以《爱的旋律》为例,探讨小学音乐大单元教学与人文主题相通的整合。可以整合人音版五年级下册第七课《爱的人间》《爱的奉献》《大爱无疆(片段)》、人音版四年级上册第一课《采一束鲜花》等多首歌曲,这些歌曲都具有浓郁的人文内涵的特点。在教学过程中,教师可以采用以下方法来实现与人文主题相通的整合。

① 整合知识点:将《爱的人间》《爱的奉献》《大爱无疆(片段)》《采一束鲜花》等多首歌曲进行整合,形成一个有机整体,让学生在学习过程中感受爱、表达爱。

② 情境创设:在教学过程中,教师可以创设一些与爱相关的情境,如爱心义卖、关爱弱势群体等,让学生在情境中感受爱的力量。

③ 实践活动:组织一些与爱相关的实践活动,如爱心义演、合唱比赛等,让学生在实践中感受人文精神,提高人文素养。

通过以上方法,学生可以在学习过程中感受到音乐的魅力,同时也可以感受到人文精神的内涵。这样的教学方式不仅可以提高学生的音乐素养,还可以培养他们的审美感知。

综上所述,教师可以通过教学内容的选择、教学方法的运用和实践活动的设计等手段,将音乐教育与人文内涵相结合,实现与人文主题相通的整合。在未来的教学中,我们应该不断探索和实践这种教学模式,为学生的全面发展打下坚实的基础。

3. 音乐活动关联

音乐活动相通的整合需要注重学生的参与和体验。学生是音乐学习的主体,教师需要通过各种音乐活动来激发学生的学习兴趣和积极性。这些活动可以是音乐表演、音乐创作、音乐欣赏等,在此过程中需要注重学生的情感体验和参与度,让学生在活动中感受到音乐的魅力和美感。

以人音版小学五年级下册音乐大单元《春景》以及三年级下册第四课《春天的歌》为例,在教学过程中,教师可以将不同的音乐活动整合在一起,如欣赏春天的歌曲、模仿春天的小鸟叫声、学习春之歌的演奏等。通过这些活动,学生能够更加深入地了解春天的特点,感受春天的美好。同时,这些活动也能够在一定程度上提高学生的音乐技能和素养。

综上所述,音乐大单元教学中,音乐活动相通的整合是非常重要的。它需要教师对教学内容进行深入的分析和整合,注重学生的参与和体验,激发学生的个性和创新能力,并与其他学科进行交叉融合。通过这样的教学方法,学生可以更好地理解和欣赏音乐,提高自己的音乐素养和综合能力。

第三节　单元与整册的教学整合

在深入探讨单元与整册的教学整合问题时,首先应该确立一个核心观点:教材的设计是一个结构严密、相互关联的整体。从整册教材的角度出发,需要对每个单元进行细致入微的规划和布局。这种规划不仅涉及知识体系的逻辑顺序,更包括对教学目标、教学内容、教学方法等多个维度的全面考量。每个单元都需有独特的教学重点,并与其他单元在逻辑上形成紧密的连接,以确保知识的连贯性和系统性。唯有如此,学生在学习过程中方能感受到知识的脉络和体系,从而更好地掌握和理解所学内容。

同时,不能忽视各个单元之间的互补和支撑作用。这意味着不同单元之间应相互补充、相互支撑,共同构建一个完善的教学体系。为实现单元与整册的有效整合,还需关注教学方法的创新和教学资源的整合。教学方法的创新有助于激发学生的学习兴趣和动力,提高教学效果。而教学资源的整合则能为学生提供更为丰富、多样化的学习资料和实践机会,帮助学生更好地掌握和运用所学知识。

综上所述,单元与整册的教学整合是一项复杂而至关重要的任务。需要从整册教材的角度出发,对每个单元进行整体规划和布局,确保各个单元之间的有机衔接和连贯。同时,还应注重各个单元之间的互补和支撑作用,构建一个完整的教学体系。唯有如此,才能真正实现教学的系统性和整体性,为学生提供更加优质、高效的学习体验。

音乐作为一种独特的艺术形式,其根源和生命力深深扎根于社会生活的土壤之中。音乐教育并不仅仅是教授音乐技巧和知识,更重要的是培养学生对音乐的热爱和感悟,使学生能够真正理解音乐的魅力和价值。大单元教学要注重将教学内容与社会生活实际相结合。教师可以设计真实情境下的任务链,将单元内的知识与社会生活紧密联系起来,帮助学生更好地理解音乐。这种融合有助于培养学生发现生活中的美的能力。

1. 音乐大单元与生活场景的融合

新课程标准指出:音乐是人们表达情感、抒发内心世界的一种重要方式,在人们的生活中具有不可替代的作用。音乐能给人带来美的享受,能丰富人们的精神世界,提高人们的审美能力。音乐能够陶冶人的情操,对人们思想情感、道德品质等方面具有潜移默化、深远持久的影响。因此,我们在日常音乐课堂教学中,要立足学生生活实际,从学生生活实际出发开展音乐大单元教学。

以人音版二年级上册第四课《咯咯哒》为例,该单元围绕着音乐中描绘"鸡"的歌(乐)曲选编了四首音乐作品,包括欣赏曲《公鸡 母鸡》《我的小鸡》和歌曲《母鸡叫咯咯》《小鸡的一家》,让学生在聆听、演唱的过程中感受公鸡、母鸡和小鸡不同风格的音乐形象,拉近了学生与小动物之间的距离,而且帮助学生通过生活经验领会音乐,激发学生喜爱音乐和表现音乐的兴趣。

再以笔者教学生学习《杨柳青》这首歌曲为例,让学生根据自己对江苏民歌的理解,从"水乡、小桥流水、乌篷船、杨柳垂"等几个方面创编江苏小调,并设计了游戏"唱一唱,画一画,玩一玩"活动。"唱"是指根据教师所提供的音乐作品和教师讲解的音乐知识进行即兴创编;"画"是指在教师所提供的美术作品上进行自由创作;"玩"则是指利用各种乐器进行即兴演奏。该活动既可以激发学生的创造力、想象力和艺术表现力,又可以通过活动加深对这首歌曲的理解与体会。学生在"唱一唱、画一画"中感受到了这首江苏民歌所蕴含的文化底蕴和丰富内涵,同时也加深了对这首歌曲情感和内涵的理解。

通过音乐大单元教学与生活场景的融合,让学生在生活场景中感受音乐、感受艺术美。同时通过情境表演、小组合作等形式进一步理解江苏民歌这首歌曲所蕴含的文化底蕴和丰富内涵。这样既能培养学生对音乐艺术美的感悟能力,又能激发学生对这首歌曲的审美感知能力;同时也拓宽了学生的音乐学习空间,增强了学生对音乐学习活动的兴趣。

2. 音乐大单元与校园生活的融合

大单元教学要求我们在课堂教学中将一项或几项内容的知识与技能系统地整合到一个主题、项目、任务中,让学生在真实的音乐情境中掌握所学知识。因此,我们要将音乐大单元教学与校园生活相结合,让学生在真实的音乐情境中学习音乐知识与技能。

在学校的组织下,我们可以开展以"走进校园"为主题的音乐实践活动,让学生了解校园文化生活和校园歌手大赛,感受校园文化生活的丰富多彩,激发学生热爱学校、热爱艺术的情感。例如,我们可以设计"校园歌手大赛"方案,组织学生开展以"校园歌手大赛"为主题的音乐实践活动。在活动中要设计比赛活动方案:首先要让学生了解比赛的意义与价值,激发学生对音乐的兴趣;其次要制定比赛规则,比如,在比赛之前,要对参赛选手进行一次综合考评;最后要设计比赛的奖品等。

在这个过程中,我们可以根据学生的实际情况制定不同类型、不同层次的奖励方案。例如:如果参赛选手获得了个人优秀奖时,可以给他们颁发奖状;如果集体表演获得了学校一、二、三等奖时,可以为他们颁发奖杯和奖品等。这样的奖励方案能够激发学生对音乐的兴趣。同时,我们还可以组织学生进行社会实践活动,例如,组织学生到社区、广场等公共场所进行文艺演出活动,在一些重大节日里为学校班级举行庆祝活动,在一些特殊的节日里为学校班级举行联欢晚会等。这样能使学生将音乐知识与技能运用到社会生活中。

3. 音乐大单元与社会生活的融合

要实现音乐与社会生活的融合,教师需要将音乐教育与日常生活紧密相连,让学生在日常生活中感受到音乐的存在,理解音乐与社会生活的关系。为此,教师可以通过组织一系列丰富多彩的音乐实践活动,让学生在实践中亲身感受音乐的魅力,从生活经验中学习音乐概念,这样也有助于学生对音乐要素的理解。以人音版二年级上册第八课《新年好》为例,通过学唱这首歌曲,教师可以将课程内容拓展到全国各地过年的习俗,扩大学生的知识面。

音乐与社会生活的融合还可以体现在音乐课程的内容设置上。教师可以引入多元文化的音乐元素,让学生了解和欣赏来自不同国家和民族的音乐风格,培养学生的跨文化交流能力;同时,还可以关注社会热点问题,通过音乐创作和表演来表达对社会问题的关注和思考,让学生在音乐中感受到社会责任和担当。

综上所述,音乐与社会生活的融合是音乐教育的关键所在。教师通过组织音乐实践活动以及丰富音乐课程内容等方式,可以帮助学生更好地理解和感受音乐的魅力与价值,培养学生的音乐素养和人文素养,为学生的全面发展奠定坚实的基础。

第九章

如何设计大单元框架下的学生活动

第一节　在明确大任务下设计学生活动

核心素养导向下,如何在明确大任务下创设能够引导学生广泛、深度参与的学生活动,如何引导、组织音乐活动而使音乐学习走向深入,成为目前教学探索的重点课题。

1. 大任务在单元设计中的作用

学生对大观念的构建,需要建立在具身实践与体验之上,而对大观念的理解与应用,也需要表现在贯穿整个学习过程的驱动性学习任务中,这种聚焦大观念的学习任务就是大任务,也称情境任务或者表现性任务。

在大单元设计中,大任务第一个最显著的作用在于横向统整,碎片化的学习内容可以在大任务的统领下得以结构化重组。大任务统领下的单元课程内容不仅是达成知识、技能目标的依托,更是落实核心素养培育的载体。单元主题的设计一方面需为单元目标的达成提供内容支撑,另一方面需为学生核心素养的发展筑足空间。大任务统领下,基于解决真实问题的学习历程有助于学生在进阶性的学习过程中逐步理解大任务,在真实问题情境中运用大任务,为学生知识的迁移提供充分的情境空间,让学习在任务挑战与自主探究中真实发生。

大任务在大单元设计中的第二个明显作用是纵向延伸,这意味着大任务可以贯穿整个音乐学习过程,跨越不同的学习单元或主题,为学生提供长期的学习目标和挑战。通过设定纵向延伸的大任务,可以形成音乐学习的连贯性和完整性。学生在整个学习过程中都致力于完成同一个大任务,这使得他们能够将不同学习单元中学到的音乐知识和技能有机地结合起来,形成系统化的学习体验。这种纵向延伸有助于促进学生的持续学习和成长,逐步积累和提升音乐知识、技能和情感。

2. 单元大任务的特征

1) 问题性

教育家布鲁纳曾说:"教学过程是一种提出问题和解决问题的持续不断的活动,思维永远是从问题开始的。"教学问题是基于大任务的,所以,真正学习的发生,需要教师设计出高质量的问题、高适宜的任务。由于学科大观念是上位的、概括的、抽象的学科观念,因此难以直接作为课程教学的素材。这就需要将大观念有机分解并转化成聚焦核心概念及反映概念之间关系的大问题(也称基本问题、关键问题等)。在基本问题的驱动下,学习内容成为这些问题的"答案",学生在学习过程中,可以以基本问题打开理解之门。

2) 情境性

创设情境任务的目的是推动深度学习、主动学习、综合学习、合作学习等,不能为情境而情境、为任务而任务、为活动而活动,更不能无意识地让任务成为学习的干扰。创设情境,最基本的层次是让学生的思想、情感与学习内容共振。在此基础上把学习内容、学习方式与个人发展、社会需要等关联起来,实现学习的迁移、跃升。

3) 真实性

大任务之所以具有音乐学习的驱动力,还在于它的真实性——来源于学生的生活,将具体化、趣味性、挑战性的学习活动融为一体,并依靠音乐学科的知识与技能解决生活中的难题。从这个角度看,大任务是学习任务与真实性情境的合体,它与大单元学习过程的大情境相互观照、互为补充。

4) 整体性

大单元是大观念教学最有效的实施方式,而大单元整体教学的关键在于,能否通过一以贯之的单元情境任务驱动单元学习,进而构建单元学习的整体性。在教学实施中,教师需要依据单元目标、学生已有的知识结构和认知能力,将单元知识结构转化为大单元、大任务,学生的学习始终围绕大单元、大任务进行。依据大单元学习不同阶段的定位,又可以把大单元、大任务进行有逻辑的分解,形成若干个具有连贯性的子任务,从而构建起大任务统领子任务、子任务形成任务串的系统性大学习格局。

5）适切性

大单元、大情境下创设的大任务也应当具备适切性,要契合学生的认知逻辑、学科逻辑和教材逻辑。在任务的设计过程中,教师应当充分考虑"学生的学习起点在哪里、学生的认知难点是什么、学生的学习差异有哪些、学习任务是否能提起学习兴趣、学生是否能按时按量完成、教材提供了哪些教学资源、依据学科逻辑还需要补充哪些材料"等问题。所以,大任务的设计不能急于求成、硬性拔高,需要有层次、有铺垫的整体考量。与此同时,教师在教学的过程中需对学习目标作出适时调整,最大限度地面向全体学生,这也体现了学习任务的适切性。当然,大任务的教学并不等于对知识学习的偏废,每节课知识和信息的获取、落实也要有效发生,而且不能被忽略。

6）阶梯性

学习任务设计的首要原则是以学生为本,适应学生知识、能力、思维不断发展的要求,并能不断地引发、带动学生主动、积极地参与到学习活动当中。依据循序渐进的教学原则,学习任务的设计应该是形成由简到繁、由易到难、前后相连、层层深入、由初级任务到高级任务的阶梯状的过程,使不同类型的学生都能有机会自主地选择,决定学习的最佳时机。该原则的基础是教师认可学生在个体认知方式和认知能力方面存在客观的差异,对不同的学生、不同的学习阶段采取不同的策略,给予学生适宜的合作展示机会,使每一位学生都能得到全新的学习体验,达到个体知识、能力、素养共同提高的目标。

3. 在大单元、大任务下实施学生活动的路径

1）搭设教学情境,激发学生兴趣

情境教学是当前学科教学中备受教师与学生喜爱的一种教学方式,通过营

造良好的学习情境,能给学生带来身临其境的感觉,使学生以饱满的精神参与其中,获得与众不同的学习感知。因此,在当前的小学音乐大单元主题教学活动中,为培养学生的音乐创造力和想象力,促使学生获得可持续的发展,教师应有效搭设教学情境,激活学生参与学习的动机,为大单元主题活动的顺利开展奠定坚实基础。

2) 立足作品特征,整合教学内容

在传统的小学音乐教学中,多数教师都是按照教材内容,按部就班地进行教学,很少将知识进行统整,这不仅不利于学生构建完整的知识框架,也影响了学生综合能力的发展。而实施大单元主题活动教学,能有效改变单篇教学知识点分散,以及教学内容重复的现象,有利于学生形成整体的认知,并有效促进学生的全面发展。因此,为更好地促进大单元主题教学活动的开展,教师还应把握音乐作品的特征,整合相关的教学内容,并在整合教学内容后创新课堂教学的新模式,从而使音乐主题课堂的教学活动更具趣味性,有效激活学生的参与兴致,提升大单元主题活动的教学实效。

3) 挖掘内在联系,丰富学习体验

小学音乐教材中涵盖了丰富多彩的音乐作品和类型,作品中有体现爱国主义情怀的,有描写四季美景的,也有赞颂美好品质的,而类型既有演唱,也有听赏、舞曲等,这些内容的组合呈现,为小学生提供了丰富的音乐学习资源。因此,在当前的小学音乐大单元主题活动教学中,为强化学生的大单元学习效果,教师仍应认真研读教材内容,充分挖掘歌曲的内在联系,找出不同歌曲之间的相似性,而后对这些歌曲进行统整,为开展大单元的主题教学活动奠定基础,以此为学生呈现与众不同的学习体验,有效构建高效的音乐课堂,培养学生的核心素养。

第二节 在指向单元目标中设计学生活动

学生活动应该是教学目标的显性表现形式。根据《义务教育艺术课程标准(2022年版)》,音乐学科的教学目标围绕审美感知、艺术表现、创意实践和文化理解四个方面展开。因此,大单元教学要基于不同的目标导向设计学习活动。

1. 提炼单元主题,突出核心目标

单元目标是课程标准的系统化、具体化。以学习目标而不是具体内容为学习导向,贯穿始终,这是大单元学习的最根本特质。在单元主题提炼的过程中,我们需要围绕"音乐本体"和"作品文化"两个方面,对整个单元进行符合学生年龄和认知发展规律的作品分析与解读,聚焦整体单元内的共性内容;梳理出本单元的内容主旨就可以展开教学策略的线索了,并可以以此来体现本单元音乐作品的共性特点和相关人文的关联性,体现本单元教学内容和拓展补充内容的实效性,帮助我们在整体架构中聚焦教学过程中可能涉及的关键性问题,更准确地找到教学的基本脉络。

2. 聚焦核心目标,逆向设计任务

在传统的音乐教学中,我们常常采用的教学设计思路是:选取教材中的某一个音乐作品,结合学生目前的知识储备,对其创作背景、结构进行分析,然后确定"三维"目标,并根据目标设计音乐活动。

哈佛大学教育学博士格兰特·威金斯认为:"我们是培养学生用表现展示理解的能力的指导者,而不是将自己的理解告知学生的讲述者。"他提出,教师应该从想要达到的学习结果导出,遵循"以始为终"的理念进行教学设计,从学习结果开始逆向思考如何教学。在此基础上,建立一个大概念,并围绕这个大概念进行教学设计,使分散的知识和技能相互联系并有一定意义。

因此,在大单元整体教学的背景下,音乐课堂教学应将教学的起点放在学生的音乐核心素养培养上,采用逆向设计,按照单元教学目标确定教学目标任务,对单元的整体教学设计进行构想,设计学生活动,这样能够让学习目标变得更加明确,学习任务变得更为具体,从而对学生的评价更加真实有效。大单元教学设计理念也重视促进学生学习内容更加系统化和整体化的发展,不再是简单地按照单篇短章进行教学、对学习目标进行安排,而是重视从宏观的角度确定学习目标。

逆向设计共分为三个阶段。第一阶段,确定学习目标和预期结果。即,明确某一单元或某个主题学生需要达到什么样的目标,理解什么概念。第二阶段,确定合适的评估和评价证据。即,我们要想指导学生达到预期的结果,在这期间需要像评估员一样思考和设计评估方案,收集评估证据,以此证明设计的内容是否

合理有效。第三阶段,设计教学内容和教学活动,也就是我们传统教学常采取的教学设计。在前两个阶段都完成的基础上,接下来我们需要思考:学生达成预期目标需要掌握哪些知识与技能? 哪些活动能够让学生产生兴趣并乐于参与? 需要哪些学习材料和学习资源来支持目标的完成?

3.把握目标导向,设计重点活动

在整个单元设计的思路下,单元目标是每一课时教学目标叙写的重要依据,它既要与课程标准相呼应,又要体现出本课教学内容和活动主旨的特点。首先,我们将本单元的主题与教学基本要求进行分解和梳理,并在作品分析和教学内容的设计上提炼本节课的"主要内容",这些"主要内容"皆为每个教材作品中针对单元内容主要线索的"关键问题"所聚焦的重点教学内容;之后,我们就围绕这些精炼过的"主要内容",再着手从"方法与能力表现"和"习惯、态度与情感价值观"两个目标维度,采用适当的行为动词、可被观测和评价的表达方式来描述学生学习成果的具体行为表现。从"教"与"学"两个视角,围绕教材作品中提炼出的核心知识点来制定合理而具体的教学目标。

为了更好地促进学生理解教学内容主旨和有效达成教学目标,要抓住"关键问题"帮助学生将本课所学的音乐知识转化为自主习得的能力。教师从每一部音乐作品的基本特点和单元学习目标出发,围绕每课时的教学目标和重难点,来设计符合学生学龄特点和学习水平的有效教学活动。

第三节　在具身音乐体验中设计学生活动

具身体验活动引导学生从"身心分离"的无效学习模式向"身心合一"的沉浸式体验学习模式发展,让音乐学习朝着开放性、创新性、趣味性、完整性的路径发展。基于具身理论设计学生体验活动,将身心参与作为音乐学习的起点,从而实现环境、身心与肢体的循环体验学习模式,促进学生身心全面发展。

1.具身学习的内涵解析

具身认知(embodied cognition)理论主张认知是身体、环境及其交互活动协同作用的结果,其关注点聚焦于身体感受、身体体验和情境交互。具身学习的兴起与发展建立于具身认知理论基础之上,它是一种无意识学习,是通过身体参与活动,在身体与环境的适应中,通过获得具体身体经验来构建知识的过程。

如图9-1所示,具身体验式学习模式是指学生通过聆听、演唱、演奏、综合性艺术表演和音乐编创等各种音乐实践活动,联系自身生活经验和已有的音乐经验,主动参与音乐学习,获得对音乐的直接经验和丰富的情感体验。体验式学习认为,音乐的学习过程不是简单的知识记忆和歌唱演奏,重点在于学习主体对音乐的感知和理解,强调儿童作为学习主体的作用,鼓励儿童在学习中探索本真,找寻自我,让学习在真实的情境中发生,让学生在真实的体验中收获,让学习效果真实地产生,培养真正热爱音乐、享受音乐、创造音乐的学生。基于具身学习的体验式唱游活动作为教学活动的新形式,其主要特征有具身性、体验性、主体性、交互性。

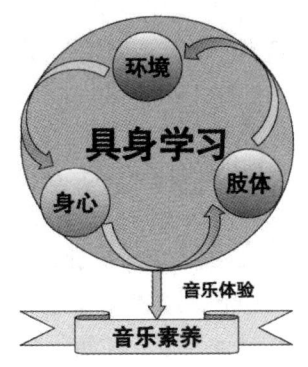

图9-1 具身学习音乐体验模式

2. 音乐体验活动的含义

音乐体验活动,又称课堂音乐活动,以"学生为中心"的教学导向,通过学习音乐要素,主导活动体验,促进创造力思维发展的一种有目的、有组织、亲身参与感受和感知的音乐课堂形式。其目的是通过对音乐学科中基础音乐要素的学习,帮助学生带着思考聆听音乐,带着情感律动肢体,带着想象力去编创及构建更多艺术空间里的可能性。

音乐体验活动的理念,基于建构主义这一知识和学习理论,以学生为主体,将新的知识建立在学生已有经验和理解的基础上,重新构建新的教学意义。不同于传统的"教师为主体知识传递者,学生被动地聆听或模唱音乐"这种课堂形式,音乐体验活动希望将知识的学习转化为学生主动参与、教师引导解惑,并在知识的动态学习中促进学生与教师及同学之间进行互动,达到真正理解教学目的和知识含义的愿景。

从活动内容上看,学生通过聆听与鉴赏,不仅要理解音乐要素,而且能根据音乐要素形成自己所独有的认知,促进自身审美感知和文化理解的核心素养之发展。从活动形式上看,通过节奏感知、旋律模唱、舞蹈编创、乐器伴奏等形式,学生采用自主、合作、探究的方式,在音乐体验活动中欣赏音乐、理解音乐、热爱音乐。

3. 音乐体验活动的设计思路

1）基于任务：活动要有目标性，解决真实的问题

活动就是让学生"做事"，做事必须有明确的目标，以解决真实的问题。学习活动始于学习任务，而学习任务又影响着学习动机和活动效果，因此，大任务是活动设计的关键。

在人音版一年级下册第四课《长鼻子》单元教学设计中，《两只小象》是一首三拍子歌曲。结合本单元教学内容综合分析，教师是这样设置本节课大任务情境的：同学们，今天的音乐课让我们一起体验各种好玩的节拍游戏，我们一起听一听、找一找音乐的强拍，还可以用各种方式表现音乐的强拍！由此可知，本节课的大任务即通过不同的游戏体验三拍子的强拍。

基于大任务，本节课共设计了三个学生活动，分别是体验三拍子音乐（借助弹力球游戏体验）、表现三拍子音乐（通过学习歌曲《两只小象》表现）、编创三拍子音乐（使用奥尔夫木琴等乐器编创），三个活动始终围绕主题"感受三拍子的强拍"展开。

学习过程是解决问题、完成任务的过程，学习活动则是落实任务驱动的活动。以上三个活动设计，目标非常明确，学生在真实的情境中完成具体任务，激发了学生的学习动力，促成其积极主动地学习。真实问题的解决发展了学生的思维，学生在活动过程中学会了知识建构，形成了自主学习和合作探究的能力。

2）基于内容：活动要有整合性，打通认知的关联

活动设计时要努力发掘单元人文主题与音乐要素之间的有机联系，形成单元主题情境与任务，保持内部因素，诸如目标、评价与反思之间的自然协调，使学习活动更加贴近真实的音乐生活实践。

人音版教材第二、四、六、十册第一单元都是以春天为主题的音乐作品，通过延续性的学习，体验、感受大自然的美好。以人音版二年级下册第一课《春天来了》为例，本单元围绕"春天来了"这一主题，聆听部分选编了两首表现春天的作品《春之歌》和《春风》，从热爱自然、赞美春天的角度选编了两首歌曲《大树妈妈》和《郊游》。通过不同风格的作品，让学生体验音乐中"春"的不同意境和情绪，感受人们对"春"的期盼与赞美。

本单元《大树妈妈》是对八分休止符的初步感知，也是复习一年级已感知的

四分休止符,因此在活动设计上要结合一年级的节奏体验活动,例如"走""跑跑"律动体验活动,并根据以上节奏律动编创出关于四分休止符"0"和八分休止符"跑0"的律动体验活动。

　　基于《郊游》一课中"带着愉快的心情、踏着轻快的步伐,一起去寻找春天"的大任务,教师设置了三个学生活动,分别是乐玩——节奏趣探音响、乐听——律动巧引郊游、乐唱——演唱感知表演。三个活动围绕音乐的情绪出发,整体设计以"乐"为主线的体验活动,既是对各个"春天"单元之间的综合认知感受,也是对本课的独特理解设计。

　　3)基于学生:活动要有层次性,推动学习的进阶

　　学生是活动的主体,大单元教学活动设计时要结合学生的实际生活,对学生已有的生活经验和学情进行分析。比如:学生学习的起点在哪里?怎样的学习情境和活动更加适合学生?另外,还要对学生参与单元学习活动中可能出现的一些状况进行预判,确保学习任务的顺利完成。

　　还是以人音版一年级下册第四课《长鼻子》中《两只小象》为例,体验三拍子音乐、表现三拍子音乐、编创三拍子音乐这三个活动设计是层次分明的,由易到难、由浅入深,先通过游戏体验感受三拍子强拍,再通过歌曲演唱和身体律动表现三拍子,最后通过乐器伴奏编创三拍子,循序渐进地引导学生在不知不觉中学会三拍子强拍。

　　基于学生的学情分析,在低段音乐活动设计中,教师通常以游戏为基础,但新课标下的大单元音乐教学不是游戏的任意堆积,而是深入浅出地把游戏、律动、身体节奏、奥尔夫乐器的弹奏等活动有序而巧妙地组织在一起。

　　当游戏式的铺垫准备积累到一定程度,再分析音乐要素就水到渠成了,学生的音乐核心素养就在这种不断沁润的游戏活动中逐渐提高。同时,这些生动有趣的游戏有助于学生在松弛的心理状态下学习音乐,这样才能让儿童充分体验音乐本身,而不只注重技巧,其目的是让学生终身对音乐充满兴趣和激情,享受音乐带给他们的快乐。

4. 基于世界三大音乐教学法的具身音乐体验活动实践路径

　　1)围绕奥尔夫音乐教学法设计具身音乐体验活动

　　奥尔夫音乐教育是一种开放的、原本性的音乐教育,相较于传统音乐教育,

奥尔夫音乐教育摒弃了枯燥、晦涩的音乐知识,取而代之的是生动、有趣的教学环节和方法。不拘束是奥尔夫音乐教育的一个教学特点,儿童在音乐的海洋里徜徉,纯真稚嫩的心随着音乐的节奏摇摆跳动,心中的愉悦和自在就可想而知了。奥尔夫音乐教育尊重幼儿的一切,释放幼儿的内心。

奥尔夫认为:在音乐教育中,教学手段不重要,培养人才是最终目的。奥尔夫音乐教育能够促进各项感觉器官功能的发展;培养人的审美能力、情绪情感与对音乐的欣赏鉴赏能力;培养优良的品质和透彻的心灵;使认知能力得到发展;提高表达交流的能力;发展想象力和创造力,促进幼儿节奏感的发展。节奏感是儿童非常重要的一项能力,也是儿童各项能力发展不可缺少的助力。

奥尔夫音乐教育通过一系列感觉,如视觉、听觉、触觉、运动觉等,调动参与的积极性,协调和发动各个方面的能力,使学生在体验唱、跳的过程中能够对音乐进行充分表达。奥尔夫音乐教育体现了教学综合性,动作、语言等是人与生俱来的本能,是最自然的表达形式。在课堂上将动作、语言与音乐结合成一个整体进行教学,学生更能深入体会和理解音乐表现要素;它强调创造性和即兴性,儿童可以随音乐而动、能在打击乐器上即兴演奏、能感受简单节奏型并用手脚动作即兴表达。

围绕奥尔夫音乐教学法,笔者认为可以从以下几方面设计具身音乐体验活动。

(1)节奏模仿律动。教师准备一段简单的节奏,学生需要听后模仿并重复;逐渐增加节奏的复杂度和速度,让学生提高对节奏的感知和模仿能力。教师可以使用打击乐器或身体的击打声音,以增加活动的趣味性。节奏接力游戏:将学生分成若干小组,每个小组依次进行节奏接力。教师给出一段节奏,第一个学生将其接续下去,然后传递给下一个学生。每个学生需要在保持节奏的同时添加自己的节奏元素,增加节奏的复杂性。

(2)身体打击乐器表演。学生们分成小组,每个小组配备不同的身体部位打击乐器(例如手拍、脚踏、口响等)。教师指导他们创作一段简单的节奏表演,然后进行表演展示。通过这个活动,学生们不仅感知到节奏,还能体验到如何用身体部位演奏不同的节奏,从而加深对节奏的理解和感知。

(3)节奏拍手律动。组织学生坐成圆形,教师有节奏地拍手,学生跟随教师的节奏拍手;逐渐加快节奏,让学生保持准确的节奏,并在适当的时候进行停顿;可以加入变化的节奏模式和拍子,让学生适应不同的节奏挑战。伴奏舞蹈配合游戏:选择一段有明显节奏的音乐,教师向学生展示一些简单的舞蹈动作,学生跟随教师的舞蹈动作,并与音乐的节奏进行配合,可以使用手臂、脚步、身体的摆动等方式,让学生感受节奏的强弱和变化,并将其表达出来。

(4)节奏绘画。教师给每个学生一张空白纸和一支笔,播放一段有节奏感的音乐,学生们根据音乐的节奏感受,用笔在纸上随着节奏画出线条、形状或图案。通过视觉和身体的结合,教师让学生根据音乐的氛围和感受,用绘画来表达音乐的节奏,培养学生对节奏的感知和表达能力,培养学生的艺术创造力,并通过视觉艺术来展现音乐的魅力。

2)围绕柯达伊音乐教学法设计具身音乐体验活动

柯达伊音乐教学法以四大教学技能为主要内容,其中包括"移动性 Do"为基础的首调唱名法、"音乐是视觉"的柯尔文手势、"脑—口—手并用"的节奏读法、符干字母谱标记法。

柯尔文手势是"音乐是视觉"理论最好的教学实践,通过七种不同的手势在不同位置上的动作来展示出七个音阶,通过手势的高低位置让学生更好地了解到音阶的高低,辅助发声。柯尔文手势可以说是柯达伊教学法中的代表,其互动性强、肢体律动丰富、代入感强,是增强学生音乐认知能力的基础。

首调唱名法是一种以"移动性 Do"为基础的唱名法,以相对性音高为主要特征,具有一定的自发性和自然性。在柯达伊教学体系中,首调唱名法对于视唱练耳具有奠基性和基础性意义。通过"移动性 Do"的首调唱名法让 Do 发生线间位置和高度的视觉性变化,但是各调式音级却保持着不变的唱名,这种方式可以辅助学生熟悉五线谱线间位置关系,帮助学生调式调性的建立。"移动性 Do"的首调唱名训练不仅可以对声乐训练有帮助,对于乐器的学习同样重要。

不同于其他的节奏读法,柯达伊教学法中的节奏读法"Ta、Ti、Ta—a……",是另外一个耳熟能详的特色教学工具。不同节奏的读音不同、气息不同,更能准确地让学生们体会到节奏之间的差异,让学生们通过发声的不同来直观地感受节奏的不同。同时节奏读法配合拍手、跺脚更能体现不同节奏的差异。这种声与肢体的协同运动,不仅可以锻炼学生的节奏感,更为重要的是能寓教于乐,丰富课堂形式,激发学生对音乐学习的兴趣。

识谱是学习音乐的重要技能,也是早期音乐教育的难点。面对众多相似符号及其所对应的音的转化,很多低年级学生学习起来难上加难。柯达伊教学法的符干字母谱标记法结合首调唱名法,可以快速地让学生识谱。

这四种柯达伊教学工具并不是单一使用的,在教学实践的过程中,往往结合两种或者多种方式一起训练,在各个阶段的音乐教学中都起到了良好的作用。围绕柯达伊音乐教学法,笔者认为可以从以下几方面设计具身音乐体验活动。

(1)音高扔球游戏。教师准备一系列不同音高的声音示范录音,每个音高对应一个不同颜色的球。学生站成一列,教师播放某个音高的示范声音,学生根据听到的音高迅速抓住对应颜色的球并扔给下一个同学。这个活动既培养了学生的音高感知能力,也锻炼了学生的反应和协调能力。

(2)音高编排游戏。将学生分成若干小组,每个小组选出一位队长。教师给队长播放一段简短的旋律,队长需要用手势或声音的方式将旋律中的音高按顺序编排表达出来,然后其他小组成员根据队长的示范进行模仿和重复。通过这个游戏,学生可以加深对音高的理解和表达,同时培养团队合作和音乐协调能力。

(3)声音模仿比赛。学生分成小组,每个小组选择一位队长。教师给每个队长播放一段特定的声音(如动物的叫声、乐器的音色等),队长需要模仿并尽量准确地表达出来,其他小组成员根据队长的示范进行模仿;最后,比较各小组的表现,评选出最佳的声音模仿者。这个活动可以帮助学生提高音高感知能力和声音模仿能力,并增强团队合作和竞争意识。

(4)旋律回环练习。教师教唱一段简短的旋律,学生跟随教师的演唱并尽量准确地重复。然后,教师逐步将旋律的一部分删除,要求学生补全缺失的部分,并与教师的示范进行对比。通过这个练习,学生能够提高对音高的感知和记忆能力,同时培养对旋律的表达和回忆能力。

3)围绕达尔克罗兹音乐教学法设计具身音乐体验活动

达尔克罗兹音乐教学法注重培养学生的多觉联动能力,强调多种官能的参与,因此在音乐课堂中需要学生全身心地投入和配合。体态律动、视唱练耳和即兴表现是达尔克罗兹音乐教学体系的三个主要内容,它们彼此关联又相互独立,"体验先行"是达尔克罗兹音乐教学理念的原则。

在达尔克罗兹音乐教育体系中,最有成效的就是"体态律动"学说。这一学说的核心内涵是学习者应从心灵深处体会音乐,并能够通过肢体动作表达音乐的各种要素,包括旋律和情绪的变化等。达尔克罗兹音乐节奏教学法的主要内容是动作入门:动作能力和协调性是学习节奏的基础,是体态律动的前提。在音乐的行进当中,我们可以通过节奏的不同特点进行动作的编排。例如在学习八分音符节奏时,根据平稳的节奏特点,可以通过普通行走或模仿军队行进来表示节奏;连续的八分音符,可以组织学生围圈来表示连续的节奏;在三拍子的节奏中,由于节拍感非常强烈且带有典型圆舞曲的律动感,教师可以带领学生学习三拍子的基础舞步来体验节奏的摇摆感。

达尔克罗兹音乐教学法强调以音乐为本体,利用体态律动充分培养学生感知音乐和对音乐变化的反应速度、音乐记忆力和学习注意力,促进听觉、动觉、情感和思维等多方面的协调,获得音乐技能和知识。围绕达尔克罗兹音乐教学法,笔者认为可以从以下几方面设计具身音乐体验活动。

(1)音乐节奏游戏。利用打击乐器或者身体敲击动作,感受不同的节奏。利用身体动作来呈现不同的节奏模式,例如跳动、拍手、拍腿等。教师利用简单的口语节奏游戏,鼓励学生用声音模仿不同的鼓点。

(2)音乐节奏律动。教师选择一段有明显节奏感的音乐,教授基础的舞蹈步伐和动作,然后引导学生根据音乐的节奏进行舞蹈表演。学生可以通过动作的速度、力度、停顿等来呼应和展示音乐的节奏特征。教师可以设立一些节奏变化的挑战,如加快或减慢节奏,让学生在舞蹈中应对这些变化。

(3)音乐故事舞蹈。选择一个有明确故事情节的音乐作品,或者教师可以为学生编写一个简短的故事情节,并将音乐与故事情节相结合。学生根据音乐和故事情节进行舞蹈表演,通过动作和舞蹈来诠释和展示故事中的情节和角色。这个活动能够培养学生的表演能力,加强舞蹈的故事性表达。

(4)合作舞蹈创作。将学生分成小组,每个小组选择一段音乐作品。学生通过合作的方式,在指导教师的帮助下,自主即兴创作一段与音乐相匹配的舞蹈表演。每个小组需要思考如何将音乐的特征和情感通过舞蹈动作呈现出来,并展示团队的合作能力和创造力。最后,各小组可以互相分享和欣赏彼此的舞蹈创作。

第十章

学校在推进音乐大单元教学中的不同发展水平

第一节　学校在推进音乐大单元教学中的不同发展阶段

随着教育改革的不断深入,音乐大单元教学逐渐成为学校音乐教育的重要方式。这种教学方式强调音乐的整体性和系统性,有助于提高学生的音乐素养和综合能力。学校在推进音乐大单元教学中可能存在不同的发展水平,这主要取决于学校的资源、教师的专业素养、学生的特点以及学校对音乐教育的重视程度等因素。以下是一些可能的发展阶段。

1. 起始阶段

在这一阶段,学校可能刚开始尝试实施音乐大单元教学,大多数一线教师缺乏对大单元教学的整体认识,相关研究主要停留在探讨大单元设计的内涵、价值和类型等学术层面。教学内容可能还比较零散,缺乏整体性和连贯性,这个阶段的教师对这种教学模式的理解与应用还不够深入和系统。学生对于这种教学方式也可能感到陌生。一些教师对"单元"的理解比较狭隘,认为仅指教材单元或教学单元,没有将教学单元的意识转变为学习单元、素养单元的意识。为此,教师需要从整体上更新自我认知,认识到大单元教学需以单元主题为引领,使课程内容情境化。

但是,也有一些学校可能已经在音乐大单元教学方面取得了一定的成绩,在起始阶段就能够有效地组织和实施大单元教学活动。这些学校可能有丰富的教学经验和资源支持,能够提供多样化的学习机会,激发学生的兴趣和参与度。因此,不同学校在音乐大单元教学起始阶段的发展水平可能存在差异,但这也是一个不断发展和进步的过程。

同时,在音乐大单元教学的发展水平方面,学校可能还会面临其他情况。一些学校可能已经在音乐教育领域取得了显著的成绩,拥有专业的音乐教师和先进的音乐设备。这些学校可能已经建立起了完整的教学体系和课程框架,并且能够提供多种形式的音乐表演和演奏机会。这些学校的学生在音乐技能、音乐欣赏和音乐创作方面可能都取得了较好的成绩。并且,这些学校还可能与艺术团体和音乐机构进行紧密合作,为学生提供更丰富的学习资源和机会。这种高的发展水平不仅能够提升学生的音乐素养,还能够培养学生的创造力、表达能力和团队合作精神。

然而,也有一些学校可能在音乐大单元教学方面发展水平较低。这些学校可能面临着教师资源不足、教学条件欠缺的问题。他们可能没有专职的音乐教师,或者音乐教师的培训度不够。学校可能没有足够的音乐设备和资源,无法为学生提供丰富的音乐学习和表演机会。这种低的发展水平可能会影响学生的音乐素养和兴趣,限制他们在音乐教育领域的发展。

针对不同学校的不同发展水平,我们应该采取相应的措施来促进音乐大单元教学的发展:对于起始阶段的学校,可以提供更多的培训和指导,帮助教师熟悉教学模式和方法,同时为学生提供适应期;对于已经取得成绩的学校,可以鼓励他们与其他学校进行交流和合作,分享经验和资源,进一步提升教学水平;对于发展水平较低的学校,可以提供更多的支持和援助,例如培训音乐教师、提供教学资源和设备等,帮助学校逐步提升音乐教育水平。

总之,学校在推进音乐大单元教学中的发展水平可能存在差异,但无论是在起始阶段还是在更高水平阶段,都应该致力于提升音乐教育质量,激发学生的音乐兴趣和创造力,让音乐成为学生全面发展的重要组成部分。

起始阶段不同学校的差异如表10-1所示。

表10-1　起始阶段不同学校的差异

起始阶段		
不同方面的差异	学校1	学校2
资源配置	教师资源不足、教学条件欠缺；学校没有足够的音乐设备和资源	拥有丰富多样的音乐教育资源,包括乐器、演出场地等
师资力量	没有专职的音乐教师或者音乐教师的培训度不够；教师缺乏对大单元教学的整体认识,相关研究基本学术层面	拥有专业、专职的音乐教师；大部分教师能有效地组织和实施简单的大单元教学活动
教学模式	相关研究主要停留在探讨大单元设计的内涵、价值和类型等学术层面；教学内容可能还比较零散,缺乏整体性和连贯性	建立起了完整的教学体系和课程框架

2. 实践阶段

在实践阶段,学校开始尝试将音乐大单元教学应用于具体的音乐课程中,例如组织一些主题性的音乐课程或者活动,或者开展一些实验性的课程。为此,这个阶段学校需要有更多的研究和探索,以便更好地理解学校在推行音乐大单元教学中存在着不同的发展水平。

一些学校在实践阶段已经取得了较大的进展。例如,这些学校通过引入音乐大单元教学,有效地提升了学生的学习兴趣和参与度。数据显示,在这些学校中,学生们对音乐的理解和表达能力得到了显著的提升。同时,他们的创造力和合作精神也得到了培养。这些积极的结果证明了音乐大单元教学在实践中的有效性。

然而,还有一些学校在实践阶段仍然面临一些挑战。例如,这些学校在教师培训方面存在一定的不足,导致教师对音乐大单元教学的理解和运用还不够深入。多数教师仅在备课以及授课时进行点状研究,或者围绕部分教材单元设计案例,并没有形成系统、清晰、具体的操作路径。同时,在借鉴过程中,不少教师得其形而不得其神,只是将操作流程生搬硬套到自己的课堂上,无视真实的校情和学情,造成了"教"与"学"的脱节。因此,这些学校需要从实践操作层面大胆革新,梳理从原有的单元教学到大单元教学转变的操作路径,以提高教学水平。通过不断实践和改进,学校在推进音乐大单元教学中的发展水平将逐渐提升。

3. 修订阶段

在学校推进音乐大单元教学的修订阶段,不同学校展现出不同的发展水平。

一些学校已经在大单元教学中取得了显著的进展,它们将音乐课程与其他学科进行了跨学科整合,创造了更具创意和综合性的学习体验。教师通过跨学科教研,渗入学科融合的意识,比如音乐与美术的跨、音乐与科学的跨、音乐与生活的跨等等,这一创新举措打破了传统的教学框架,激发了教师的创新思维。通过借鉴其他学科以及学科之外的资源,教师们不仅能够拓宽教学视野,还能够从中汲取灵感。这些学校还鼓励学生参与音乐制作和表演,培养了学生的音乐才能和创造力。这些积极的变化给学生的学术表现和兴趣方面带来了显著的提高。

对照学业质量标准,使用了音乐大单元教学的学校,提供了"备教研评一体化",更全面、准确和有针对性地开展教学评价。通过评价,教师可以了解学生在大单元内的学习情况,包括学生在审美感知、艺术表现、创意实践及文化理解四个核心素养方面的提升。这种及时的反馈和全面的评价信息,可以帮助教师更准确地为学生提供更符合实际需求的教学内容和方法。

另外,"备教研评一体化"还有助于优化大单元教学活动设计并提高大单元教学质量。通过对评价结果的分析,教师可以了解学生在大单元学习结束之后是否对单元主题和核心概念有了深入的认识。同时,教师还可发现教学过程中存在的问题和不足,进而调整教学策略,改进教学方法。

在参与大单元教学的学校中,学生的音乐技能和知识已经显著增加,他们对音乐的热情和参与度也更高。与传统的分散教学相比,大单元教学为学生提供了更好的学习机会和音乐体验。

然而,仍然有一些学校在推进大单元教学方面面临挑战。他们可能缺乏相关的资源和培训,以有效地实施大单元课程。在解决这些挑战的过程中,学校可以寻求外部专家和合作伙伴的支持,以提高学校的教学质量和发展水平。

以上是学校在推进音乐大单元教学中不同发展水平的概况。这一观察表明,在实施和推广音乐大单元教学方面,不同学校的进展差异很大。学校可以通过加强资源和培训的支持投入,并借鉴那些已经取得成功的学校的经验和做法,提高学校的发展水平,使更多学生受益于音乐大单元教学。

4. 创新阶段

在创新阶段,学校在推进音乐大单元教学方面显露出了不同的发展水平。

一些学校通过引入新的教学方法和技术,提供了丰富多样的音乐教育体验。例如,采用交互式教学工具,学生可以参与到音乐创作和演奏的过程中,从而提高他们的音乐技能和创造力。

同时,这些学校还充分利用了互联网和数字技术,为学生提供了更多的音乐资源和学习机会。通过与国内外优秀音乐教育机构的合作,学生能够接触到更广泛的音乐风格和文化,拓宽自己的音乐视野。这些创新的做法为学生提供了更具有挑战性和实践性的音乐教育,促使他们在音乐领域取得更大的发展。

相关统计数据显示,学校在创新阶段的音乐教学质量得到显著提升,学生的音乐成绩和兴趣都得到了有效提升。因此,在推进音乐大单元教学中,创新阶段的学校表现出了相对较高的发展水平。

教师要在大单元教学过程中不断反思,沿着持续修订的路径再进行实践,通过反思自己的活动设计、教学方法和评价策略等等,不断识别存在的问题并进行调整和改进。同时,在学校领导的带领和专家的指导下不断更新教育理念,与同行们交流探讨,找到更多的启示和灵感,以助于团队在大单元教学中取得更好的成果。

第二节　影响学校音乐大单元教学发展的因素

音乐教育在学校教育中的重要性无可争议。然而,不同学校在推进音乐大单元教学中的发展水平存在着差异。通过对不同学校的音乐教学实践进行对比分析,我们可以了解各学校在资源配置、师资力量、教学模式等方面的差异性,并积极寻找影响学校音乐大单元教学发展的因素,以促进全面发展和提升音乐教育质量。

1. 教育资源投入

学校音乐教育的资源投入是一个重要因素。例如,学校音乐教室的设施和器材是否齐全,教师队伍的专业素质是否过硬。缺乏专业的音乐教师是一个重要的问题。由于师资力量不足,这些学校往往无法提供高质量的音乐教育。这些都会直接影响到音乐大单元教学的质量和效果。

2. 外界重视程度

首先,学校领导对音乐大单元教学的重视程度也是影响因素之一。如果学校领导能够提供更多支持和资源,那么音乐大单元教学就能够得到更好的发展。

其次,家长的参与和支持也会对音乐大单元教学产生积极的影响。当家长们能够积极参与到学校音乐教育中,并给予学校足够的支持和配合,那么音乐大单元教学的推进也会更加顺利。

最后,社会文化环境也会对学校音乐大单元教学的发展产生影响。如果社会对音乐教育的重视程度较高,那么学校在推进音乐大单元教学方面也会有更多的支持和认可。此外,音乐文化传统和音乐资源的丰富程度也会影响学校音乐大单元教学的发展水平。

3. 教学策略选择

不同的教学方法和策略可以对学生的学习效果产生不同的影响。比如,运用互动性强、寓教于乐的教学方法,可以激发学生对音乐学习的兴趣,提高他们参与学习的积极性。同时,使用多种教学媒体和资源,如音乐影片、音乐游戏、音乐软件等,能够丰富教学内容,提升学生的学习体验。

4. 学校管理支持

此外,学校管理的支持和完善也是影响音乐大单元教学发展的重要因素。若缺乏有效的管理和支持,则学校难以组织音乐课程和活动,从而影响音乐教学的质量。学校管理层应该为音乐教育提供合适的教学时间和课程安排,确保音乐大单元教学有足够的时间和空间进行。同时,学校应该建立健全评估和反馈机制,以便及时了解音乐大单元教学的效果,及时进行调整和改进。

综上所述,影响学校音乐大单元教学发展的因素包括资源投入、外界环境的重视程度、教学方法与策略的选择以及学校管理支持等。通过合理配置和遵循这些因素,学校的音乐大单元教学质量和效果才能得以提升,也才能促进学生全面发展。

第三节　发展水平较高学校的成功经验

发展水平较高学校的成功经验可以归结为以下几个方面。

首先,这些学校注重建设高水平的音乐教师队伍。高水平的音乐教师具备丰富的教学经验和专业知识,能够灵活运用多种教学策略和方法,提供高质量的音乐教育,并且学校还为这些高水平的音乐教师提供了持续的专业培训和发展机会。学校鼓励他们参与国内外音乐教育研讨会和研究项目。这些举措不仅提升了教师的专业水平,也促进了教师之间的交流和合作。

其次,这些学校重视音乐教育的整体规划和设计。这些学校根据学生的发展需求和特点,制定了科学合理的音乐大单元课程设置和教学方法。这些学校注重音乐素养的培养,通过音乐鉴赏、合唱团、乐团等活动培养学生的音乐视听能力和综合表现能力。此外,这些学校还注重音乐教室设施和器材的更新与改进。同时,这些学校还拥有优质的教育资源,能够为学生提供良好的学习环境和条件,有利于学生综合素质的培养。

最后,这些学校注重与家庭和社区合作,形成良好的教育生态圈。这些学校鼓励家长的参与和支持,组织音乐演出和比赛等活动,增加学生的音乐交流和展示机会。同时,这些学校积极提供音乐社区服务,与社区音乐团体合作,共同打造音乐文化氛围。这些成功经验的实施,使这些学校在音乐大单元教学中取得了长足进步。

打样案例1：单元与单元之间的教学整合

一、单元主题

《美丽家园》。

二、大观念

了解不同民族音乐的风格特点。

三、单元内容综述

1. 内容简介：本单元是人音版二年级下册《美丽家园》。围绕"美丽家园"这一主题，共选编了三首民歌：蒙古族民歌《草原就是我的家》、藏族民歌《我的家在日喀则》、维吾尔族民歌《新疆是个好地方》。

2. 作品联系：本单元围绕"家园"这一主题，选择了不同民族风格歌唱家乡的音乐作品。三首作品是蒙古族、藏族、维吾尔族具有代表性的适合二年级学生演唱和表演的作品。这三个民族都具备游牧文化属性，地域性音乐风格鲜明。

3. 教学价值：本单元中含有《草原就是我的家》《我的家在日喀则》《新疆是个好地方》三首作品。内容上都是赞美家乡的音乐作品，风格上，《草原就是我的家》属于蒙古族民歌，《我的家在日喀则》属于藏族民歌，《新疆是个好地方》则属于维吾尔族民歌。

从横向看，在本册教材第五单元中，也出现了一些傣族风格的歌曲。

从纵向看，三年级上册第2课专门安排了以"草原"为主题的音乐作品学习，有学唱歌曲《草原上》《我是草原小牧民》以及欣赏乐曲管弦乐《森吉德玛》和二胡演奏曲《赛马》。四首作品均为我国蒙古族民间音调音乐。在延续二年级已有的蒙古族歌曲感性经验基础上，更近一步走进草原，了解这一地区音乐的民族风格。

学生们通过聆听和学唱不同民族风格特点的歌曲，可以初步分辨这些民族的独特音乐风格，激发学习兴趣，培养热爱祖国、热爱家乡的情感。

四、单元学习目标

1. 在聆听音乐主题的过程中，通过情境串联，多方位感受"民族之光"，学生能够感知不同地域的自然风光和民族文化特色，体验音乐作品中蒙古族、藏族、维吾尔族的民族风情和地方韵味。

2.通过唱、奏、舞等多种音乐活动,能够用自然、流畅的声音演唱《草原就是我的家》《新疆是个好地方》和《我的家在日喀则》,引导学生积极参与音乐实践,表现三个民族特有的情感与音乐风格,对民族音乐文化产生浓厚兴趣。

3.通过情境创设引导学生自主编创舞蹈动作,尝试用不同的速度、音色的变化激发学生个性化地改编,使学生乐于与同学一起参与歌唱表演,增添趣味性。

4.通过旋律、节奏、节拍、速度等基本要素感知三首歌曲,了解蒙古族、藏族和维吾尔族这三个民族独特的音乐文化风格和鲜明的民族特色风情,增强民族自豪感。

五、单元教学安排

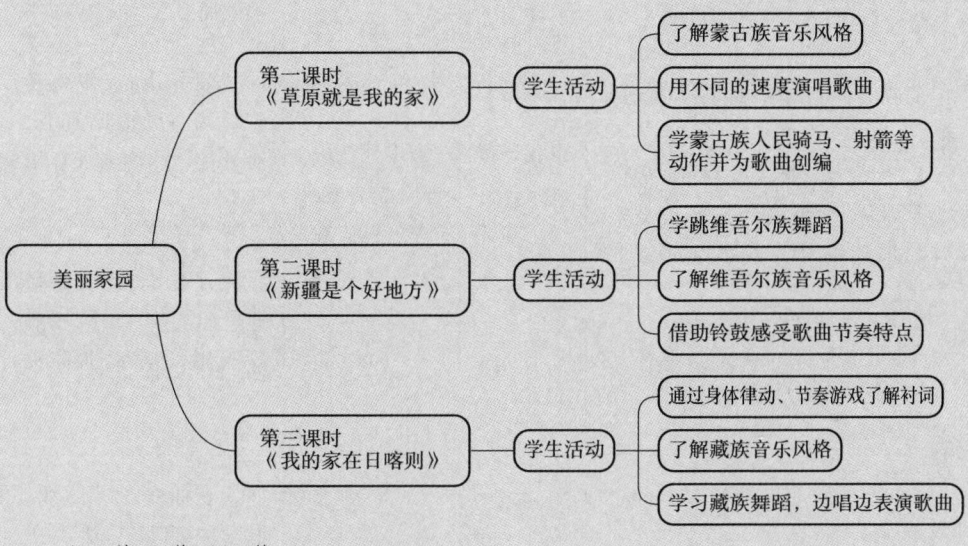

六、单元学习评价

评价目标	评价形式	评价工具	评价标准
1.通过欣赏《草原就是我的家》《新疆是个好地方》和《我的家在日喀则》三首作品,感受蒙古族、维吾尔族、藏族的音乐风格。 2.在聆听中初步感受节拍特点和作品结构	自我评价 教师评价 学生互评	表现性评价 课堂观察评价	一星标准:能专注聆听歌曲 二星标准:能听辨出不同民族的音乐风格

续表

评价目标	评价形式	评价工具	评价标准
1.通过欣赏《草原就是我的家》《新疆是个好地方》和《我的家在日喀则》三首作品,感受蒙古族、维吾尔族、藏族的音乐风格。 2.在聆听中初步感受节拍特点和作品结构	自我评价 教师评价 学生互评	表现性评价 课堂观察评价	三星标准:在听辨不同民族音乐风格的同时,将风格融入身体律动
1.在音乐情境中认识并体验木琴,了解其音色特点。 2.能听辨主题,运用对比听辨、小乐器伴奏、小组合作等方法,感知乐曲旋律特点与音乐力度的变化	自我评价 教师评价 学生互评	表现性评价 课堂表演展示 学生自评表	一星标准:能完整演唱歌曲 二星标准:能跟随音乐准确有感情地演唱,通过身体律动表现音乐节奏 三星标准:能有感情地运用人声、动作、乐器等合适的方式进行模仿、表演
1.分析音乐要素对音乐风格的影响,总结蒙古族、维吾尔族、藏族民歌的风格特点。 2.结合历史、地理知识,探讨对比不同地域少数民族音乐风格及民歌的传承与发展。 3.在音乐舞蹈创编学习中,充分发挥想象力和创造力,对音乐形象再体验、感知、表现、创造	自我评价 教师评价 学生互评	表现性评价 课堂表演展示 课后作业展示	一星标准:伴着音乐,愿意参与到音乐活动中 二星标准:面对同学能勇敢地唱歌、演奏乐器或表演,并能积极与他人合作或讨论问题 三星标准:发现声音长短规律,并发挥想象力,对音乐表演进行二度创作

七、单元教学建议

	重难点解决	活动设计	前后单元衔接
演唱《草原就是我的家》	1.歌曲速度 配合动画视频,营造赛马情境。师生配合快板音乐共玩"马儿连连跑"小游戏。用两种不同的速度演唱歌曲,体会不同的情绪。感受和体验蒙古族的音乐、舞蹈。 2.音的高低 通过图形谱、旋律线条等视、听、动的方式表达音的高低变化	建议创设寻找金牌讲解员的情境,带学生身临其境地了解蒙古族音乐的风格;尝试用不同的速度演唱歌曲,并用简单的蒙古族舞蹈动作进行表演	本单元选编三首具有民族风格的作品。 从横向看,本册教材中也出现了一些傣族风格的歌曲。 从纵向看,三年级上册第2课专门安排了以"草原"为主题的音乐作品学习,有学唱歌曲《草原上》《我是草原小牧民》以及欣赏乐曲管弦乐《森吉德玛》和二胡演奏曲《赛马》。四首作品均为我国蒙古族民间音调音乐。在延续二年级已有的蒙古族歌曲感性经验的基础上,更近一步走进草原,了解这一地区音乐的民族风格。 学生们通过聆听和学唱不同民族风格特点的歌曲,可以初步分辨这些民族的独特音乐风格,激发学生的学习兴趣,培养他们热爱祖国、热爱家乡的情感
演唱《新疆是个好地方》	1.切分节奏 用维吾尔族具有代表性的舞蹈动作:如移颈、垫步等掌握新疆地区音乐的切分节奏。 2.维吾尔族民歌风格 用简单的维吾尔族舞蹈动作进行歌舞表演	通过肢体语言来表现新疆音乐的情绪、节奏和韵律特点。在创设的"绝美新疆"情境之中,引导学生用愉悦的心情、自然的声音演唱歌曲	

续表

	重难点解决	活动设计	前后单元衔接
演唱《我的家在日喀则》	1.衬词的理解 借助声势＋念衬词、节奏游戏的方式,了解藏族歌曲的风格特点。 2.活泼欢快的歌曲特点。 了解藏族及其音乐文化,学习藏族舞蹈基本步伐,通过舞步变换、队形变化等音乐实践活动对音乐情绪进行深层次的体验	通过多声部合唱的形式感受节奏型变化,采用教授藏族舞蹈动作,体验藏族民歌载歌载舞的独特风格	本单元选编三首具有民族风格的作品。 从横向看,本册教材中也出现了一些傣族风格的歌曲。 从纵向看,三年级上册第2课专门安排了以“草原”为主题的音乐作品学习,有学唱歌曲《草原上》《我是草原小牧民》以及欣赏乐曲管弦乐《森吉德玛》和二胡演奏曲《赛马》。四首作品均为我国蒙古族民间音调音乐。在延续二年级已有的蒙古族歌曲感性经验的基础上,更近一步走进草原,了解这一地区音乐的民族风格。 学生们通过聆听和学唱不同民族风格特点的歌曲,可以初步分辨这些民族的独特音乐风格,激发学生的学习兴趣,培养他们热爱祖国、热爱家乡的情感

《美丽家园》
第1课时 《草原就是我的家》教学设计

一、学习内容

学唱蒙古族歌曲《草原就是我的家》。

二、教学目标

1.通过听、唱、舞、奏、创等音乐实践活动,初步感受蒙古民族民间音调,体验这一地区音乐的民族风格。

2.学唱歌曲《草原就是我的家》,借助图形谱,唱准八度大跳以及一字多音,并感受歌曲节拍、旋律、速度等音乐要素的特点;能用快慢两种不同的速度演唱歌曲。

3.乐于与同学一起参与歌舞表演,学习骑马、扬鞭等简单的蒙古族舞蹈动作。

4.让学生感受蒙古族音乐风格,了解蒙古族风土人情,感受蒙古族人民的豪迈,引导学生了解多元的民族文化、热爱我国民族音乐。

三、教学重难点

教学重点:能用欢快富有弹性的声音、自豪的情绪演唱歌曲《草原就是我的家》。

教学难点:歌曲中八度大跳的音准、附点四分音符及一字多音的准确演唱。

四、学习过程简述

本节课,学生以"校园广播站金牌推荐员初探草原"为主线,经历"快乐出发,初探草原—聆听歌曲,草原之旅—学唱歌曲,草原之美—情境演绎,赴那达慕大会"四个音乐学习活动,初步感知蒙古族歌曲的风格特点。

五、教学准备

介绍蒙古族视频片段,《草原就是我的家》乐谱和音频,PPT。

六、教学过程

学生活动	设计意图	二次修订
本节课大任务(情境) 　　学校广播站开辟新栏目《美丽家园》,需要选出一批金牌推荐员,演唱本地具有民族特色的歌曲,并能用舞蹈表现出来,可带领其他同学云游祖国大好河山。 　　同学们跟着老师跳一段舞蹈,猜一猜:这是哪一个少数民族的基本舞蹈动作	本节课以"校园广播站金牌推荐员初探草原"为主线,设计音乐活动小任务群	课前热身活动:在马头琴音乐声中,随教师模仿骑马、扬鞭等简单的蒙古族舞蹈动作,营造学习氛围
学生活动一:快乐出发,初探草原 　　1.视频介绍蒙古族的风土人情。 　　(1)介绍蒙古族人民心中最重要的节日——"那达慕大会",领略现场风光。 　　(2)观看骑马、射箭图片,并创编表演动作和声音。 　　2.出示三种节奏型,学生说一说,与每一个比赛项目相匹配的节奏型,并演一演	依照真实情境"那达慕大会"活动贯穿全过程,引导学生自主参与学习活动。通过图片、动作表演,使学生获得直观的情感体验,并能产生相关联想、想象	学生在背景音乐中欣赏草原美景,感受蒙古民族多姿多彩的生活的同时,初步感受歌曲旋律特点,为歌唱教学做准备
学生活动二:聆听歌曲,草原之旅 　　1.学生完整聆听歌曲《草原就是我的家》,感受:大草原有哪些美景? 　　2.学生再次聆听歌曲,说一说这首歌曲的速度、节拍、情绪。(中速稍快,2/4拍,欢快地) 　　3.学生聆听教师范唱,找一找:歌曲中出现了几个乐句?(四个乐句)	让学生带着问题去听,可以有目的性和方向性地欣赏歌曲,通过范唱音乐引导学生感受歌曲欢快的情绪,让学生对歌曲有一个初步的印象,为接下来的歌唱教学打下基础	

续表

学生活动	设计意图	二次修订
学生活动三：学唱歌曲，草原之美 1.学生有节奏地读一读歌词。 2.学生跟着视频画旋律线，并用la进行模唱。 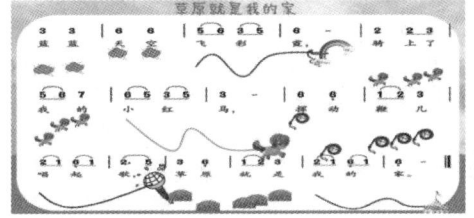 3.跟唱歌词。 4.学生找出觉得最有难度的乐句，教师教授，解决难点，处理第三乐句中一字多音和八度大跳。 5.PK接龙唱：师生PK、男女生PK。 6.完整演唱。 7.巩固歌曲变化速度。 (1)教师范唱慢速版本《草原就是我的家》。学生思考：声音、速度、情绪上的变化。 (2)聆听快板《草原就是我的家》，并配合动画视频，营造赛马情境。师生配合快板音乐共玩"马儿连连跑"小游戏。用两种不同的速度演唱歌曲，体会不同的情绪	引导学生通过聆听欣赏歌曲，感知旋律的起伏变化和节奏，了解歌词内容，充分感受歌曲的情绪。 采用"模唱旋律—跟唱歌词—PK接龙唱—完整演唱"的策略，不断熟悉歌曲，循序渐进，把歌曲演唱要求和情绪融入其中，使学生较快较好地学会歌曲	最初是通过聆听感受音的高低。加入图形谱后，音乐手势结合具象的图形谱来哼唱旋律和解决难点——八度大跳和附点四分音符节奏 PK接龙跟唱游戏，教师积极引导学生关注音乐，调动参与的积极性，不断感受歌曲情绪，加深学生对歌曲的整体印象
学生活动四：情境演绎，赴那达慕大会 1.根据视频，以小组为单位自由创编蒙古族舞蹈动作，学生试着学习创编简单的蒙古族舞蹈动作提压腕、骑马、甩鞭、笑肩等，并思考：哪种动作能更好地配合这首歌曲的演唱？ 2.分组表演，邀请小小歌唱家、小小舞蹈家、小小伴奏家上台合作表演慢板和快板不同速度的歌曲，师生进行互相点评、补充点评	运用舞蹈创编教学来帮助学生了解蒙古族的音乐文化，通过骑马、挥鞭等动作让学生在快乐的舞蹈中体会牧民欢快自豪的心情以及掌握好歌曲的节奏、情绪等，提高学生参与课堂的积极性	给学生搭建一个展示自己的舞台。表演环节，培养学生爱好音乐的情趣，同时培养学生的团结合作意识、创新意识和评价意识

七、学习评价

1.学生在课堂上能积极参与各种音乐活动。(合格)

2.学生在课堂上能积极表达对音乐的思考,完整演唱歌曲。(良好)

3.学生在课堂上能用不同的速度有感情地演唱歌曲,能用蒙古族简单舞蹈动作表现歌曲。(优秀)

八、板书设计

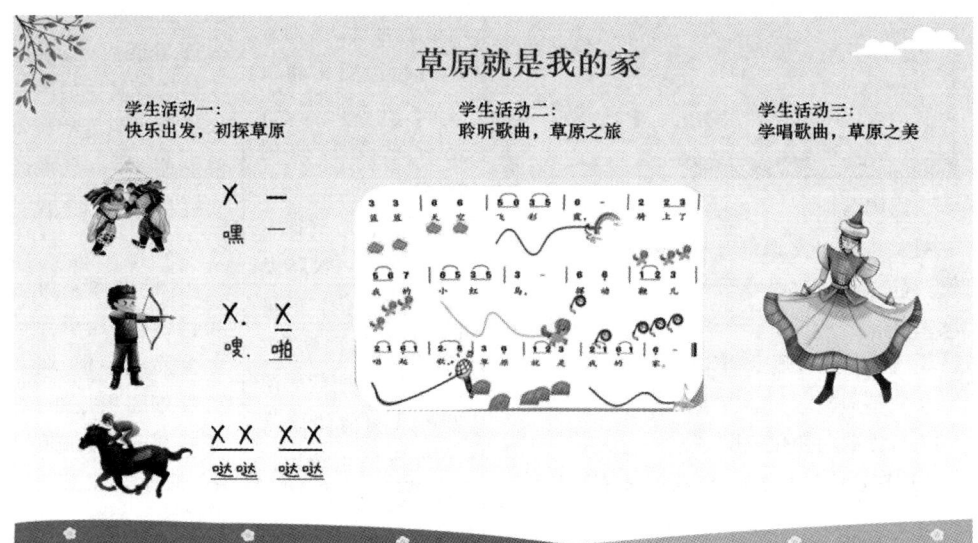

九、作业设计与反馈方式

1.能用不同的速度和轻松有弹性的声音演唱歌曲,加上蒙古族舞蹈的简单动作,表演给家人和朋友看。

2.学生将视频发送到班级群相册,教师给每个学生发送评价与鼓励。

十、教学反思

低年级学生以形象思维为主,好奇好动、模仿力强。依据这一身心发展特点,本节课充分利用儿童自然嗓音和灵巧的形体,采用唱游的方式,用唱、舞、奏、动态图谱、PK游戏相结合的综合手段进行直观教学。导入部分,通过一段蒙古族舞蹈律动让学生初步了解蒙古族舞,并通过视频简单了解蒙古族的风土人情,给学生创设良好的音乐情境,让学生在不知不觉中熟悉歌曲的旋律,为后面的歌曲教学打下基础。歌曲教学部分,先设定聆听环节,让学生从安静地聆听到感受歌曲的情绪,为有感情地唱好歌曲打下坚实的基础。学唱歌曲部分,请同学们读歌词、熟悉歌词、体会歌词之美,有利于后面学习歌曲。哼唱环节,运用多种听唱法学唱歌曲,随着钢琴伴奏哼唱旋律,特别注意纠正歌曲中八度大跳音程的音准和大附点节奏,结合动态图谱,感知旋律起伏,接龙游戏,孩子们在潜移默化中熟悉歌曲。创编环节,通过学习蒙古族舞蹈的基本动作,让学生更好地理解歌曲、表现歌曲。表演环节,加入打击乐器和声势伴奏,培养学生爱好音乐的兴趣,同时培养学生的团队合作意识和创新意识。教学过程中,感觉整个环节还是比较流畅、通顺的,学生参与、融入课堂的积极性也非常高,能够很好地用声音和舞蹈表现歌曲。通过对蒙古族民歌的演唱与体验,激发孩子们想要了解更多少数民族民间音乐的兴趣。

《美丽家园》
第2课时 《新疆是个好地方》教学设计

一、学习内容

学唱歌曲《新疆是个好地方》。

二、教学目标

1. 能用自然有弹性的声音演唱歌曲《新疆是个好地方》,初步掌握新疆地区歌曲的节奏要点及独特风格。

2. 通过唱、奏、舞等音乐实践活动,初步了解与感受维吾尔族多彩的风土人情,并对当地充满好奇与喜爱。

3. 能加入简单的维吾尔族舞蹈动作,体会歌曲《新疆是个好地方》积极、热情、开朗的情感。

4. 通过本节课的学习,学生能了解新疆的风光。

三、教学重难点

重点:准确掌握新疆地区音乐的切分节奏"2/4 ×××× | ×× | "。

难点:用简单的维吾尔族舞蹈动作进行歌舞表演。

四、学习过程简述

本节课以"走近绝美新疆"为主线,通过"舞动新疆—赞美新疆—歌唱新疆"三个音乐实践活动,初步了解新疆美丽的风光、富饶的物产,初步感受维吾尔族民歌风格特点,初步体会新疆人民热爱家乡的真挚情感。

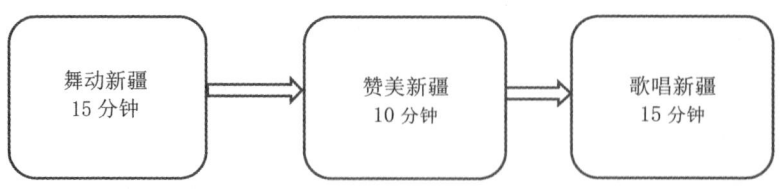

五、教学准备

铃鼓,钢琴,《新疆是个好地方》音频及乐谱。

六、教学过程

学生活动	设计意图	二次修订
本节课大任务(情境) 新疆是一块远离海洋的神奇大陆,地域辽阔,占我国国土总面积的六分之一。这里的天山融水孜孜不倦地滋润着土地,四季更迭。今天就让我们共同走进这里,感受绝美新疆	通过模拟生活中的旅游情境,并将其与本节课的音乐学习内容建立联系,使学生充满好奇心,积极地参与到学习中	考虑到二年级学生具备的天真活泼的特点,在导入的情境设计中安排一位与之年龄相仿的卡通导游,使课程更富童趣,更吸引学生
学生活动一:舞动新疆 1.教师随音乐《新疆是个好地方》跳舞。 2.小组讨论这是哪个民族的舞蹈。 3.学习新疆舞蹈动作(踩地转腕、踩地拍手、托帽式、左右移颈)。 4.师生随歌曲《新疆是个好地方》跳舞	用舞蹈来调动学生的多个感官,深度感受音乐,体会音乐带来的愉悦心情	女同学跳舞,男同学拿铃鼓伴奏或者做声势律动,联合动觉和听觉加深对维吾尔族音乐风格的感性认知
学生活动二:赞美新疆 1.微课介绍新疆,介绍维吾尔族。 2.聆听歌曲,感受新疆音乐的特点。 3.声势律动解决切分节奏。 4.借助铃鼓,师生有节奏地细数新疆的美景和特产,赞美新疆	通过聆听、律动、读歌词等实践活动,积累对这首歌的情感体验和人文理解	这个活动中,要带着不同任务聆听三至四遍歌曲
学生活动三:歌唱新疆 1.跟伴奏音乐读歌词,自豪地介绍新疆。 2.跟琴模唱歌曲旋律,由慢速到原速。(其间叠加舞蹈动作) 3.引导学生用愉悦、自信的情感演唱歌曲。 4.歌舞表演《新疆是个好地方》	为避免一味重复导致的单调,在熟悉歌曲旋律的过程中叠加了律动和舞蹈,强化了对歌曲的学习	在学唱的过程中,教师要随时提醒学生保持正确的演唱姿势,用自然的声音进行演唱

七、学习评价

1.学生在课堂上能积极参与各种音乐活动。(合格)

2.学生在课堂上能准确掌握切分节奏,完整演唱歌曲。(良好)

3.学生在课堂上能融入情境设定,能边唱边做简单的维吾尔族舞蹈动作。(优秀)

八、板书设计

新疆是个好地方

学生活动一:　　　　　学生活动二:　　　　　学生活动三:

舞动新疆　　　　　　赞美新疆　　　　　　歌唱新疆

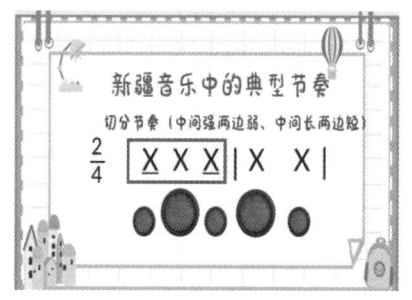

九、作业设计与反馈方式

1.课后向自己的爸爸妈妈介绍美丽的新疆,并展示所学的歌曲。

2.将表演视频发送到班级群相册进行展示,师生、生生之间互相评价、互相点赞。

十、教学反思

《新疆是个好地方》属于维吾尔族音乐,教师希望通过这首歌的学唱和表演让学生初步了解维吾尔族的风土人情,感受维吾尔族音乐的节奏要点及独特风格,进一步培育民族情感,增强民族自信心。

整堂课教师以歌唱为主,融合了舞蹈、声势、表演等表现形式,在"走近绝美新疆"的情境中,体验维吾尔族音乐的情绪和要素,理解歌曲的内容和情感,提高对我国少数民族艺术文化的感知力。

在实践活动中,教师首先运用维吾尔族舞蹈让学生打开多维感官,学生听觉和视觉都被吸引,从而专注地投入到音乐学习中。此刻学生除了作为旁观者给予音乐感性的欣赏之外,若能够唤醒动觉参与进来才是最棒的体验,于是教师开始讲解维吾尔族舞蹈的基本动作,鼓励学生大胆尝试,通过听和动的有机结合,加深对歌曲的感受和体验。但在这个过程中教师发现,女生十分享受,男生则比较拘谨,因此这里可以优化成女生舞蹈、男生做铃鼓伴奏或声势伴奏,一方面给予了不同需求的学生个性化的发挥空间,另一方面强化了对维吾尔族音乐节奏要点的感知。

第二个实践活动是赞美新疆,《新疆是个好地方》这首歌曲除了富有动感的旋律和热情的曲风,歌词还介绍了新疆美丽的风景和富饶的产物,将音乐和生活紧密联系起来。但歌词篇幅较长,且有附点节奏和切分节奏,这些都是学生需要解决的难点。这里需要展示相应的图片,采用节奏模仿的对话法引导学生理顺歌词,加深对歌词和难点节奏的记忆。另外,必须坚持聆听为先的原则,让学生在反复聆听中体验音乐、感知音乐、理解音乐,从而表现音乐。

作为一节低段唱游课,游戏是手段,唱好歌曲才是目的。这节课的学业要求第一条还是指向声乐表演,教师要提醒学生保持正确的演唱姿势和自然的声音,有表情地演唱歌曲,进一步要求学生能加入适当的表演动作。这些都需要建立在学生对歌曲很熟练的基础上,因此在练习过程中要避免一味重复导致的单调,教师在熟悉旋律的环节由慢速到原速,层层加入声势律动,让学生感觉既熟悉又陌生,对练习一直保有新鲜感,直到完成歌曲《新疆是个好地方》的学习并能演唱。

扫码看视频

《美丽家园》

第3课时 《我的家在日喀则》教学设计

一、学习内容

学唱藏族民歌《我的家在日喀则》。

二、教学目标

1.通过学唱歌曲《我的家在日喀则》,学生能够感受这首歌曲所描绘的藏族风情,感知藏族民歌的风格特点。

2.学生能够用欢快活泼的声音演唱歌曲,并模仿藏族舞蹈中的基本步伐及甩袖动作,在充分感受藏族音乐基本特点、熟悉曲调的基础上,初步做到合作表演《我的家在日喀则》。

3.通过聆听、模仿、师生合作等方式学会歌曲,通过听辨、拍读等方式准确掌握"×× ×× | × ×"节奏型;能在稳定的节拍中用活泼、轻巧、有弹性的声音演唱歌曲,尝试加入二声部。

4.通过学习,学生能够了解藏族文化的特点,认识到音乐作品在传递民族文化和精神价值方面的重要作用。

三、教学重难点

教学重点:通过多种形式参与音乐实践活动,捕捉、体验藏族民歌载歌载舞的独特风格。

教学难点:在稳定的节拍中用活泼、欢快的情绪,有弹性的声音演唱歌曲《我的家在日喀则》。

四、学习过程简述

以藏族音乐为主线,通过情感递进再探草原、节奏衬词领略藏族风情、探词识曲体会民歌风格、载歌载舞唱响高原欢歌等各种体验方式感受藏族歌曲的特点,表达对生活、家乡的赞美和热爱之情。

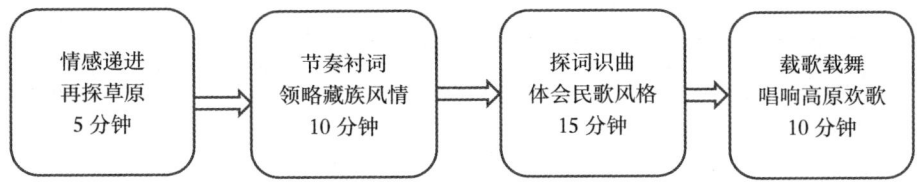

五、教学准备

电子琴、多媒体、木琴、藏族水袖。

六、教学过程

学生活动	设计意图	二次修订
本节课大任务(情境) 情感递进　再探草原 今天让我们继续寻找金牌推荐员。 1.通过聆听歌曲猜猜歌曲中小朋友的家乡在哪里。 2.观看短片了解日喀则	从单元视角进行铺垫与连接,围绕主题,产生继续探究不同民族、不同地域音乐作品的愿望,为藏族音乐的学习与探索做好感性层面的铺垫	结合本节课少数民族歌曲的特点,修订为通过短片了解日喀则,为后面学习藏族舞做铺垫
学生活动一:节奏衬词　领略藏族风情 1.初听音乐,表现恒拍。 (1)感受歌曲的节拍韵律,学生伴随歌曲的节拍与速度用肢体动作即兴表现恒拍。 (2)邀请律动较好的同学上台展示。 2.持续体验,选择节奏。 (1)播放伴奏音乐。 a.活动:观察老师的动作并尝试学一学。 2/4 0 0 ∣ × × ‖ 　　　　　　(拍手) b.即兴:节奏稳定后,学生在拍手的地方换上不同的动作。 (2)教师拍节奏,学生用动作回应,节奏稳定后在伴奏音乐中体验。 2/4 × × × × ∣ × × ‖ 　　(教师)　(学生)	低年级学生的经验,更多的是一种无意识积累的感性经验。在通过身体律动表现节拍、节奏游戏等实践活动之后,出示节奏卡片,邀请学生找一找、辨一辨、摆一摆,完成引导学生由"体验到概念"的经验迁移,通过多声部合作不断累积经验与深化经验。 结合歌曲节奏特点设计多种活动,培养节奏稳定性。 在掌握歌曲典型节奏的同时,再对其加以运用。熟悉歌曲的旋律,也为之后的歌曲学习做好铺垫。 将从《草原就是我的家》中学到的木琴融入本节课教学中,体现出大单元教学的迁移性	训练学生专注力、反应能力,增加趣味性,为后续舞蹈表演做准备。 根据不同学生的差异性及时进行调整。 从认识木琴到运用木琴

续表

学生活动	设计意图	二次修订
（3）出示节奏型"×　×""×"，请学生将节奏型进行组合，摆一摆完整节奏。 3.声部合作，初识风格 （1）邀请学生学一学老师的动作。 2/4　×　×　×　×　|　×　×　‖ 　　　（拍腿）　（拍手） （2）教师在学生稳定演奏演唱的基础上加入衬词"啊索啊索"，形成二声部。 2/4　0　0　|　啊索　啊索　| 　　　0　0　|　啊索　啊索　| 　　　0　0　|　啊索　啊索　| 　　　0　0　|　巴扎　嘿　‖ （3）教师演奏木琴，叠加固定音型二声部。 2/4　1 1　1 1　|　1 1　‖ 　　　啊索　啊索　马里拉 （4）邀请学生上来演奏木琴，回忆上一课时学习过的木琴演奏方法，指导演奏，其他学生跟随琴练唱。 （5）将学生分成两组，一组演奏声势＋念衬词，另一组演唱伴奏音型	低年级学生的经验，更多的是一种无意识积累的感性经验。在通过身体律动表现节拍、节奏游戏等实践活动之后，出示节奏卡片，邀请学生找一找、辨一辨、摆一摆，完成引导学生由"体验到概念"的经验迁移，通过多声部合作不断累积经验与深化经验。 　结合歌曲节奏特点设计多种活动，培养节奏稳定性。 　在掌握歌曲典型节奏的同时，再对其加以运用。熟悉歌曲的旋律，也为之后的歌曲学习做好铺垫。 　将从《草原就是我的家》中学到的木琴融入本节课教学中，体现出大单元教学的迁移性	训练学生的专注力、反应能力，增加趣味性，为后续舞蹈表演做准备。 　根据不同学生的差异性及时进行调整。 　从认识木琴到运用木琴

续表

学生活动	设计意图	二次修订
学生活动二：探词识曲　体会民歌风格。 1.猜猜家乡,揭示课题。 (1)聆听歌曲范唱。 思考:歌曲中的小朋友们的家乡在哪里? (2)揭示课题,观看短片了解日喀则。 2.紧抓节奏,熟悉歌词。 (1)师生谈话,说说歌曲中的小朋友们是用一种怎样的心情来跟我们介绍其家乡的。 (2)再听歌曲范唱。 a.思考:歌曲中唱了哪些歌词?哪一句歌词最能体现他们自豪欢乐的心情? b.活动:学生选择最喜欢的一句歌词,并有节奏地念。 (3)从师生谈话中得出"啊索啊索马里拉"是藏语,表示开心、欢乐、美好的意思。 3.以情辅声,完整学唱。 (1)学生用最小的音量,合着琴声唱一唱。 (2)跟随琴声,师生对唱。 a.思考:为什么要唱两次"就在日喀则呀"?你会怎么唱? b.活动:跟随琴声唱出自豪的感觉。 (3)完整背唱全曲。 4.多层声态,三部合唱。 学生自主选择声部,分成三部分,依次叠加固定节奏、衬词伴唱、歌曲部分。 5.原声欣赏,探索风格。 (1)欣赏堆谐《日喀则人》。 思考:它与我们演唱的《我的家在日喀则》有什么不同? (2)师生探索发现藏族踢踏舞,体验藏族踢踏、颤膝、甩袖等舞蹈元素	主导与主体相结合,注重互动探究。关注学生主体,引导学生自己去发现问题、解决问题,尊重学生的个人感受,创建平等民主、师生互助的教学环境,给学生留下思考的空间。 在教学中,无论是声部的选择还是歌曲的情感处理,都能做到主体为先、主导在后,充分调动学生的探究欲望,层层深入,对话音乐文本	熟悉旋律,初步感知旋律、乐句。 第二句第一小节,学生演唱最高音时容易偏低

续表

学生活动	设计意图	二次修订
学生活动三：载歌载舞 唱响高原欢歌 1.观看视频，了解藏族。 师生从服饰、舞蹈等方面聊聊藏族，简单介绍藏族的"锅庄"舞蹈。 2.载歌载舞，表现风格。 学生用已学的藏族舞蹈踢踏、颤膝、甩袖等动作来体验"锅庄"。 3.合作表演	以藏族音乐风格为主线，通过鲜明的音乐节奏、民族舞蹈的动作要素和当地风土人情来帮助学生在音乐中体验音乐的情绪，展现作品歌舞一体的音乐风格特征	指导学生在歌唱中加入模仿的动作，使舞蹈与歌曲相互呼应，进一步增强歌曲的艺术表现力

七、学习评价

1.学生在课堂上能积极参与各种音乐活动。（合格）

2.学生在课堂上能用串铃、双响筒等打击乐器为歌曲伴奏。（良好）

3.学生在课堂上能有感情地演唱歌曲，并能用串铃、双响筒和舞蹈动作等不同形式来表现歌曲。（优秀）

八、板书设计

我的家在日喀则

学生活动一：　　　　　　　学生活动二：　　　　　　学生活动三：

节奏衬词　　　　　　　　探词识曲　　　　　　　载歌载舞

领略藏族风情　　　　　　体会民歌风格　　　　　唱响高原欢歌

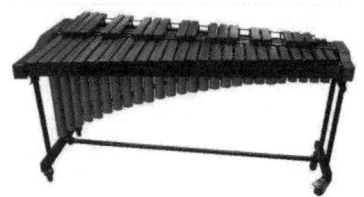  

九、作业设计与反馈方式

1.和家人一起边唱边表演《我的家在日喀则》，感受藏族歌曲的风格特点和藏族的风土人情。

2.录制表演视频，并分享至班级群或者其他网络平台。

十、教学反思

在《我的家在日喀则》教学中，课堂伊始便以律动的方式组织了五次整体聆听。整个过程,不变的是歌曲背景和学生们始终跟随音乐做出的积极反应,变化的是教师基于对文本的解读,提取主干节奏,对于音乐要素逐步叠加与渗透和学生对音乐要素从体验到概念的螺旋上升。在节奏体验中层层递进,引导学生对结构的把握和整体感知。最后,在学习藏族舞蹈的过程中,不知不觉地了解了藏族的民俗风情,掌握了歌曲的曲调旋律,不仅锻炼了孩子们的团队协作能力,还让他们在实际操作中更加深入地感受到了音乐与舞蹈的紧密联系,进而激发了他们用舞蹈感受美、表现美、创造美的音乐热情。

打样案例2：单元与整册的教学整合

一、单元主题

《律动达人》。

二、大观念

感知三拍子和二拍子的节拍特点。

三、单元内容综述

1.内容简介。

本单元是人音版二年级上册第1课《问声好》中的乌干达民歌《早上好》和儿童歌曲《小麻雀》，还有第6课《跳起舞》中的儿童歌曲《洋娃娃和小熊跳舞》。

2.作品联系。

本单元围绕"律动达人"这一主题进行整合，歌曲《问声好》为二拍子加三拍子的混合拍子，《小麻雀》为三拍子歌曲，《洋娃娃和小熊跳舞》为二拍子歌曲，本单元用声势律动让学生体验节拍强弱的魅力，并将不同拍子的节拍特点贯穿于歌曲学习之中，培养学生良好的倾听习惯和敏锐的感知力。在聆听与表演中，培养学生热爱生活、感恩生活的乐观情怀。整个单元通过整合三首作品，让学生在"听、划、唱、编、奏、演、创"等音乐活动中感受音乐节拍的魅力，从而更加喜爱音乐。

3.教学价值。

本单元引导学生用肢体语言体会二拍子和三拍子的节拍特点，用趣味的发声练习让学生掌握歌唱的知识与技能，用线条、图形和动作感知音乐所表达的各种形象，并能在探索的过程中选择合适的打击乐器为音乐伴奏。

四、单元学习目标

1.通过聆听感受、身势律动、趣味游戏等音乐活动初步感知二拍子和三拍子的韵律特点，培养学生的节奏感、韵律感和初步的艺术表现力，感受不同节拍所表现的不同音乐情绪，丰富审美体验，提升审美情趣。

2.通过听、划、唱、编、奏、演、创等音乐活动，感受音乐的魅力。通过线条、图形、动作等感受乐曲所表现的音乐形象。

3.在活动中巩固二拍子和三拍子的节拍概念，在歌曲中体会不同拍子所带来的丰富音响,并能准确地演唱歌曲中出现的后附点节奏型。在乐曲聆听中培养学生正确倾听音乐的习惯,体会乐曲不同部分的音乐情绪。在歌曲聆听中初步培养学生对演唱形式变化的辨别能力。

4.通过学唱歌曲《早上好》和《小麻雀》,培养学生文明有礼、与朋友及小动物友爱相处的良好行为习惯;通过学唱《洋娃娃和小熊跳舞》,感受律动带来的快乐,感受与伙伴一起律动的美好,从而激发学生热爱音乐、热爱生活的乐观态度。

五、单元教学安排

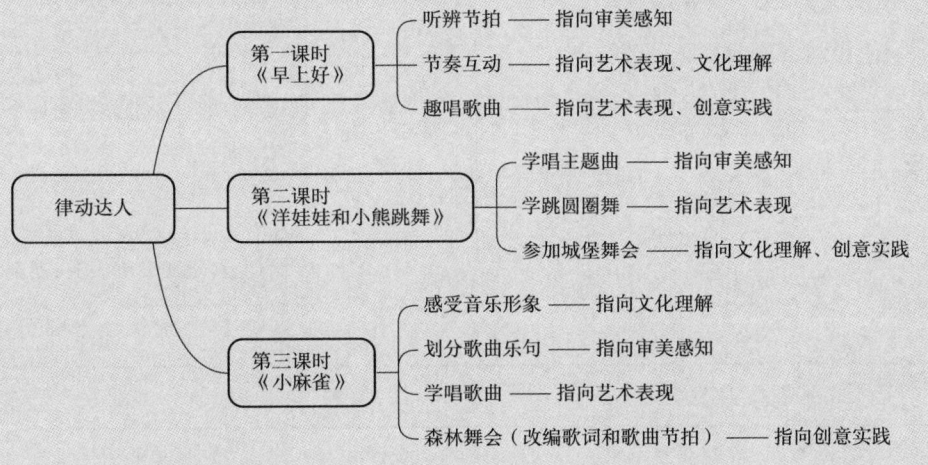

六、单元学习评价

评价目标	评价形式	评价工具	评价标准
1.通过聆听感受、身势律动、趣味游戏等音乐活动初步感知歌曲丰富的节拍变化。 2.通过聆听,对音乐情绪的反应及对音乐的联想符合音乐基本特征,能用线条、图形、动作表现出音乐形象	自我评价 教师评价 学生互评	表现性评价 课堂观察 评价	一星标准:能专注聆听
			二星标准:能听辨出不同节拍及音乐表现形式(齐唱、领唱、合唱、管弦乐)
			三星标准:能听辨出音乐的基本要素(节拍、情绪、表现形式),并用自己的话简单描述不同音乐的特色

1.能够按照自然歌唱的发声要求,愉快而整齐地演唱歌曲。 2.姿势正确,声音自然,词曲基本完整、正确,音色、音量、速度、表情初步做到与歌曲情感相符	自我评价 教师评价 学生互评	表现性评价 学生自评表 课堂表演 展示	一星标准:能完整演唱歌曲
			二星标准:演唱姿势正确,声音自然,词曲基本完整
			三星标准:能跟随音乐有感情地演唱,做到身体动作与音乐情绪、节奏和韵律特点基本吻合
1.能跟随录音或同伴一起参与音乐活动,活动中能配合音乐走和跳,感受和表现节拍的变化。 2.能为歌曲编创简单的歌词,并即兴演唱。能为儿歌编创节奏,边拍边念	自我评价 教师评价 学生互评	表现性评价 课堂表演 展示 课后作业 展示	一星标准:伴着音乐,有意识地参与到音乐活动中
			二星标准:对音乐情绪的反应及对音乐的联想和想象符合音乐基本特征
			三星标准:唱游活动中能配合音乐进行简单的声势、律动、舞蹈或歌唱表演,做到肢体动作与音乐特点基本吻合

七、单元教学建议

	重难点解决	活动设计	前后单元衔接
《早上好》	1.体会节拍变化。 引导学生采用拍手、捻指、跺脚等方式来表现自己听到的音乐节拍,充分唤醒自身的听觉和动觉,从而体会歌曲丰富的节拍所带来的情绪变化。 2.保持积极的歌唱状态。 练习歌曲时要保持愉悦的心情,用自然歌唱的方法,调整呼吸和状态,投入音乐游戏中,感受歌曲的韵律	通过肢体语言、声势律动来表现二拍子和三拍子的节奏特点,着重感受拍子变换时的情绪变化。在创设的"律动达人"情境中,引导学生调整演唱状态,用自然的声音快乐地演唱。	《早上好》和《小麻雀》都是二年级上册第1课中的内容,《洋娃娃和小熊跳舞》是二年级上册第6课中的内容,这三首作品都有着明快舒畅的旋律、活泼跳跃的节奏,但节拍不同,可以将它们整合在一个单元内进行教学,让学生在听、拍、唱、奏、声势律动等音乐活动中体验节拍强弱的魅力,进一步为学生建立和巩固节拍概念。并将"体验、对比"贯穿于歌曲学习之中,培养学生良好的倾听习惯和敏锐的感知力

《洋娃娃和小熊跳舞》	1.体会二拍子舞曲特点。 通过感知乐句、分析节奏和旋律等各项音乐活动，深入体会这首作品的二拍子舞曲的风格特点。 2.编创简单的舞蹈动作。 鼓励学生以故事情境为背景来编创简单的舞蹈造型和舞蹈动作，融入自己的情感与创意，提高演唱的表现力	本节课以"参加洋娃娃和小熊的城堡舞会"为主题，在一系列的音乐活动中熟悉歌曲结构、记忆歌曲旋律，调动多种感官来体验舞曲的律动特点，让学生在唱跳的过程中全面体验音乐的魅力。	《早上好》和《小麻雀》都是二年级上册第1课中的内容，《洋娃娃和小熊跳舞》是二年级上册第6课中的内容，这三首作品都有着明快舒畅的旋律、活泼跳跃的节奏，但节拍不同，可以将它们整合在一个单元内进行教学，让学生在听、拍、唱、奏、声势律动等音乐活动中体验节拍强弱的魅力，进一步为学生建立和巩固节拍概念。并将"体验、对比"贯穿于歌曲学习之中，培养学生良好的倾听习惯和敏锐的感知力
《小麻雀》	1.用轻盈的声音演唱。 通过对比、模仿等方式找到最好听的音色，关注歌曲中的连音和跳音，用柔和轻盈的声音演唱。 2.体会三拍子律动。 通过教师的引导和同学之间的互动，在聆听中感受歌曲节拍，体会"强、弱、弱"的韵律	通过引入趣味性的音乐互动方式来丰富教学活动，让学生在参与"小鸟的舞会"这个情境中，深刻体会三拍子歌曲的节奏感，培养学生对节拍概念的认知。鼓励学生参与表演、创编等音乐活动，树立学习音乐的信心。	

扫码看视频

《律动达人》

第1课时 课题：《问声好》

一、学习内容

1.复习歌曲《跳绳》《拉勾勾》。

2.学唱歌曲《早上好》。

二、教学目标

1.通过学唱歌曲《早上好》，培养学生文明有礼、友爱相处的良好行为习惯，增进同学之间的友谊。

2.通过复习歌曲《跳绳》《拉勾勾》，通过聆听感受、身势律动、趣味游戏等音乐活动，初步感知歌曲丰富的节拍变化。

3.能够按照自然歌唱的发声要求，愉快而整齐地演唱《早上好》，并背唱歌曲。

三、教学重难点

重点：在聆听、律动、游戏中感受不同节拍带来的情绪变化，用自然的声音有感情地演唱歌曲。

难点：把握好歌曲二拍子和三拍子的节拍变化，并能准确地演唱歌曲第二部分的切分节奏型。

四、学习过程简述

本节课学生以"挑战律动达人"为主线，经历"听辨节拍——节奏互动——趣唱歌曲"三个音乐学习活动，初步感知音乐的节拍特点，完成歌曲的学唱。

五、教学准备

《早上好》乐谱和音频、钢琴、铃鼓、多媒体。

六、教学过程

学生活动	设计意图	二次修订
本节课大任务(情境): 同学们,早上好! 我是×老师,今天我们相聚在这里,要举办一场"律动达人"的挑战赛,看看谁会是今天的"律动达人"。让我们拭目以待吧	本节以"挑战律动达人"为主线设计音乐活动小任务群	根据学情,选用以下方案中的一个: A.在教室内按听到的节拍自由行走,强拍时前进一步,弱拍自创; B.全体起立,在原位模仿教师指定的声势组合来进行律动
学生活动一:小鼓咚咚 听辨节拍 1.学生复习歌曲《拉勾勾》,边唱边用声势律动表示三拍子的节拍特点。 2.学生复习歌曲《跳绳》,边唱边用声势律动表示二拍子的节拍特点。 3.学生聆听歌曲《早上好》伴奏,在教师的鼓声提示中辨别二拍子和三拍子,初步感知新授歌曲中丰富的节拍变化。 4.学生获得"律动达人"初级奖章	变拍子是本课学习的一个难点,这里以活动为载体,教师循序渐进地引导,学生通过动作变换对比了二拍子和三拍子的节拍特点,在实践中获取知识	
学生活动二:哈喽你好 节奏互动 1.师生有节奏地打招呼问好,熟悉歌曲第一部分的节奏。 师:你好,同学你好。 生:你好,老师你好。 2.师生有节奏地进行对话,熟悉歌曲第二部分的节奏。 师:老师喜欢你,喜欢喜欢喜欢你。 生:我也喜欢你,喜欢喜欢喜欢你。 3.学生完整聆听歌曲,感受不同节拍和节奏型带来的"舒展"和"欢快"两种不同的体验,并思考歌曲可以分为几个部分	根据小学生模仿力强的特点,将歌曲中的难点节奏和课堂中的师生互动结合起来,让学生从语言出发掌握该节奏	节奏互动时需要加入一些身体语言,例如,休止时的挥手停顿、切分节奏型的手势提醒

学生活动三:一起来吧 趣唱歌曲 1.聆听教师范唱,学生模仿着画出旋律线,将歌曲的音高旋律可视化,以此辅助音准。 2.跟钢琴慢速地演唱歌曲的第一部分,教师指导节奏和音准。 3.练唱歌曲的第二部分,对比"连贯"和"跳跃"两种唱法的的音乐情绪不同。 4.再次完整聆听录音范唱,观察其演唱顺序,初步感知反复记号。 5.跟伴奏完整地练唱歌曲,可与同桌对唱,处理歌曲情绪和演唱状态。 6.分小组进行表演,角逐今日的"律动达人"	情境交融的课堂氛围可以让学生准确地进入音乐意境,让学生的情感和兴趣处于最佳状态,全身心地投入学习中,从而保证教学活动的有效性	关注学生学会该作品后,由慢速向原速过渡的练习环节,特别是歌曲的第二部分,连续的衬词"来",要做到咬字清晰且轻巧

七、学习评价

1.学生课堂上能积极地参与各种音乐活动。(合格)

2.学生课堂上能准确地表现变拍子,并能完整地演唱歌曲。(良好)

3.学生课堂上能清晰表达音乐感受,并有表情地演唱歌曲。(优秀)

八、板书设计

早上好

乌干达民歌

活动一:听辨节拍　　活动二:节奏互动　　活动三:趣唱歌曲

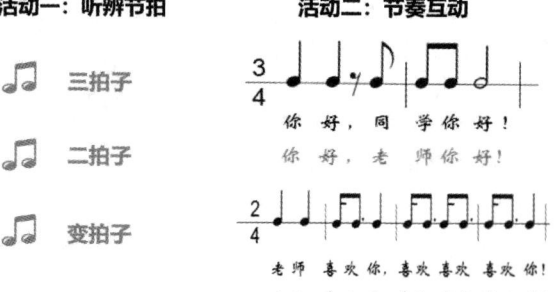

九、作业设计与反馈方式

1.课后同学们向自己的爸爸妈妈展示所学的新歌。

2.将表演视频发送到班级群相册进行展示,师生、生生互相评价、互相点赞。

十、教学反思

《早上好》是一首乌干达民歌,C大调,歌曲由两个部分组成,第一部分为3/4拍,旋律朗朗上口,优美抒情。第二部分为2/4拍,采用了连续的切分节奏,使得音乐欢快活泼,更加富有动感。歌曲既表达了同学之间真诚和善的友谊,又表现出他们爽朗明快的性格。

这节课是本单元的第1课时,其从单元设计的整体性出发,以"挑战律动达人"为情境主线。这节课是后面学习二拍子和三拍子的起始篇。在这一课时中,教师设计了"听辨节拍、节奏互动、趣唱歌曲"三个音乐活动,尝试将学习内容与真实情境关联起来,再用趣味性的闯关游戏获取"律动达人"奖章,由此营造轻松愉快的学习氛围,激发学生的学习兴趣,调动其学习的积极性。

要想唱好这首歌曲,把握住三拍子和二拍子的节拍特点是突破难点的第一步,因此教师带领学生复习了曾经学过的三拍子歌曲《拉勾勾》和二拍子歌曲《跳绳》来巩固不同的节拍特点。在这个基础上,教师还提出让学生自主编创声势律动,鼓励他们主动去探索,利用简单的身体动作进行音乐感知。这种直观的体验方式,给予了学生最原始的音乐刺激,让学生体验了音乐节拍的魅力之处,从而更主动地融入音乐课堂。有了前两首歌曲的铺垫,教师再循序渐进地进行变换拍子的引导,这样学生在听辨歌曲《早上好》的节拍特点时,才能深刻地体会丰富的节拍变化。

解决了节拍难点之后,节奏的学习将在活动二中进行。有效的节奏练习能够使学生加强对音乐作品本身的感受能力,还能快速地熟悉作品的风格特点,所以教师将节奏学习放在了旋律学习的前面。但不是一板一眼地告诉学生什么是八分休止符、什么是切分节奏,作为老师一定不能用自己过多的讲解去代替学生的听觉,应该引导学生自己去倾听体会。教师在教学中运用了游戏模仿法和肢体语言法,在学生熟悉的师生互动中加入了节奏和肢体动作,利用低段学生擅长模仿的年龄特点,完成了两组节奏的练习。要注意的是,"你好,同学你好"中的八分休止符,教师在做招手动作时要稍作停顿,让学生关注到这一空拍。学生回复"你好,老师你好"后,教师要立即作出回应,表扬学生讲文明、懂礼貌。在"老师喜欢你,喜欢喜欢喜欢你"这一互动句子中,教师对学生"比心"的动作也要做得夸张些,一来表扬学生,二来强调这里的切分节奏。如此既能在民主和谐的课堂氛围中拉近师生的距离，又达成了学习目标。

　　最后，借助一堂课的学习活动，音乐课不再是枯燥乏味的歌曲练唱，而是带着愉悦的心情与教师、同学建立情感交流，在一定程度上发挥了音乐课程的育人价值。但《早上好》作为一首乌干达民歌，向学生介绍非洲音乐风格，有些方面做得还不够，较为遗憾，今后还要勤于思考、勇于尝试，让我们的音乐课堂越来越精彩！

《律动达人》

第2课时 课题：《洋娃娃和小熊跳舞》

一、学习内容

学唱歌曲《洋娃娃和小熊跳舞》。

二、教学目标

1. 能用活泼愉悦的声音演唱歌曲《洋娃娃和小熊跳舞》，并乐于和小伙伴们进行音乐游戏，享受音乐游戏带来的愉悦感。

2. 能够自信地为歌曲编创简单的动作，跟随音乐有表情地进行歌唱表演，在活动中体会与他人合作的乐趣。

3. 在歌唱与表演中，充分体验不同拍子的舞曲风格和节奏特点，享受歌唱表演带来的美感。

三、教学重难点

重点：体验二拍子舞曲的风格和节奏特点。

难点：编创简单的舞蹈动作，分角色进行合作表演，边唱边律动。

四、学习过程简述

本节课以"参加洋娃娃和小熊的城堡舞会"为主题，经历了"学唱主题曲——学跳圆圈舞——参加城堡舞会"这一系列音乐活动，在活动中熟悉歌曲结构、记忆歌曲旋律，调动多种感官来体验二拍子和三拍子的律动特点，让学生在唱跳中全面体验音乐的魅力。

五、教学准备

《洋娃娃和小熊跳舞》乐谱和音频、钢琴、多媒体。

六、教学过程

学生活动	设计意图	二次修订
本节课大任务(情境): 在一个阳光明媚的午后,洋娃娃和小熊在森林里的草地上相遇了。小熊提议:"我们来跳舞吧!"洋娃娃欣然同意,两人合着轻快的旋律,欢快地跳起舞来。他们越跳越熟练,越跳越有感情,最后决定一起举办城堡舞会,邀请好朋友们都来参加	描述这个故事情节是为了激发学生对音乐活动的兴趣,帮助他们更好地理解音乐,与音乐产生情感上的共鸣	利用多媒体生成 AI 角色小熊和洋娃娃,让两个角色相遇并对话
学生活动一:学唱主题曲 1.初听歌曲,思考歌曲有几个乐句。 师生手牵手围成一个圆圈,听音乐踏步走,如换乐句就换方向。 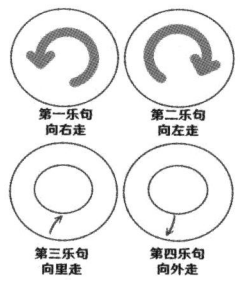 2.出示四个乐句的旋律线,教师将其顺序打乱,由学生复听音乐重新排列。 3.一边踏步走,一边听辨每个乐句的最后三个音(d、m、s),并用不同高度的造型来表示最后一个音的高低。 4.模唱旋律,找出旋律进行的规律,第一、二乐句基本相同,第三、四乐句基本相同,四个乐句运用了旋律变化重复的手法。 5.找出最富动感的一个节奏型,先慢速拍击该节奏,再合音乐练习。 2/4 X X X 拍右肩 拍左肩 拍手 6.加上歌词,慢速完整地试唱一遍。 7.尝试用原速唱一遍	用听唱法、模唱法学习歌曲,感受歌曲的情绪,始终把歌曲的旋律贯穿于整个音乐活动中,让学生在反复聆听和多种方式的趣味游戏中熟悉歌曲的结构,并且能记住旋律。 根据音乐风格、歌词内容和音的高低编创出简单的造型动作,同学之间分角色合作进行表演,边唱边律动,加深对二拍子的感知。 让学生循序渐进地掌握音乐的基本要素旋律、节奏、乐句,再加上歌词欢快地进行演唱。	在学生对乐句的感知还不够敏锐的时候,教师要在乐句的尾巴给出明确的提示音,逐步建立乐句的概念。 鼓励学生自己设计"前十六后八"这个节奏型的身势律动,并且加大动作的力度和幅度,以此加深对其旋律、节拍、节奏的记忆

学生活动二:学跳圆圈舞 1.男生围在内圈,女生围在外圈,一男一女为一组,面对面而立。 2.第一乐句:两人双手叉腰,右脚跟点地,左脚跟点地,自己拍手两下,和对方拍手三下。 3.第二乐句:重复以上动作。 4.第三乐句:两人面对面手牵手,踏着小碎步向自己的右前方走,男生走到外圈停,女生走到内圈停,和对方拍手三下。 5.第四乐句:两人面对面手牵手,踏着小碎步向自己的右前方走,男生回到内圈停,女生回到外圈停,和对方拍手三下	在熟悉歌曲的基础上加入简单的圆圈舞动作,以此来调动多感官进一步体验二拍子舞曲的节奏特点,如听觉、动觉、视觉、触觉等。同时在活动中锻炼学生与他人的合作能力	熟悉圆圈舞动作之后,可以尝试更换舞伴。歌曲间奏时,内外圈同学向右转,有节奏地踏步往前。间奏结束,和眼前的新舞伴重复前面的动作
学生活动三:参加城堡舞会 1.观看微视频。感受波兰的风土人情和地理风光,重新认识这首波兰儿童歌曲。 2.介绍波兰舞曲玛祖卡。玛祖卡是一种三拍子的波兰舞曲,起源于17世纪波兰马索维亚省的一种民族舞蹈形式,多为中快速的三拍子。 3.改编《洋娃娃和小熊跳舞》。将其改编为3/4拍来演唱,体会不同节拍带来的情绪变化。 1=D　3/4 1- 2|3- 4|5- 5|5 4 3| 洋　娃　娃　和　小　熊　跳　舞, 4- 4|4 3 2|1- 3|5-- |… 跳　呀　跳　呀　一　二　一 4.边唱三拍子《洋娃娃和小熊跳舞》边跟随老师做简单的圆圈舞律动。 5.指定某位同学当领舞,大家关注他(她)的动作并模仿他(她)。 6.奖励本次课认真学习的同学,颁发"律动达人"奖章	加深学生对波兰儿歌《洋娃娃和小熊跳舞》的认识,让学生能站在更高的层次去欣赏世界音乐 同一首歌曲用二拍子演唱和用三拍子演唱是两种完全不同的律动,让学生自己摸索,加深对音乐的感受与体验,更好地理解音乐、表现音乐和创造音乐	在改编歌曲的节拍之前,教师先带学生玩一玩数数游戏,进行二拍子到三拍子的过渡。121212,123123123 让学生自己发现二拍子和三拍子的不同,再来尝试改编,教师则用钢琴伴奏来辅助

七、学习评价

1.学生在课堂上能认真地感受音乐,参与音乐活动。(合格)

2.学生在课堂上能积极调动多感官,清晰表达音乐及舞步。(良好)

3.学生在课堂上能融入情境设定,在教师的引导下,体会不同节拍的节奏特点,能做到边唱边跳,享受歌唱表演带来的美感。(优秀)

八、板书设计

洋娃娃和小熊跳舞

波兰儿歌

活动一:学唱主题曲   活动二:学跳圆圈舞   活动三:参加城堡舞会

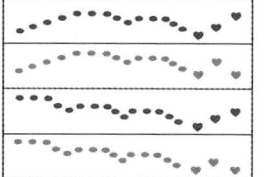 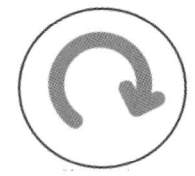 

九、作业设计与反馈方式

1.课后将洋娃娃和小熊跳舞的故事用画笔记录下来,并与同学之间进行节奏扮演的游戏,一起唱跳。

2.自主搜集生活中听到的不同版本的《洋娃娃和小熊跳舞》。

十、教学反思

音乐是表演的艺术,表演对于激发学生学习音乐的兴趣,提高学生对音乐的理解、表达和创造能力,发挥学生的个性特长,丰富学生的音乐生活有着重要的意义。音乐课有不同于其他文化科学课的特点,学生往往不满足于安安静静地听音乐或仅用歌声来表达情感,而是更喜欢用动作来补充、边唱、边跳、边欣赏、边表演,动静互补,相辅相成。在《洋娃娃和小熊跳舞》这一节课中,为了挖掘学生的表演潜能,巩固对二拍子的理解,教师设计了学唱主题曲、学跳圆圈舞、参加城堡舞会这些活动,让学生在唱游过程中体会音乐带来的快乐。

《律动达人》
第3课时 课题:《小麻雀》

一、学习内容

学唱歌曲《小麻雀》。

二、教学目标

1.通过学唱歌曲《小麻雀》,培养学生对小动物的喜爱之情,培养学生文明有礼和同学之间团结友爱的优良品德。

2.通过聆听、模唱、接龙唱等方式感受歌曲开心愉悦的情绪,并用表演来展示自己对歌曲的理解。

3.熟悉三拍子的律动特点,有感情地演唱歌曲,在拓展活动中尝试对歌曲进行歌词和节拍上的改编。

三、教学重难点

重点:1.能用轻盈跳跃的声音演唱歌曲《小麻雀》。

2.熟悉三拍子的律动,并掌握歌曲中连音和跳音的演唱方法。

难点:1.准确地划分歌曲的四个乐句。

2.区分三拍子和二拍子的不同,尝试将三拍子歌曲改编成二拍子歌曲。

四、学习过程简述

这是本单元的第3课时,延续了"律动达人"的单元主题,通过上一课的舞会过渡到鸟儿们的舞会,让学生在童趣故事中快乐地学习音乐。本节课重点训练学生对三拍子的感知与表现,课时内设计了"感受形象—划分乐句—学唱歌曲—森林舞会(创编歌词和节拍)"四个音乐活动,通过听、看、模仿、歌唱来感知音乐节拍的韵律和乐句的优美旋律。

五、教学准备

鸟叫音频、鸟的图片资料、歌曲《小麻雀》的乐谱及音频。

六、教学过程

学生活动	设计意图	二次修订
本节课大任务(情境): 上个星期洋娃娃和小熊举办的城堡舞会非常成功,让森林里的小鸟们蠢蠢欲动,也想举办一场属于自己的舞会。咱们班的"律动达人"想要前往参加吗?一起来吧	通过上一课时的舞会过渡到鸟儿们的舞会,让学生在童趣故事中快乐地学习音乐	将课堂交还给孩子们,让学生来模仿各种鸟叫声,从中选出正确的"小麻雀"叫声。模仿形态时,可师生互动
学生活动一:感受音乐形象 1.聆听三种鸟叫声,布谷鸟、黄鹂鸟和小麻雀,让学生说出它们叫声的不同之处。 2.观察视频中的小麻雀,尝试模仿它的形态和叫声。 3.聆听歌曲前奏,感受小麻雀相互问好时叽叽喳喳的热闹场景,初步感知歌曲三拍子律动	听辨不同的鸟叫声,感知音的长短,体会不同节奏表现出的不同形象。 观看视频有利于学生模仿小麻雀轻盈的动态和喳喳叫时可爱活泼的形象	
学生活动二:划分歌曲乐句 1.完整聆听歌曲,体会歌曲情绪,模仿小麻雀活泼可爱的形象。 2.和教师一起画一画旋律线,感受歌曲中的"连贯"和"跳跃"。 3.思考歌曲分为几个乐句?每个乐句中都有休止符吗?(一共有4个乐句,第三乐句中没有休止符) 4.找出相同的乐句和不同的乐句。 前两个乐句基本相同,第三乐句与之形成对比,第四、乐句与第一、二乐句相呼应(课件标记出第三乐句的不同之处)	对于作品的理解,要采用先总后分的方式。完整聆听便于熟悉作品,接着通过画旋律线、寻找休止符等音乐活动进行乐句的划分,理解作品结构	通过讲故事来激发学生的想象力,帮助学生构建"森林"空间。鼓励学生自主设计表演动作,丰富音乐形象

学生活动三:学唱歌曲 　1.有节奏地朗读歌词,感受小麻雀活泼轻盈的形象。 　2.用"lu"模唱歌曲,加入连音和跳音的演唱方法。 　3.教师范唱,用钢琴伴奏。 　4.学生学唱,教师调整学生音准、音色、节奏等问题。 　5.师生接龙演唱,小组合作演唱,获取"律动达人"奖章	通过有节奏地读歌词、跟琴模唱、教师范唱、完整表演唱等环节循序渐进地进行学习。在活动过程中,教师及时给予学生积极反馈,以学生为中心来开展教学	适当地加入角色扮演,让学生在活动中体会到音乐带来的快乐,自然而然有表情地演唱
学生活动四:森林舞会 　1.创编歌词,介绍前来参加森林舞会的其他小伙伴(小花猫、小青蛙、小蜜蜂、小黑狗……)。 　2.小组合作,边表演边演唱歌曲。 　3.尝试将这首三拍子儿歌改编成二拍子儿歌。 　4.教师弹琴,学生演唱。 1=F 2/4 2 5 5 2 | 1 1 2 | 2 5 5 2 | 1 6 5 | 小麻雀　渣渣叫　走起路来　蹦蹦跳, 　5.主题升华:爱护小动物,学习小麻雀待人有礼貌的优秀品德	在创编歌词时要充分激发学生的想象力,给予学生空间感的引导。 　三拍子转二拍子对学生来说有一定难度,教师要在读歌词的时候进行强弱规律的引导,再用钢琴伴奏带领学生演唱	此项需要在演唱完整的基础上进行,不能拖流程。如果在演唱方面需要时间解决细化,那么此环节可适当删减

七、学习评价

1.学生课堂上能积极参与各种音乐活动。(合格)

2.学生课堂上能清晰表达三拍子的强弱规律,完整演唱歌曲。(良好)

3.学生课堂上能融入情境设定,有表情演唱歌曲并进行创编。(优秀)

八、板书设计

小 麻 雀

儿童歌曲

活动一：感受形象　　　**活动二：划分乐句**　　　**活动三：学唱歌曲**　　　**活动四：森林舞会**

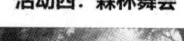

| 音 准 |
| 节 奏 |
| 音 色 |

九、作业设计与反馈方式

1. 课后向自己的爸爸妈妈展示所学的新歌。

2. 演一演小麻雀的后续故事，拍成视频记录下来。

3. 复习学过的三拍子歌曲，尝试将它改编成二拍子来演唱。

十、教学反思

《小麻雀》是一首三拍子的儿童歌曲，教师将它和二拍子儿歌整合在一个单元内进行教学，目的是让学生更直观地感受出不同节拍的音乐风格，从而加深对三拍子和二拍子的理解。但是感知音乐不能被局限在听和唱这两个维度，还应该要设计更多符合二年级学情的律动游戏，尽可能地调动学生的多重感官，切实地培养其乐感，真正做到心随乐动。

打样案例3：单元与社会生活的整合

一、单元主题

《春天来了》。

二、大观念

感受节奏变化给歌曲带来的不一样的感受。

三、单元内容综述

1. 内容简介。

春天象征着生命、希望和力量，从古到今，无数文人墨客、名家艺人无不为春的色彩而陶醉，被春的生机所打动，留下了许多赞美春天的作品。本课选编两部欣赏作品（一为门德尔松的钢琴曲《春之歌》，一为日本民歌《春风》），两首歌曲《大树妈妈》和《郊游》。

2. 作品联系。

人音版教材第二、四、六、十册第一单元都是以春天为主题的音乐作品，通过延续性的学习，体验、感受大自然的美好。本节课围绕"春天来了"这一主题，选编了两部表现春天的作品《春之歌》和《春风》。两部不同风格的作品，让学生体验音乐中"春"的不同意境和情绪，感受人们对"春"的期盼与赞美。从热爱自然、赞美春天的角度选编了两首歌曲《大树妈妈》和《郊游》。《大树妈妈》以拟人化的方式，表达春天树妈妈对鸟宝宝的爱；《郊游》既是从体现本节课主题走进大自然、感受春天美好，又是从热爱自然、赞美春天的角度来编排的。《大树妈妈》是对八分休止符的初步感知，也是复习一年级已感知的四分休止符。学生在比较与感受的实践练习中，运用节奏型探索自制打击乐音响，体验其为歌曲情绪带来的变化。

3. 教学价值。

本单元主题紧密联系学生社会生活。春天是自然界万物复苏的季节，单元内的作品以明快的旋律和简单易懂的歌词，引导学生感受春天的美好气息，培养他们对季节变化的观察和认知能力，促进对自然界的理解和尊重。

春天是户外活动的好时机，带领学生参加春天的户外游戏和活动，可以提高他们的团队合作意识和社交技能,培养良好的人际关系和沟通能力。春天代表着生命的新开始和希望的到来,引导学生感受春天的美好景象和情感,可以激发他们积极向上的情绪,增强自信心,培养乐观向上的心态,有利于心理健康的发展。春天的季节变化和万物生长,可以启发学生对生命的尊重和珍惜,培养他们关爱生命、爱护环境的社会情感,同时可以加强他们的社会责任感。

四、单元学习目标

1. 通过美妙的歌声表达对春天的赞美;能用线条、律动展示《春之歌》的旋律走向,感受日本民歌《春风》的风格特点。

2. 以趣味唱游的形式学习歌曲;能用轻柔有弹性的声音演唱歌曲《大树妈妈》;能轻快活泼地背唱《郊游》;能准确读、拍、体验带有"0"符号的节奏。

3. 在欣赏、表现和创造等实践活动中,体验音乐情感,了解音乐表现要素,在主题情境中创编与音乐形象匹配的律动表演;探索自制打击乐器并能为歌曲伴奏。

4. 通过学习本单元作品,了解春天的歌曲旋律特点是怎样的,节奏的变化会对歌曲的呈现产生什么样的变化。

五、单元教学安排

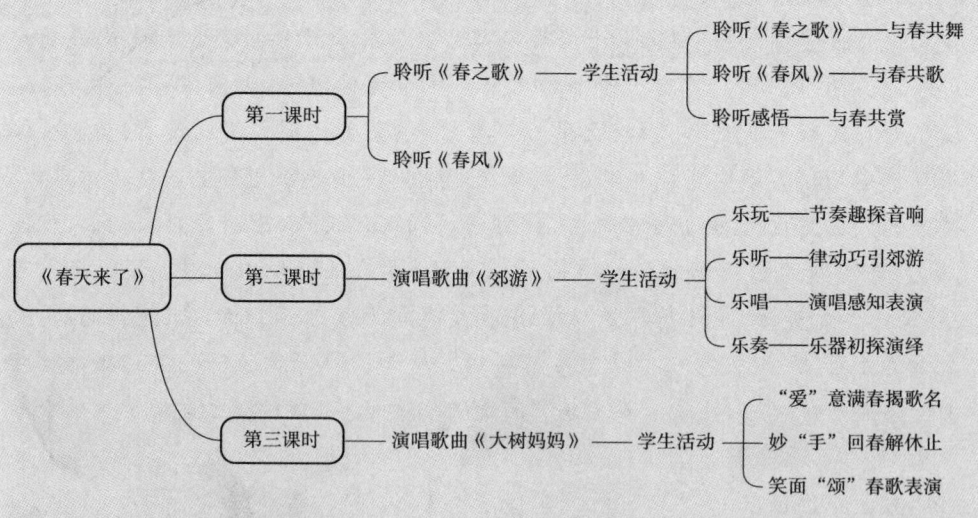

六、单元学习评价

评价内容	评价目标	评价方式	评价标准
兴趣参与	提升音乐体验活动的参与度	课堂观察	积极参与可获得"参与星"

续表

评价内容	评价目标	评价方式	评价标准
聆听体验	专注音乐，会倾听，谁发言看着谁	及时评价	认真倾听可获得"倾听星"
艺术表现	能用轻柔的声音有感情地演唱歌曲	师评	正确演唱可获得"歌唱星"
创意编创	根据音乐编创舞蹈律动或乐器伴奏	小组互评	编创的律动或伴奏受到同学们的喜爱可获得"编创星"

七、单元教学建议

教学内容	《春之歌》《春风》	《郊游》	《大树妈妈》
重难点如何解决	律动感知旋律；听辨齐唱与合唱	通过第二句节奏变化感受歌曲意境，感知旋律起伏变化	通过身体律动和乐器演奏表现八分休止符
基于作品特征设计音乐活动	建议对比聆听两部作品进行情境创设，在找寻春天的足迹中，感知旋律起伏，伴随春景做音乐律动表演；跟随春风，体验不同风格和不同情绪的音乐特点	建议从视觉入手，让学生发现不同时值的节奏；再从听觉渗入，激发学生专注度；再结合情境深度体验八分休止符时长、感受歌曲情绪，为更好地演唱做铺垫；最后在体验中总结概念性的音乐知识	建议以巩固认知四分休止符、八分休止符为前提，进行分组合作拍击，让学生关注聆听组合节奏音响，再形成节奏谱，为歌曲聆听、伴奏、弹奏自制乐器做准备

《春天来了》
第1课时 课题：《春之歌》《春风》

一、学习内容

对比欣赏《春之歌》和《春风》，感受不同国家、不同形式的作品对"春"的不同理解。

二、教学目标

1. 对比聆听歌曲《春风》和钢琴曲《春之歌》，感受两首作品的不同情绪和意境，以及表达的对"春"的期盼和赞美。

2. 通过听、唱、动等音乐活动，感受歌曲《春风》欢乐活泼的情绪特点。

3. 能用旋律线、体态律动感知《春之歌》的旋律特点，了解乐曲结构；初步了解齐唱和合唱这两种不同的演唱形式。

4. 通过对比聆听，感受日本和欧洲国家对于"春"的不同理解和不同表达。

三、教学重难点

重点：感受两首作品的不同风格特点；了解齐唱和合唱这两种不同的演唱形式。

难点：感知《春之歌》A乐段旋律特点，并能随音乐律动表演；能够用"lu"演唱《春风》A乐段。

四、学习过程简述

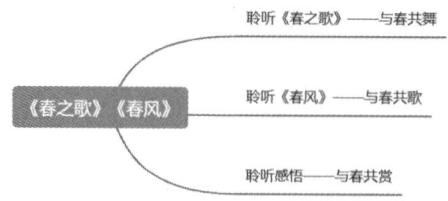

《春之歌》《春风》
聆听《春之歌》—— 与春共舞
聆听《春风》—— 与春共歌
聆听感悟 —— 与春共赏

五、教学准备

多媒体、钢琴。

六、教学过程

学生活动	设计意图	二次修订
本节课大任务(情境): 新学期,让我们一起走进春天,感受春的韵律	通过大任务设定,激发学生对春天的想象。	本节课我们将走进春天,在春天的音乐中,用身体律动和美妙歌声表现春的魅力。
学生活动一:聆听《春之歌》—与春共舞 1.聆听《春之歌》全曲,说说你脑海里浮现出的画面。如果你能为这首乐曲谱写歌名,你会想到什么? 2.揭题《春之歌》,复听歌曲,听辨乐器。(钢琴) 3.聆听《春之歌》A乐段,出示三种旋律走向,思考一下,音乐更符合哪种旋律起伏,并动手画一画。 4.老师哼唱A乐段,学生编创自己喜欢的律动。 5.学生随琴哼唱A段旋律。 6.聆听B乐段,选择合适的乐段图片。 7.复听B乐段,随音乐做嫩芽生长律动。 8.聆听A′段,判断相似乐段,对比两者的异同。 9.介绍作品及乐曲结构:三段体"A+B+A′"。 10.完整聆听,随音乐做律动	音乐是听觉的艺术,新学期的第一节音乐课,重在唤起孩子们的听觉意识,创设画、想、创、唱、动等环节、让学生积极参与,在体验中感受春天的美好;通过培养良好的倾听技能,为后面的有效学习打好基础	学生能够边听边用身体来表现音乐的节拍韵律;并听出音乐中的相似乐段,做相应的律动;能用富有创造性的律动来表达

续表

学生活动	设计意图	二次修订
学生活动二：聆听《春风》—与春共歌 1.完整欣赏聆听《春风》。说说：和《春之歌》相比，两首乐曲给你的感受一样吗？ 2.简介歌曲。复听《春风》，边听边欣赏一组日本春景图片，感受春天给人们带来的好心情。 3.学唱《春风》A乐段，用"lu"模唱（齐唱部分）。 4.随歌声做律动，左右手分别向上画圆圈，模仿樱花飘落。 5.完整聆听《春风》。在熟悉旋律处唱一唱和动一动：其他地方仔细聆听春风还说了哪些话？情绪是平静的还是激动的？（情绪更加激动） 6.后段激动的关于春风的话语，与我们开头齐唱部分是相同的演唱形式吗？——了解齐唱、合唱	在《春之歌》的聆听基础上，学生通过听、唱、动等音乐活动，感受不同风格的歌曲《春风》。学生第一次接触齐唱和合唱概念，齐唱A乐段并聆听全曲，从而对比了解两种不同的演唱形式	学生能随琴用"lu"模唱A乐段；能用欢乐活泼的情绪准确带词齐唱；能跟随歌曲熟悉部分表演唱
学生活动三：聆听感悟—与春共赏 1.思考《春之歌》和《春风》这两首作品，你更喜欢哪一首呢？说说理由。 2.根据学生选择的"春之歌组"和"春风组"，分别聆听音乐做律动表演。 3.说说你还了解哪些关于"春"的歌曲，小组讨论，上台分享表演。 4.总结收获，下课	教师引导学生感悟两首作品的不同风格与特色，尊重学生在体验中建立的独特感受和见解，鼓励学生勇于表述自己的审美体验	学生能够自信大方地表达自己理解的音乐

七、学习评价

基本目标：对比聆听歌曲《春风》和钢琴曲《春之歌》，感受两首作品的不同情绪和意境。

挑战目标：了解齐唱和合唱；了解《春之歌》三段体"A+B+A'"乐曲结构。

八、板书设计

《春之歌》《春风》

| 学生活动一：
聆听《春之歌》
——与春共舞 | 学生活动二：
聆听《春风》
——与春共歌 | 学生活动三：
聆听感悟
——与春共赏 |

九、作业设计与反馈方式

能随音乐做身体律动。

十、教学反思

《春天来了》这一单元的教学内容是二年级学生过完寒假后新学期的初始音乐课。如何让学生从相对松散的假期生活状态尽快进入有序的音乐学习中，并唤起他们的音乐学习兴趣和愿望，激发他们学习音乐的积极性是本单元的重要目标。笔者一直遵循"先体验后概念"的音乐教学理念，以体态律动、画旋律线、情境律动等体验为着手点，激发学生好玩的心理特点，专注音乐趣味，从而更好地感受音乐、理解音乐和表达音乐。

一首起伏平缓的《春之歌》，诉说万物复苏的春天美景；一首日本儿歌《春风》，带来樱花似锦的欢乐场景。笔者通过联系春天，激发学生对春天的渴望，并创设有关春天的场景，让学生感受音乐的同时，想象春天、歌唱春天、探索春天。学生是课堂的主体，教师只有关注学生，课堂才有意义。面对每一个课时，每一个班级，每一位学生，笔者时刻提醒自己要倾听每一位学生，呵护每一个肢体。课堂中常听见孩子们反映看不见黑板上的歌谱，笔者都会花一点时间分发书本，当笔者关注到学生的需要，就会发现学生的变化，歌声越来越整齐，也越来越动听了。小小举动可以发掘潜力，课堂知识内容学习更是如此。

扫码看视频

《春天来了》

第2课时 课题：《郊游》

一、学习内容

学习演唱歌曲《郊游》。

二、教学目标

1. 通过学唱歌曲《郊游》，感受春天去郊游的快乐，激发学生的音乐表演兴趣和合作意识。

2. 通过律动、聆听、歌唱、表演等音乐活动感知旋律起伏变化和节奏疏密变化，充分感受郊游的喜悦。

3. 能用沙蛋、三角铁等乐器为歌曲伴奏，培养学生的即兴编创和音乐想象力。

4. 通过学唱歌曲《郊游》，了解台湾地区童谣的风格特点。

三、教学重难点

能用活泼欢快的声音完整演唱歌曲《郊游》，加入节奏律动和舞蹈表演，并用沙蛋、三角铁等乐器为歌曲伴奏，充分感受郊游的喜悦。

四、学习过程简述

五、教学准备

学生：了解并体验一拍以内的几种节奏型律动。

教师：沙蛋、三角铁等乐器。

六、教学过程

学生活动	设计意图	二次修订
本节课大任务(情境): 春天来了,万物复苏,正是踏青郊游的好时节。今天的音乐课就让我们迈着轻盈的脚步,坐上音乐巴士,一起去郊游吧	以创设情境的方式开展音乐活动,能激发学生的学习兴趣	本节课通过大任务、大情境,将学习内容明确化
学生活动一:乐玩——趣探节奏音响。 1.开声游戏练习。 2.演唱歌曲《春风》,感受春的律动。 3.学生随着音乐律动。 4.学生小组成员合作表现,完成律动后即可坐上音乐巴士	教师对应教学目标一和目标三,让学生分小组合作学习;调动听觉、动觉等,引导学生多感官体验音乐,让学生在玩中学、动中学	基于本单元主题,本节课第一个活动中,教师通过演唱春的歌曲、感受春的律动等方式,激发学生的表现力
学生活动二:乐听——律动巧引郊游。 1.初听歌曲《郊游》,学生分享:歌曲的情绪和速度是怎样的?(开心地、兴奋地……) 2.复听歌曲《郊游》,学生分享:歌词唱了什么内容?(第二乐句) 3.学生跟着歌曲画图谱,说说:有怎样的发现呢?(发现第一句与第三句相同) 4.学生听教师范唱,对比:第一、三句和第二句的节奏区别是怎样的?(第二乐句节奏疏散) 5.跟着小手鼓读一读第二乐句的歌词,感受节奏疏散的变化:脑海里的画面是怎样的?	对应教学目标二,对应个人学习,教授引导学生通过聆听欣赏歌曲,感知旋律起伏变化和节奏,了解歌词内容,充分感受郊游的喜悦	本活动中要注意培养学生的聆听意识,通过带着问题去聆听、边听边画等方式,激发多动联觉感知

续表

学生活动	设计意图	二次修订
学生活动三：乐唱——演唱感知表演。 　1.学生跟着钢琴熟悉歌词和旋律。 　2.学生用不同的情绪演唱歌曲，教师指导学生演唱发声的方法。 　3.学生尝试用肢体律动表现歌曲。 　4.小组合作展示舞蹈律动	对应教学目标二，对应集体同步学习，教师通过律动、歌唱、表演等音乐活动，感知并表现音乐	教师深挖音乐旋律起伏变化，解决学唱歌曲的形式单一性，致力让学生感受音乐，由心发声
学生活动四：乐奏——乐器初探演绎。 　1.学生根据教师准备的沙蛋和三角铁，思考如何为歌曲伴奏。(可供学生参考) 　2.小组合作为歌曲伴奏。 　3.总结收获	对应教学目标四。对应小组合作学习。用打击乐器为歌曲进行简单伴奏，让学生在编创体验的过程中，养成相互倾听、合作的好习惯	学生在多次体验歌曲之后，用乐器代替律动，尝试探索乐器音响，激发学生的学习自主能动性和音乐创造力

七、学习评价

基本目标：能完整演唱歌曲《郊游》。

挑战目标：能用沙蛋和三角铁为歌曲伴奏。

八、板书设计

《郊游》

学生活动一：	学生活动二：	学生活动三：	学生活动四：
乐玩——	乐听——	乐唱——	乐奏——
节奏趣探音响	律动巧引郊游	演唱感知表演	乐器初探演绎

   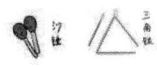

九、作业设计与反馈方式

与小伙伴用律动的方式合作表演《郊游》。

十、教学反思

《郊游》是二年级下学期的第一个单元里的内容,轻快的旋律和疏密有度的节奏,仿佛将自己置身于春游的喜悦中。音乐是听觉的艺术,其音乐不具有语义的确定性和事物形态的具象性,因此学生只有在亲身体验之后,才能更好地获得对音乐的直接经验和丰富的情感体验。本节课教学遵循"先体验后概念"的学习规律,从视觉、听觉、动觉等多动联觉中,刺激学生的多维感知。二年级孩子的心理特点是比较好动,注意力不能长时间集中,聆听时长也极为有限,所以笔者一般会在初次聆听中加入符合歌曲的音乐律动或"顽固"伴奏,让学生体验律动,潜移默化地将抽象的旋律、音符变得更加形象化,从而形成音乐概念。

《春天来了》

第3课时 课题：《大树妈妈》

一、学习内容

学习演唱歌曲《大树妈妈》。

二、教学目标

1. 在情境创设和律动表演中，能用轻柔有弹性的声音演唱《大树妈妈》。

2. 能准确读、拍"0"符号的节奏，并用体态律动表现其时值。

3. 能用三角铁等乐器为歌曲伴奏，培养学生的即兴编创和音乐想象力。

4. 文化理解：在学习歌曲中感受"妈妈"的爱意与对春天的赞美。

三、教学重难点

重点：有感情地表演唱《大树妈妈》，表达对大自然的热爱之情。

难点：初步感知并表现歌曲中的八分音符休止符。

四、学习过程简述

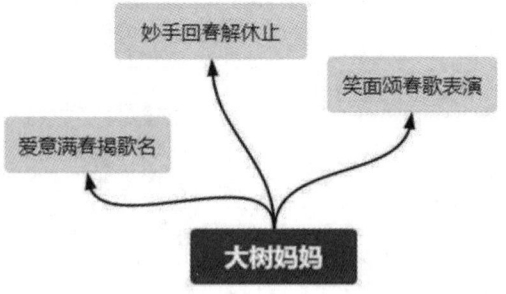

五、教学准备

多媒体、钢琴、三角铁等。

六、教学过程

学生活动	设计意图	二次修订
本节课大任务(情境): 　今天的音乐课我们将继续踏上春的列车,在演唱中探寻春的奥秘	通过走进春天的大任务和情境创设,激发学生兴趣,将音乐学习与春天主题结合,增强情感体验与艺术表现力。	今天的音乐课我们将继续踏上春的列车,在演唱中探寻春的奥秘。
学生活动一:"爱"意满春揭歌名。 　1.《春风》练声曲。 　2.前面的课上我们学习了一些关于春天的歌,复习演唱。 　3.揭题春歌,初听歌曲《大树妈妈》,思考歌曲的情绪和速度。 　4.复听歌曲《大树妈妈》。这首描写春天的歌,里面都出现了谁呢(大树妈妈和小鸟宝宝) 　5.教师加入低音木琴,学生模拟演奏并轻声哼唱。 　6.学生演奏低音木琴,教师加入彩色音条,学生模拟演奏并轻声哼唱。	从已有知识出发,教师通过激发学生兴趣,以一种比较自然的问答形式,拉近师生之间的距离	学生能够专注演唱与聆听;聆听歌曲时积极律动;能够带着美好的心情跟随律动表演
学生活动二:妙"手"回春解休止。 　1.出示歌谱,老师范唱。思考:红色字体在音乐中有什么特点?(音都比较短促) 　2.再听歌曲,观察歌谱中的这些时值短的音乐节奏有什么特点。(休止符) 　3.随节奏读歌词,学会"轻快"地读。 　4.介绍八分休止符:时值短促、轻巧演唱	本节课遵循"先体验后概念"的音乐教学原理,让学生体验八分休止符的真正含义,从而更好地认读八分休止符	学生能准确"点"出带有八分休止符节奏的字体;能够有情境地进行"抚"和"点"表演;随音乐有感情地完整表演
学生活动三:笑面"颂"春歌表演。 　1.随钢琴演唱歌谱。 　2.随钢琴演唱歌词,解决一字两音演唱困难。 　3.全曲演唱,随音乐加入身体律动。 　4.小组合作,探索乐器伴奏。 　5.小组表演,师生互评。 　6.全班完整演绎:第一遍演唱(低音木琴和彩色音条);第二遍演唱(钢琴和律动);第三边演唱(小乐器伴奏);第四遍演唱(全体合作表演)。 　7.总结下课	本环节在熟唱的基础上,邀请学生根据歌曲内容进行律动编创;通过律动、歌唱、表演等音乐活动,感知并表现音乐	学生能用自然的声音演唱歌曲;能随音乐准确有感情地演唱;能创编律动,随乐表演唱

七、学习评价

基本目标:能正确演唱歌曲《大树妈妈》。

挑战目标:能用不同的乐器编创伴奏。

八、板书设计

《大树妈妈》

学生活动一: 学生活动二: 学生活动三:

"爱"意满春揭歌名   妙"手"回春解休止   笑面"颂"春歌表演

X   0

八分音符   八分休止符

<u>0</u> 八分休止符

九、作业设计与反馈方式

与小伙伴用律动的方式合作表演《郊游》。

十、教学反思

音乐是听觉的艺术,其音乐音响不具有语义的确定性和事物形态的具象性,因此学生只有在亲身体验之后,才能更好地获得对音乐的直接经验和丰富的情感体验。本节课教学遵循"先体验后概念"的学习规律,从视觉、听觉、动觉等多动联觉中,刺激学生多维感知,比如认知八分休止符中,先根据歌曲情境,结合律动体验,让学生充分感知音乐的变化,从而理解八分休止符对于表达歌曲情绪的作用。

本单元的纵向设计中,主要以情感为主线,不仅是停留在唱会一首歌、欣赏一个作品,而是重在挖掘教科书的思想内涵,将学生的自然情感进行升华,丰富其情感世界。在反复聆听、歌唱和表演的过程中,教师有意识地引导学生感受"母爱",抒发心中对春天的爱、对大自然的爱;并在潜移默化中渗透环保意识,增进人与自然和谐相处的情感,做一个有爱、有温度的人。

第三部分

如何设计与实施跨学科大单元教学

第十一章

什么是真正的跨学科大单元教学

第一节　音乐跨学科大单元教学的背景

在我们国家,音乐跨学科大单元教学已经成为音乐教育的一大创新。随着教育改革的深入,跨学科教育的重要性日益凸显,近年来,我国教育部门相继出台了一系列政策文件,鼓励和支持音乐跨学科大单元教学的发展。这些政策不仅为音乐教育提供了明确的指导方向,还为音乐跨学科教学提供了有力的支持和保障。

1. 音乐跨学科大单元教学的提出

2020年,中共中央办公厅、国务院办公厅印发《关于全面加强和改进新时代学校美育工作的意见》,提出了"跨学科"概念,强调学校美育应加强与德育、智育、体育、劳动教育等跨学科融合。2022年4月,教育部印发的《义务教育艺术课程标准(2022年版)》明确提出,在开展艺术教育的过程中,应指向核心素养的目标,注重知识的内在关联,促进教学内容的有机整合,对学生的音乐素养实施高效化的培养和训练。2023年5月,教育部印发了《基础教育课程教学改革深化行动方案》,要求持续推进基础教育课程教学深化改革,以"教"为中心的课堂转变为以"学"为中心的课堂。为了构建这样的新体系,我们要强调知识的整体化和结构化,防止学科的孤立化和片面化,以大单元为支点与生活紧密相连,打通学科的界限,让单元与单元之间,学科与学科之间,相互融合、相互渗透。

2. 音乐跨学科大单元教学的发展

音乐跨学科大单元教学的概念源于20世纪初的教育改革运动,随着教育理念的更新,20世纪中后期,音乐跨学科教学的实践逐渐增多。音乐与文学、历史、科学等学科的融合开始被尝试,音乐教育也开始注重培养学生的创新思维和实践能力。随着科技的不断进步和社会需求的不断变化,音乐跨学科教学面临着广阔的发展前景和挑战,新的艺术课程标准强调要培养学生的核心素养,注重知识的整合和运用,跨学科教学已成为音乐教育的重要趋势。现在的音乐教育越来越重视学生的全面发展,强调在各学科上要相互渗透融合,增强课程综合性,加强实践活动,说明跨学科能为学生的全面发展提供更好的教育资源。未来,音乐将与更多学科进行深度融合,形成更加多元化的教学模式和课程体系。同时,跨学科教学中可能出现的问题和挑战,如课程整合的难度、教学资源的分配等,因此,需要不断地探索和创新教学的方法和手段,以推动音乐跨学科教学的持续发展。

3. 音乐跨学科大单元教学的困惑

小学音乐学科是义务教育阶段对学生进行美育的重要学科,教师要迎合当下的时代背景作出教学改革,才能够从根本上提高学生的音乐核心素养。在实施音乐跨学科大单元教学的过程中,音乐教师也会遇到很多的困惑与挑战。

1) 音乐跨学科大单元的教学理念模糊

在音乐跨学科大单元教学的实际教学过程中,很多教师对该教学理念的理解存在着一定的模糊性。教师可能过于注重音乐学科本身的知识和技能的传授,使得在跨学科的实施过程中不能很好地与其他学科进行有效融合,不能够很好地整合多个学科的知识和技能,形成系统的教学体系。因此,音乐教师在实施跨学科教学之前,要充分了解音乐跨学科大单元的教学理念,才能更好地开展自己的教学。

2) 音乐跨学科教学资源整合不足

音乐跨学科大单元教学需要充分利用各种教学资源,包括音乐设备、教学软件、多媒体等资源。然而,在实施的过程中,往往存在教学资源整合不足的问题。音乐教师不能为跨而跨,在音乐与其他学科进行跨学科教学时,不能很好地整合不同学科知识和音乐元素。有效进行跨学科融合在培养学生的综合素养中起着重要的作用与意义,那么这就给音乐教师在设计跨学科教学活动的过程中带来了困难。怎样将音乐与其他不同学科有效的融合,使我们的教学更加有深度更加有广度,这是值得音乐教师深思的一个问题。

3) 音乐跨学科中的教学目标不清晰

音乐跨学科大单元教学在目标设定上缺乏明确性,导致教学方向模糊,教师往往难以确定教学的重点和难点,学生也难以明确自己的学习方向,如果不能很好地挖掘音乐与其他学科之间的关联,那么教学目标难以达成。在跨学科实施过程中,教师需要将多门学科知识进行融合,但是在教学的过程中,如果运用了多门学科的知识,就很容易导致教学目标的达成不够明确,容易出现主次不分,目标不够清晰。在音乐跨学科教学中,教师既要充分挖掘音乐学科知识,又要与其他学科进行紧密关联,还要保证是围绕音乐要素进行的跨学科融合,这也给音乐教师的教学带来了难度。

4) 音乐跨学科大单元教学手段单一

在音乐跨学科大单元教学中,传统的教学模式往往显得僵化,缺乏灵活性和创新性。教师往往采取传统的讲授方式,以知识灌输为主,而忽视了学生的主体性和参与性,这种传统的教学模式无法激发学生的学习兴趣和动力,导致教学效果不佳。在音乐跨学科大单元教学中,学科融合往往缺失,教师往往只关注音乐学科本身,而忽视了与其他学科的交叉融合。同时,在音乐跨学科大单元教学中,技术应用也往往不足,许多教师未能充分利用现代技术手段,如多媒体技术、网络教学平台等来提升教学效果和丰富教学内容。

5) 对教师的综合素养要求更高

在实施跨学科的教学中,要想培养学生的音乐核心素养,教师就要调动学生的积极性,使学生积极参与到音乐教学活动中来,因此就要求教师具有丰富的跨学科知识储备。但在过去的传统教育中,音乐教师接受更多的是专业上的知识,知识储备有限,可能会缺乏跨学科相关的经验和知识能力,从而会影响跨学科的效果,所以这也是音乐教师们面临的一个挑战。

第二节　音乐跨学科大单元的内涵

新版音乐课程标准指出,培养学生的创新意识与创造能力,强调内容的开放性和关联性,教学方式更为多元化,学科融合是当下教育发展的趋势,学科综合是新时代课程改革的基本理念。那么教师就要在音乐课堂上将有关联的学科进行整合,在学习的过程中运用多门学科的知识,分析问题,培养学生的综合素质。那么,音乐跨学科大单元教学有哪些内涵呢?

1. 融合性内涵

音乐跨学科大单元教学,是指超越了单一的学科界限,融合不同学科内容,将不同学科的知识、理论、方法融合起来,围绕一个大的教学单元或主题进行深度整合的教学模式。音乐跨学科与大单元的结合,就是在大的教学单元中,将音乐与其他不同学科的知识和方法进行有效融合,使学生在学习一个主题的过程中,能够接触到多方面的知识和技能,形成全面的认识和解决问题的能力。

2. 创造性内涵

音乐跨学科大单元教学使音乐与其他学科相融合,学生通过不同学科的交叉学习,能够更深入地了解学科知识,创造出丰富、立体的学习体验。学生通过学习,可以将自己学到的跨学科知识运用到实际生活中去,启发思维,更好地进行音乐创造,创造出更加有创新性的音乐。在实施跨学科教学中,教师的教学设计也更加具有创造性价值,因此跨学科大单元教学具有非常高的创造性内涵。

3. 任务性内涵

音乐跨学科大单元教学要围绕"大任务"进行有效的活动设计,教师制定"大任务",依据"大任务"来设计教学活动,为学生提供多种实践机会,在教学活动中激发学生的学习兴趣和学习积极性,通过任务驱动学生自主学习和探究,让教学活动具有明确的目标指向和具体的操作要求,通过一系列的教学环节来帮助学生深入理解需要掌握的核心概念,因此,音乐跨学科大单元教学具有任务性内涵。

4. 人文性内涵

音乐教育不仅要在理论上强调人文性的重要性,还要在实践过程中贯彻人文性的原则和目标。音乐教育应始终以人的需求和发展为核心,关注和尊重人的自然本性和文化多样性,通过跨学科的音乐教学,运用多样的教学方法和知识结构促进人的全面发展,提升学生的综合能力并完善人格。

第三节　音乐跨学科大单元教学的特点

1. 迁移运用多学科的知识与技能

音乐,作为一种普遍的艺术形式,其深度与广度远超过单纯的听觉享受。在现代教育理念下,音乐教学已经不仅仅局限于音乐本身,而是与其他学科相互渗透,共同构建了一个丰富多元的教学体系。音乐跨学科大单元教学是一种全新的教育理念,它强调音乐与其他学科的相互渗透和融合,旨在培养学生的综合素质和创新能力。通过迁移运用多学科的知识与技能,我们可以让学生在音乐的世界里感受到更广阔的知识视野和更丰富的人生体验。

2. 强调跨学科的学习体验感

在音乐跨学科大单元教学中,有效地将音乐知识与其他学科知识相融合,可以更好地丰富学生的学习体验感,学生在音乐与其他一门或者多门学科融合的过程中,能更好地参与到学习活动中。在学习的过程中,学生不仅要获取知识,也要能将所学知识应用于真实情境中,通过实践来加深理解,将真实的情境与实际问题相结合,实现知识的有效转化。

3. 注重知识间的联系与递进

跨学科教学让学生更加主动去思考、去探索,使课堂更加丰富有趣,能提高学生的课堂参与度,培养学生的合作能力。跨学科学习活动不是简单的学科与学科知识相加,而是将两门及以上不同学科的知识进行整合,让学生掌握多学科的思维和方法,从而解决生活中遇到的问题。在音乐跨学科大单元教学的活动中,教师深挖教材,设计丰富多样的活动,强调知识的深度与广度,让教学更加具有系统性。大单元教学强调在一个完整的体系下,围绕学科或跨学科的某一核心概念,形成有意义的学习整体。

4. 建立在大观念下的教学活动结构化

大单元的教学结构化,首先要求教师进行理论上的深度学习,然后在大观念、大任务下,让教材上的整个大单元的教学活动具有明确的教学目标。在大单元的教学中,围绕单元大的主题,抓住核心大概念,使教学活动充分整合化、条理化,促进学生知识迁移应用,发展学生的核心素养。

音乐跨学科大单元教学活动结构化是指要以一个完整的"大任务"为驱动,围绕大任务将目标、课时、情境、活动、知识点等要素按照学习的需求和规范组织起来,形成一个有结构的整体,有助于学生进行结构化思维,促进学生的思维发展。跨学科大单元教学设计的结构化要求教师在教学设计中,把教学活动分解到每一个小的课时进行实施,在单元整体思维的引领下,统揽全局,将学生活动的每一个环节、每一个步骤予以结构化,而不是单纯地强调某一点或者是单一的知识点,要关注每一个活动之间的联系。

第四节　音乐跨学科大单元教学的融合体现

新版艺术课程标准提出的课程理念是:艺术课程要突出课程综合,以各艺术学科为主体,加强与其他艺术的融合,重视艺术与其他学科的联系,充分发挥协同育人功能;注重艺术与自然、生活、社会、科技的关联,汲取丰富的审美教育元素,传递人与自然和谐共生的理念,促进学生身心健康全面发展。真正的跨学科大单元教学体现在多个方面,音乐学科跨学科主要可以概括为以下几个方面。

1. 音乐与艺术学科内的"跨"

艺术课程标准中指出,艺术课程的内容包含了"音乐、美术、舞蹈、戏剧、影视"五个学科,那么,教师在音乐跨学科大单元教学中,可以充分地以艺术实践为基础,以学习任务为抓手,有机整合学习内容,构建一体化的内容体系。因此,音乐教师可以将以上五个学科的内容进行有效融合,提高课堂的实效性,并深挖各个学科的音乐元素让学生体会到音乐学科的内涵。

1）音乐与美术

音乐与美术作为艺术的不同表现形式,既有各自独特的艺术语言,又存在着紧密的联系,两者在创作过程中都需要对形式、色彩、节奏等元素加以运用,从而表达艺术家的情感和思想。因此,将音乐与美术相结合进行跨学科教学,可以帮助学生更好地理解和把握艺术的本质。音乐与美术跨学科教学的目的在于培养学生具备跨学科的知识和技能,提高学生的综合艺术素养,激发学生的创造力和想象力。这种教学方式的意义在于,它不仅有助于拓宽学生的艺术视野,还能帮助学生建立起艺术与其他学科之间的联系,为学生的全面发展奠定基础。通过音乐与美术跨学科教学,学生的想象力和创造力,以及艺术表现力可以得到有效提升。

2）音乐与舞蹈

音乐与舞蹈是两种独立而又紧密相连的艺术形式。在跨学科教学的背景下,音乐与舞蹈的结合不仅能够提供更为丰富的学习体验,还能够帮助学生更全面地理解这两种艺术形式,并培养他们的创新思维和多元文化素养。音乐与舞蹈的结合,通过舞蹈表现音乐的情感和节奏,同时用音乐增强舞蹈的表现力,这将有助于学生更好地理解音乐与舞蹈的内在联系,培养他们的创新思维和艺术表现能力。

音乐与舞蹈是世界各地文化的重要组成部分,在跨学科教学中,教师需要引导学生了解不同文化背景下的音乐舞蹈风格和特点,帮助学生拓展视野,增强多元文化理解能力。舞蹈在音乐教学中非常重要,在教学活动中将音乐和舞蹈相融合,既可以锻炼学生的身体协调能力,还可以加强音乐节奏感,同时能更好地让学生感受音乐与舞蹈的魅力,从而提高学生的综合素养。

3）音乐与戏剧

音乐与戏剧的融合,是将音乐的艺术表现与戏剧的表演技巧相结合,通过声音、节奏、旋律、动作、情感等多种元素,共同塑造一个综合性的艺术表现形式。这种融合不仅有助于学生更好地理解音乐与戏剧的内在联系,更能培养学生的艺术感知能力、表现能力以及创新能力。

在音乐与戏剧跨学科教学中,教学方法与策略的选择至关重要,教师可采用情境教学法、项目式学习、角色扮演等多种方法,引导学生主动参与到音乐与戏剧的创作与表演中。同时,还应注重培养学生的自主学习与合作学习能力,鼓励学生在实践中不断探索与创新。音乐对于戏剧作品来说,往往有着重要的角色和意义。在很多的音乐剧中,都会配有满足故事情节需要的音乐。在戏剧表演中,歌曲的演唱和音乐背景对剧情的发展以及角色的表达起着重要的支撑作用。戏剧离不开音乐,音乐的存在可以更好地增加戏剧的表现力。

4) 音乐与影视

音乐与影视跨学科教学,为学生提供了一个综合性的学习环境,使他们在掌握音乐基础知识的同时,也能够理解音乐与影视的历史、文化和艺术价值。通过跨学科的项目实践,学生可以将理论知识转化为实际应用,提高自身的创造力和实践能力。学生需要了解不同历史时期的音乐风格和影视作品的特点,以便能够将这些元素融入他们自己的创作中。通过对经典的音乐作品和影视作品的赏析,学生可以学会如何分析和评价音乐和影视的艺术价值。这对于培养他们的审美能力和创造力具有重要作用。

此外,音乐与影视相融合,可以给观众带来更好的听觉和视觉体验,例如在音乐会上,演员在舞台上要演奏宫崎骏的音乐《天空之城》《龙猫》《千与千寻》,如果配上唯美的动画展示,就能让观众有着更加美好的感受。音乐和影像完美结合,使音乐不仅在听觉上有了表达,同时加入了丰富的视觉元素,大大拓宽了音乐要表达的范围,给观众带来视觉和听觉的双重享受。

2. 音乐与其他学科的"跨"

音乐与学科外的跨学科融合具有广阔的空间和潜力,可以丰富教学内容,提高学生的综合素质和创新能力。音乐教育的跨学科是一种创新的教育模式,将音乐与其他学科相结合,无论是与数学、语文,还是与体育等学科的结合,都能丰富学生的知识和审美体验,还可以促进学科之间的交流。不同学科之间是相互有关联的,通过教师跨学科的引导,形成新的知识形态和学习方法。学生通过综合的知识引导,能更好地适应未来的社会发展需求。

1) 音乐与文学

音乐与文学跨学科,这种跨学科的方法可以帮助学生更全面地理解和欣赏音乐作品和文学作品,同时也可以培养学生的创造力和表达能力。在音乐教学中,引入文学作品可以让学生深入理解音乐作品背后的故事和情感。例如,在学习某部古典音乐作品时,教师可以与语文教师合作,一起给学生讲解作品的背景故事,并让学生用自己的语言写一篇感受文学作品的文章。这样不仅能够帮助学生更好地理解和欣赏音乐,还能培养学生的文学素养和表达能力。同时,音乐也可以为文学作品创造音乐背景,提升作品的艺术感染力。学生可以通过合作创作音乐配乐,将自己对文学作品的理解和感受融入音乐创作中。这样的跨学科整合不仅能够培养学生的创造力,还能够提高学生对文学作品的理解和欣赏能力。

2) 音乐与数学

音乐与数学之间的联系体现在多个方面。首先,音乐的节拍、节奏、音高、音程等元素都涉及数学的运算和逻辑推理。通过将数学的概念和方法应用于音乐教学中,可以帮助学生更好地理解和掌握音乐的基本知识。例如,在学习音乐的节拍和节奏时,可以引入数学中的分数概念,让学生将节拍分割成不同的部分,并通过数学运算来判断每个部分的时值。此外,音乐的音高和音程也与数学密切相关,在学习乐理知识的过程中,数学知识是不可缺的,比如学生要理解音程的概念,小二度、大二度、小三度、大三度等等,这些乐理知识离不开数学的知识;包括在节奏的训练中,告诉学生如何击拍,比如速度一致,就像秒针转动一样,每一拍都是有规律的、均匀的。音乐课上将音乐与数学相结合,可以帮助学生理解音符、节奏、音程、和弦之间的关系,从而可以更好地帮助学生更深入地理解音乐知识。

3) 音乐与科学

音乐与科学这两门学科看似毫无关联的两门学科,其实,这两门学科有着非常紧密的联系。如波动理论、振动和共振,学生可以更深入地理解音乐的本质,如音高、音色和音量的物理属性。这种理解有助于学生更好地演奏乐器、调音和制作音乐。音乐中的音高、节奏、音色都是科学学科的体现,与科学有着密不可分的关联。在跨学科教育融合中,在音乐学习的过程中,引导学生了解科学的理论和实践,可以很好地培养他们的观察力和逻辑思维能力。随着科技的不断发展,音乐与科学的结合将会越来越紧密。因此,在音乐与科学的跨学科教学中,教师不仅需要关注当前的发展趋势,还需要预测未来的发展方向,以便为学生提供更加前沿和实用的知识和技能。

音乐与科学的跨学科教学是一种富有创新性和实践性的教学模式,它旨在培养具有全面素质和创新精神的学生。通过整合音乐理论、科学原理、音乐科技应用等多个领域的知识和方法，这种教学模式可以为学生提供更加丰富和多元的学习体验，帮助他们更好地适应未来的社会和发展。

4）音乐与体育

音乐与体育，看似两个毫无关联的学科，实则蕴含着丰富的内在联系。音乐以其独特的韵律和旋律，激发着人们的情感与想象，而体育则以其激昂的热情和坚韧的毅力，塑造着人们的意志与体魄。通过音乐与体育的有机结合，让学生在艺术的熏陶中感受体育的激情，从而培养出全面发展的人才。音乐节奏是音乐的骨架，而体育动作则是体育运动的灵魂，在音乐与体育跨学科教学中，音乐节奏与体育动作的结合显得尤为重要，通过音乐节奏的引导，可以让学生更好地把握体育动作的节奏感和韵律感，从而提高运动效果。同时，体育动作也可以为音乐节奏提供生动的表现形式，使音乐更加具有感染力和表现力。

5）音乐与劳动

音乐在劳动教育中发挥着重要的作用。音乐与劳动相结合，可以培养学生的劳动习惯、劳动技能和劳动精神。同时，音乐还能够帮助学生感受劳动的辛苦和不易，增强学生的责任感和担当精神。劳动的节奏与音乐的律动有着天然的契合，通过音乐与劳动的结合，可以让劳动者更好地把握劳动节奏，提高劳动效率。同时，音乐的律动也能为劳动者带来愉悦的感受，使劳动变得更加轻松愉快。这种跨学科的教学方式不仅能够丰富学生的学习内容，还能够促进学生的全面发展。通过挖掘劳动文化中的音乐元素，可以传承和弘扬劳动文化，增强社会的文化自信心和凝聚力。同时，音乐与劳动文化的融合还可以促进音乐创作和表演的多样化和创新性，推动音乐艺术的发展。

6）音乐与道法

音乐作为一种艺术形式，能够触动人心，引发情感共鸣，而道法则是一种哲学思想，追求自然与宇宙的和谐统一。音乐是一种情感的艺术，通过旋律、节奏、和声音等手段来表达和传递情感，我们可以引导学生运用道法思想来分析和创作音乐作品，使作品既具有音乐的美感，又蕴含道法的哲学思考。音乐与道法跨学科教学是一种富有创新性和实践性的教学方式，通过将音乐与道法相结合，不仅可以提高学生的音乐素养和哲学思考能力，还能培养他们的审美情趣和人生智慧。因此，我们应该积极推广和应用这种教学方式，让更多的人在音乐中感受道法的魅力和力量。

音乐还与其他多门学科都能进行跨学科教学,音乐具有独特的审美价值,通过与其他学科的结合,可以帮助学生提升审美情感。学生可以在学习其他学科的同时,欣赏和理解音乐作品中的情感表达、艺术风格和审美价值,从而丰富自己的情感体验和审美素养。音乐与其他学科的结合,可以让学生从多个角度理解和分析同一问题,从而加深对问题的认识和理解。

3. 音乐与社会生活的"跨"

音乐作为一种艺术形式,与生活紧密相连,渗透到我们日常生活中的方方面面。生活中的音乐无处不在,教师只要善于挖掘,善于探索,就能从生活中找到很多与音乐教学相关的活动,来丰富课堂教学。音乐与社会生活的"跨"主要体现在以下几个方面。

1) 音乐与自然生活

音乐与自然生活紧密相连,音乐家们常常通过描绘自然风光、感受自然气息来创作音乐作品,使听众能够通过音乐感受到自然的美丽与宁静。自然声音是音乐创作中常见的元素之一,如风声、水声、鸟鸣等自然声音常常被融入到音乐作品中,为音乐增添了生动与活力。这些自然声音不仅丰富了音乐的表现力,还使听众能够更加贴近自然,感受自然的美好。大自然中,音乐无处不在,如果我们善于发现与运用,就能将音乐与自然进行紧密联系。比如,利用身边的废旧物品,变废为宝,动手制作出一件可以发出声音的乐器,用制作成的乐器进行演奏让学生们在参与的过程中了解声音的产生,乐器的构造;还可以利用生活中的材料制造出鸟鸣声,体验音乐带来的乐趣,感受创造的乐趣。

2) 音乐与生活实践

音乐是一种情感的载体,它能够直接触动我们的心灵。通过音乐,我们可以表达内心的喜怒哀乐,分享个人的情感和体验。音乐能够跨越语言和文化的障碍,成为情感沟通的桥梁。音乐是人们休闲娱乐的重要选择,无论是聆听音乐、演唱歌曲,还是参加音乐会、音乐节等活动,都能为人们带来愉悦和轻松。音乐成为生活中不可或缺的一部分,让人们在忙碌的工作和学习之余找到乐趣。我们的日常生活离不开音乐,音乐可以净化我们的心灵,陶冶我们的情操,音乐有着它独特的魅力,能够表达人们的喜怒哀乐,向人们传递情感。

3) 音乐与课外活动

音乐与课外活动之间存在着密切的联系。通过多样化的音乐课外活动,学生可以全面提升自己的音乐素养和综合能力,为未来的发展打下坚实的基础。例如学校的六一儿童节,孩子们通过音乐、舞蹈表演来表现节日的快乐,营造节日的氛围;每周一升国旗,国歌庄严的声音能激发学生的爱国情怀,让学生感受团结的力量等,因此,音乐与我们的日常生活息息相关。音乐课外活动不仅有利于学生在音乐领域的发展,还能促进学生的全面发展,通过参与音乐活动,学生可以提升自己的审美能力、文化素养、身体素质等多方面的能力。

第五节　音乐跨学科大单元教学的"核心要素"

音乐跨学科大单元教学注重音乐基础与技能的培养、跨学科知识的融合、教学方法与策略的选择、实践与创新能力的发展、情感与价值观的培养以及教学资源与环境的优化等方面。而在教学实施的过程中,教师要始终围绕以下"核心要素"进行跨学科教学,才能有效地提升跨学科教学的质量和效果。

1. 围绕"大观念"的跨学科

"大观念"是一门学科中可普遍迁移的核心概念以及概念性的理解,支撑着整个教学活动,在整节课的教学中有着重要的教育价值,在跨学科大单元教学中,教师要紧密围绕"大任务"进行知识的融合。跨学科大单元教学是一种新的理念,需要采用多种教学方式,以全新的科学的教育理念作为支撑,它完全不同于传统的小学音乐教学模式,而作为教师的我们首先要做到的就是改变自己的教育观念,多学习有关这方面的知识,更好地为自己的教学服务。

2. 围绕"单元目标"的跨学科

单元目标是课程教学中重要的组成部分,单元目标与各课时目标之间是彼此关联的。在进行音乐跨学科大单元教学的过程中,教师要紧密围绕单元目标来进行每一课时的教学目标,不能让单元目标与每课时的教学目标脱节,明确单元目标的引导要求,通过明确单元目标,立足单元教学,确保教学活动始终围绕核心内容展开。教师制订合理的教学计划,进行有效的跨学科,真正将跨学科落到实处。

3. 围绕"大任务"的跨学科

"大任务"是指将学习内容安排在一个贯穿始终的大任务中,由这个大任务来统领整个教学环节,围绕目标、内容、评价等进行一个完整的学习。在进行音乐跨学科大单元教学设计时,教师要设计合理、有效的大任务,根据兴趣和目标,将不同学科的知识围绕一个"大任务"进行融合,整合不同学科的知识来解决问题和创新,充分调动学生的学习积极性,让学生参与到跨学科音乐学习中来。

4. 围绕"核心素养"的跨学科

新版艺术课程标准指出,核心素养是课程育人价值的集中体现,是学生通过课程学习逐步形成的适应个人终身发展和社会发展需要的正确价值观、必备品格和关键能力。因此,教师要紧密围绕"核心素养"来展开音乐跨学科大单元教学的设计,围绕审美感知、艺术表现、创意实践、文化理解这四个核心素养,制定具体的知识技能目标,这些目标要与核心素养紧密相关,使学生在学习的过程中能够全面发展,培养综合音乐素养高的学生。

第六节　音乐跨学科大单元教学的教育意义

跨学科大单元教学突破了传统学科之间的界限,鼓励学生将不同学科的知识和学习方法进行融合,未来,这种教学模式将更加注重学生的个性化需求和创新能力的培养,培养学生的综合素质。在现实生活中,许多问题都需要综合运用多学科的知识来解决,因此,跨学科教学具有重要的现实意义。

1. 培养学生音乐核心素养

跨学科大单元教学的模式以整体为导向,将不同学科内容进行整合,成为一个完整的结构化的学习过程。它更加注重和强调学生的全面发展,以及对不同学科知识的深挖和对知识的理解,通过不同角度和不同学科的学习,对知识有全方位的了解和掌握。在音乐课堂上,通过融合不同学科的知识,使学生感受音乐带来的快乐,掌握专业知识的同时,也能提升自己的沟通能力、团队协作能力和批判性思维等综合素质。这种综合素质的提升有助于学生在未来的职业生涯中更好地适应复杂多变的社会环境。

2. 拓宽学生知识视野

音乐跨学科大单元教学通过提供整体性、连续性的学习氛围,使学生接触到更广泛的学科领域,激发学生的学习兴趣和积极性,同时围绕一个"大观念"进行教学,使学生学习效率更高知识掌握得更加牢固,将不同学科的知识进行整合,使学生在学习过程中不仅能够接触到音乐方面的知识,也能接触到更广泛的知识领域。这不仅拓宽了学生的知识视野,也激发了他们对知识的兴趣和好奇心,为他们未来的发展打下坚实的基础。

3. 增强学生解决问题能力

在跨学科大单元教学中,鼓励学生运用不同学科的知识和学习方法来解决实际问题,增加学生应对不同问题的经验,培养学生的探究能力、创新能力和合作能力。这种综合性的学习方式有助于培养学生的创新思维和解决问题能力,使他们能够更好地应对未来社会的挑战。

4. 激发学生创新思维

跨学科大单元教学,为学生提供了一个自由探索的空间,鼓励他们从不同的角度和层面来思考问题。一个"大观念"下进行不同学科的探索,能激发学生的探索欲望,丰富他们的学习体验,让学生自主学习。这种自由探索的过程有助于激发学生的创新思维,培养他们的创造力和想象力,为未来的科技发展和社会进步贡献新的力量。

5. 适应未来社会需求

随着科技的不断进步和社会的不断发展,未来的职业市场将变得更加多元化和复杂化。跨学科大单元教学模式更能适应现在的教育环境,它打破传统的教学模式,让多学科之间产生关联,注重学科之间的渗透和交叉,能够帮助学生更好地适应这种变化,使他们在未来的职业生涯中具备更强的竞争力和适应能力。

第十二章

跨学科大单元教学
如何"跨"

在当前教育改革不断深入的背景下,音乐教学目标不仅要表现在审美感知、艺术表现、创意实践、文化理解四个方面,还要注重培养学生的跨学科素养和综合实践的能力;更需要思考和探索音乐跨学科大单元教学的理论基础和实践意义,探讨音乐课程跨学科大单元教学的实施策略与方法。通过音乐与其他学科教学的融合,为学生构建丰富多彩、充满创新与探索机会的学习环境,进一步激发学生的学习兴趣和创新潜能,提升学生的综合素养,促进学生全面发展。

第一节 音乐课程跨学科教学的理论基础

"跨学科(interdisciplinarity)"一词,最早出现于20世纪20年代美国的纽约,它最初的含义大致为"合作研究"。《牛津现代高级英汉双解辞典》对跨学科一词的解释为:"跨越学科的,各学科间的"。[①] 笔者认为,"跨学科"主题学习活动就是以某一学科课程内容为主干,将多学科知识有意义地连接起来,有结构地应用到各学科之内或之外。使用核心主题,把学习内容聚焦在相对多元的、复杂的问题上,学科之间相互支持、补充、诠释,帮助学生理解领会知识的结构和顺序、内涵及应用。"跨学科"主题学习是一种相对完整的思维发展与应用模块以及多元理

---

① A.S.Homby,等.牛津现代高级英汉双解辞典(上册)[M].张芳杰,译.香港:牛津大学出版社,1985.

解的深度学习。

《义务教育艺术课程标准(2022年版)》指出,音乐课程要以各艺术学科为主体,加强与其他艺术的融合,重视艺术与其他学科的联系,充分发挥协同育人功能,注重艺术与自然、生活、社会、科技的关联,汲取丰富的审美教育元素,传递人与自然和谐共生理念,促进学生身心健康全面发展。[①]我们要强化课程关联设计,助力音乐课程运用大融合理念,探索教学创新发展。

新教材的学习内容以核心素养为导向,学习内容和学习活动以单元作为整体结构设计,单元内部聚焦主题(或关键问题、大概念等),建立单元与单元之间的联系,以"大单元"(跨单元整体教学)结构呈现,形成感知与体验—认知与理解—表现与运用—创造与表达的循环往复的学习系统。

在音乐课程跨学科大单元教学中,真正的"跨"意味着超越学科之间的界限,实现音乐与其他学科之间的深度融合与互动。这种融合不仅仅是形式上的融合,更主要的是从教学理念、教学内容与教学方法到实践应用等多个层面的实质性交融。

1. 教育理念层面的跨学科融合

音乐跨学科教学在教育理念层面,国内外均有深厚的理论基础支撑。这些理论不仅强调了音乐教育的重要性,还提出了将音乐与其他学科相结合的教学方法,以促进学生的全面发展。

国内学者聚焦我国学校课程实践的问题形成了综合课程融合框架(包括前学科统整、跨学科统整、科际统整、科内统整、超学科统整)、多层次分类框架等。他们将"融合"视为课程体系重构的、与分科课程相对的课程形态,具体表现为综合课程、课程综合化、整合课程。黄甫全等学者认为整合课程实质上是一种采用各种有机整合的形式,将原自成体系的各门课程通过新的组合方式进行整合,使相关课程能形成整体协调的、具有优势的课程形态。[②]

国外很多教育理念也为音乐课跨学科融合教学提供了深厚的理论支撑。其

---

① 中华人民共和国教育部.义务教育艺术课程标准(2022年版)[M].北京:北京师范大学出版社,2022.

② 中国教科院课程与教学研究所课题组.中小学跨学科课程融合的问题与对策[J].课程·教材·教法,2022(10).

中芬兰是世界上教育质量与教育公平"双赢"的典范,在国际组织连续多年的国际学生能力测评中,芬兰学生的表现引起了世界瞩目。[①]芬兰教育注重平等、个性化、终身学习等理念,这些理念为跨学科融合提供了指导。在音乐课程跨学科大单元教学中,真正的跨学科融合应该建立在先进教育理念的基础上,音乐学科应与其他学科形成互补和协同的关系,共同服务于学生的全面发展。这要求我们尊重学生的个体差异和兴趣爱好,提供多样化的学习路径以及学习资源,让学生在跨学科的学习中实现个性化发展;同时,引导学生树立终身学习的理念,让音乐教育成为终身学习的一部分,使学生在未来的生活和工作中能持续受益。

2. 实践应用层面的跨学科融合

依据芬兰教育的理念和实践,真正的跨学科融合需要我们在实践应用中实现音乐与其他学科交融,通过开展跨学科的音乐实践活动来实现。在芬兰,学生普遍采用的跨学科学习方法主要包括现象教学法和主题式学习法。这些方法都强调打破学科壁垒,将不同学科的知识和技能进行整合,以培养学生的综合素质和解决问题的能力。

现象教学法以日常生活中的"现象"或问题为出发点,引导学生综合运用各科知识进行分析和解决。例如,在学习环保主题时,学生不仅会学习相关的科学知识,还会涉及数学、社会科学等多个学科,通过跨学科的方式深入了解环保问题的本质和解决方法。

主题式学习法则是以某个主题为核心,将相关学科的知识和技能融合在一起进行学习。这种方法可以让学生从多个角度和层面了解一个主题,形成更全面的认识。比如,在学习二战历史时,学生会从历史、地理、政治、经济等多个学科角度进行探讨,从而更深入地理解这一历史事件的背景和影响。

此外,芬兰的学生还注重利用数字化工具和网络资源进行跨学科学习。他们可以通过在线平台进行合作与交流,分享学习资源和心得,从而扩大学习范围和提高学习效果。

总的来说,芬兰学生的跨学科学习方法注重实践性和综合性,旨在培养学生的创新精神和解决问题的能力。这些方法不仅有助于提高学生的学习成绩,还能为他们未来的职业生涯和社会生活奠定坚实的基础。

---

① 陈冉.全方位探秘芬兰教育[N].中国教师报,2021-11-10(3).

第二节 音乐跨学科大单元教学的实施方法

在音乐跨学科大单元教学中,教师应根据学生的兴趣爱好和个性化需求,选择具有代表性和综合性的主题,将音乐课程与其他学科的知识和技能有机融合起来,形成具有丰富内涵和多元价值的教学内容和模式。

1. 教材的选择与整合

根据跨学科大单元教学的主旨和教学目标,以及学生的年龄、兴趣、认知特点等因素,选择合适的教材和教学方式,将多样化的教学资源进行整合,确保教学内容及方法的丰富性、多样性、科学性和针对性。教材选择应契合教学目标,体现音乐艺术之美;整合要确保内容连贯、互补,彰显音乐多样性。音乐教材审美,应注重作品内涵与表现形式,培养学生鉴赏力与创造力。

音乐与其他学科之间存在着丰富的交叉点,确定音乐与其他学科的关联性和融合点,将音乐教材与其他相关学科教材进行有机融合,形成具有内在联系和逻辑性的教学内容。设计丰富多样的教学活动,将整合后的教材内容有效传递给学生。教学活动应紧密结合教材内容,注重学生的实践参与度,以提高学生的音乐素养和跨学科思维能力。

教学反思是教学过程中的重要环节,有助于教师总结教学经验,改进教学方法。在音乐跨学科大单元教学的实施过程中,教师应不断反思教学效果,及时调整教学策略,使教学更加符合学生的需求和期望。

跨学科学习的整体框架设计最终指向学生的学科知识融合能力、交叉水平和多学科综合问题解决能力的培养,而要从学科聚焦走向学科交叉与融合,就需要在主学科教师的组织下,多学科教师围绕学生的跨学科学习开展教研合作。因而音乐的跨学科大单元教学就是在音乐为主学科牵引下,多学科有机分工与协作,为学生的跨学科学习提供指导与支持的行为。

1) 音乐课程跨学科教学团队的构建

音乐跨学科学习既要立足音乐主学科,又要凸显所跨学科的专业性;既要基于系统、综合的视角审视主题,又要凸显问题解决的专业性。音乐教师为主学科教师,要基于专家指导和教师的合作,明确可以跨的学科,进而向涉及的学科教师发出邀请,将主题呈现给学科教师,并且将跨学科的具体要求传递给各学科教师。而各学科教师则采取接单或响应模式,接受分工并提出改进意见。全程由作为牵引学科的主学科教师负责统筹。

2) 学科交叉、学科融合问题的解决

学生在音乐跨学科学习中遇到的问题往往并不是某个具体学科的,可能会出现一个问题涉及两个或两个以上的学科,而这种问题恰恰是推动学生跨学科思维和交叉思维形成的关键。这样的问题则需要不同学科教师合作给予回答,既可以是现场解决,也可以由音乐教师收集后,由跨学科的各位教师以召开组会的形式给予单独回答,也可以由提出问题的学生与教师进行对话或合作探讨。

2. 教学方法的创新与实践

在音乐跨学科大单元教学中,创新的教学方法对于提高学生的学习效果至关重要。传统的教学方法,往往侧重于音乐理论和技巧的传授,而忽视了音乐与其他学科的内在联系,这限制了学生的全面发展,以及对音乐深层次的理解。因此,采用创新的教学方法势在必行。

1) 跨学科主题探究法

跨学科主题探究法不再局限于传统的音乐知识和技能传授,而是与其他学科如历史、文学、科学等相结合,通过选择一个具有深度和广度的主题,形成一个跨学科的学习单元,对此展开深入探究,引导学生从不同学科的角度去理解和探究音乐,强调学生综合运用不同学科的知识来解决实际问题。

2) 跨学科项目式学习

跨学科项目式学习是设计基于项目的学习活动,构建一个完整的设计框架,确定项目的起始点、发展阶段、高潮和结束点,以及每个阶段的具体任务和目标,让学生在完成项目的过程中,整合不同学科的知识和技能。在设计框架时,教师要注重学生的主体性和参与性,确保项目能够激发学生的兴趣和创造力。

3) 跨学科合作式学习

跨学科合作式学习针对选定的跨学科主题,设计一系列合作式学习任务,鼓励学生根据自己的兴趣和专长,跨学科组队,共同完成学习任务。这种团队组建方式可以培养学生的团队合作能力和跨学科交流能力。

4) 跨学科互动式教学

教师要善于利用多媒体技术和网络资源,为学生提供丰富多样的学习资源,创建互动式的学习环境,设计具有挑战性的学习任务,提供个性化的学习支持,建立积极的学习氛围等,吸引学生学习的兴趣,让学生在不同学科之间,探索知识之间的联系,在互动中更好地学习和进步。

5) 跨学科实践式学习

教师要组织实践活动,让学生在实践中学习和应用跨学科知识,引导学生把所学知识运用到生活中去。实践式教学作为一种有效的教学方法,能够帮助学生将理论知识与实际操作相结合,更深入地理解音乐的内涵,提高艺术修养和综合素质。

6) 跨学科研究式学习

构建研究式学习模式,引导学生发现问题、提出问题、解决问题。教师提出具有挑战性的问题,激发学生的好奇心和求知欲,引导学生进行跨学科研究,学生在解决问题的过程中,主动探究、合作交流,从而实现对知识的深入理解和运用,培养批判性思维和创新能力。

除此之外,教师还可以进行跨学科案例教学法与跨学科反思式学习,运用真实案例,让学生分析案例中涉及的不同学科知识,鼓励学生对自己的学习过程和结果进行反思,促进他们的自主学习和持续发展。

3. 评价体系的建立与完善

每个学生都是独一无二的,他们有着各自不同的学习风格和节奏,评价体系的建立与完善应综合不同课程的内容和方法,制定科学、合理而有效的评价体系,关注学生个性化的学习过程、学习成果和跨学科素养的发展,从而为他们提供全面、有效的反馈和指导。

1) 明确评价目标

在音乐跨学科大单元教学中,建立与完善评价体系的首要任务是明确评价目标。这包括确定评价的总体方向和目的。例如:是为了评估学生的音乐技能、跨学科融合能力,还是为了促进学生的学习进步和全面发展? 明确的目标能够指导后续评价标准和方法的制定。

2) 制定评价标准

针对音乐跨学科大单元教学的特点,一套具体的评价标准,应该既考虑音乐学科的知识和技能,又涵盖跨学科的学习成果,还应该具有可操作性和可衡量性,以便进行准确的评价。

3) 多元化评价方法

为了更全面地评价学生的学习成果,教师需要采用多元化的评价方法。这包括传统的笔试、表演考核等,还应引入观察、调查、自我反思、互评、师评等多元化评价手段,确保评价的多元性、客观性和公正性。这些方法能够提供更多维度的信息,使评价更加全面和准确。

4) 强调过程性评价

在音乐跨学科大单元教学中,过程性评价至关重要。这意味着,评价应该关注学生在学习过程中的表现和发展,而不仅仅是最终结果。通过观察和记录学生在项目合作、创作实践、课堂讨论等环节中的表现,教师可以更好地了解学生的学习过程和学习策略,从而提供更有针对性的指导和帮助。

5) 结合学科特点

音乐跨学科大单元教学的评价体系应该充分体现音乐学科的特点和跨学科融合的要求。例如,在评价学生的音乐作品时,教师可以考虑作品的艺术性、创新性以及跨学科元素的融合程度等;同时,也应该关注学生在音乐学习中的情感体验和审美能力的提升。

6) 建立反馈机制

建立完善的反馈机制是评价体系不可或缺的一部分。通过及时、具体的反馈,学生能够了解自己的学习成果和不足之处,从而调整学习策略和方法。教师也应该根据反馈结果调整教学计划和策略,以更好地满足学生的学习需求。

7) 持续优化与更新

音乐跨学科大单元教学的评价体系应该是动态发展的,需要不断优化和更新。这包括对评价目标、评价标准、评价方法等方面的定期审视和调整。同时，教师也应该关注教育改革的最新动态和学科发展的前沿趋势，以便及时将新的理念和方法引入评价体系中。

明确评价目标、制定评价标准、采取多元化评价方法、强调过程性评价、结合学科特点、建立反馈机制以及持续优化与更新等方面的努力，可以构建一个更加科学、全面、有效的评价体系，为音乐跨学科大单元教学的深入发展提供有力支持。

第三节　音乐课程与其他学科融合的实践思考与实践意义

音乐课程与其他学科的融合实践具有重要的思考与实践意义。它不仅能激发学生的学习兴趣和主动性，使学生更加深入地理解音乐内涵和表达方式，增强文化自信，提高学习效果。同时也能够将音乐知识应用于其他学科的学习中，提高学生学习的综合性和实用性，培养他们的审美能力和人文素养。

1. 音乐与语文

音乐与语文都是人类文化的重要组成部分，两者之间的融合具有重要意义。在进行音乐与语文的融合教学时，我们可以通过音乐作品的内涵来解读文学作品的主题，将音乐作品的主题、情感、意境等诸方面，与文学作品进行类比和对比，引导学生感受音乐与诗文语言的韵律之美，培养并提升学生的文学素养和审美情操。

例如：把古诗词、经典小说等经典文学作品，改编为歌曲或音乐剧等音乐作品，学生在欣赏音乐、感受文学作品魅力的同时，深入体验文学作品的情感与意境，增强他们对文学作品的理解。

语文课文搭配的音乐，通过音乐来增强文章的感染力，从而让学生更好地理解文章的情感以及内涵。音视频编辑在教学中应用广泛，教师可引导学生学会简单的音视频剪辑，让学生自行创作音乐为课文配乐，感受信息技术与音乐、语言文学之间的紧密联系，培养学生的创造力。

通过创作歌词与故事，学生可以更好地关注到音乐作品中的语文元素。歌词的诗意表达,旋律的起伏变化,歌词的押韵、对仗等,可以丰富学生自身的语言表达能力,提升想象力和创造力,从而将音乐基础知识和音乐文化知识融汇成自己的音乐情感,让音乐与情感共生。

2. 音乐与历史

历史赋予了音乐深厚的文化背景,音乐则为历史注入了生动的情感和生命力。历史与音乐的跨学科融合教学,为学生打开了一个全新的学习视角,不仅有助于学生对历史知识的理解,还能增强他们对音乐艺术的欣赏能力,从而培养他们的文化素养和审美意识。

教学时,老师要充分挖掘音乐作品的历史背景和文化内涵,通过引入不同时期、不同地域的音乐作品,引导学生了解历史事件和历史人物的情感与思想,让学生感受历史的变迁和文化的多样性。通过创作音乐作品来反映历史事件,评价历史人物,学生可以加深对历史知识的理解和记忆。

例如,通过学习《梁祝》这首曲子,学生可了解中国传统爱情文化的内涵与魅力;通过学习《茉莉花》这首歌曲,学生可了解明清时期的社会生活和文化艺术;学习《二泉映月》这首二胡曲,学生可通过了解作者阿炳的生平,感受中国近代社会的变迁;通过学唱《义勇军进行曲》《黄河大合唱》,学生能学习和了解抗日救亡运动的历史背景和意义,传承和弘扬中华民族英勇不屈的斗争精神。《歌唱祖国》这首歌曲,表达了中国人民对新中国的热爱和建设新中国的豪情壮志。通过学习这首歌曲,学生可以了解新中国建设的历程和成就。

分析古典音乐、民族音乐、流行音乐等不同风格的音乐作品,可以让学生了解不同历史时期的社会背景、文化特点以及人们的情感表达方式。学生在欣赏音乐的同时,也能够深入理解历史。

组织专题讲座、音乐欣赏活动、历史剧表演等形式,也可以让学生在亲身体验中感受历史与音乐的交融。

音乐与历史的跨学科教学有助于提升学生的综合素质。在学习历史的过程中,学生可以更好地理解和欣赏音乐作品,增强审美能力;在音乐学习的过程中,学生也可以更深入地学习历史背景和文化内涵,提升文化素养。

3. 音乐与科学

音乐中的每一个音符、每一个节奏,都与科学息息相关。教学时,教师可以利用音乐声学的基本原理和音乐与物理等学科的关系,引导学生探索音乐乐器及音乐现象的科学奥秘。

声学是研究声音产生、传播和接收的科学。声音的产生、传播和接收都与物理学有着密切的联系,声音的振动频率决定了音高,而声音的波长决定了音色。音乐与声学的融合教学,可以帮助学生更深入地理解音乐的声学特性,如响度、音调和音色等。同时,声学的研究成果也可以为音乐创作和表演提供新的可能性。

在音乐课堂上进行科学实验,可以帮助学生更直观地理解音乐的科学原理,为音乐创作提供新的灵感和思路。例如,通过实验演示声音的传播方式,或者让学生亲手制作乐器,感受不同材料对音色的影响。教师引导学生理解通过改变乐器的结构或材料,可以创造出全新的音色和效果。

科学技术的发展,为音乐跨学科融合教学提供了有力的支撑。以下我们将介绍几种常见的信息科学技术应用,看一看它们带给音乐的变革。

音乐制作软件:利用计算机编程和音乐制作软件,如 Ableton Live、Logic Pro 等,音乐人可以创作、编辑和混音音乐,实现复杂的音乐结构和效果。

虚拟乐器:借助虚拟现实技术,学生可以体验到虚拟乐器的演奏,如电子鼓、合成器等,这些乐器不仅模拟传统乐器的声音,还能产生独特的音效。

音乐机器人:科学家研发出能够演奏乐器的机器人,如钢琴机器人、小提琴机器人等,它们通过精确的编程和控制,能够演绎出美妙的音乐,可以扩大学生的眼界。

音乐与人工智能:AI技术可以分析音乐的结构、风格和情感,为学生提供创作灵感和建议。同时,AI还可以生成新的音乐作品,展现出独特的艺术风格。

音乐可视化:教师可将音乐与视觉艺术相结合,通过投影、灯光等手段,将音乐的节奏、旋律和情感以视觉形式展现出来,为学生带来沉浸式的音乐体验。

音乐与科学的跨学科大单元融合教学,不仅丰富了音乐的表现力,培养了学生的科学素养和逻辑思维能力,也推动了科学的发展。

4. 音乐与"姊妹"艺术

音乐与姊妹艺术之间有着深厚的关联,在音乐课堂中融入其他艺术元素,不仅丰富了音乐教学的内涵,也能为学生提供更广阔的艺术视野以及更深刻的解读。

　　教师在音乐教学中引入电影、戏曲等艺术形式,引导学生感受音乐与电影、戏曲等不同艺术形式之间的情感共鸣和律动之美;通过绘画、艺术表演和创作等活动,提升学生综合性的艺术素养和创新能力,促进他们艺术思维的多元化发展。

　　例如,在"音乐与绘画的跨学科大单元教学"中,首先我们可以引导学生欣赏名画,思考音乐与画作之间的共性,从中提取音乐元素,如色彩、线条、构图;然后鼓励学生根据这些元素创作音乐作品,为画作配乐、创作以画作为主题的歌曲,以表达自己对绘画作品的理解与感受;最后组织学生进行展示,互相欣赏、评价作品。这样的融合实践帮助学生更深入地理解音乐与绘画之间的关联,提升学生的艺术创造力和审美能力,培养创新思维。

　　音乐与舞蹈的融合:在舞蹈表演中,音乐为舞蹈提供节奏和旋律,使舞蹈动作更加协调、富有韵律感。同时,学生通过感受舞蹈的肢体语言,诠释音乐的情感和意境。音乐和舞蹈两者相互映衬,共同创造出独特的艺术效果。

　　音乐与戏剧的融合:在音乐剧教学中,音乐和戏剧元素紧密结合,通过歌曲、对白和表演来讲述故事、塑造人物,使学生体会到音乐不仅为剧情发展提供背景和情感支持,还通过旋律和歌词深化角色形象和情节冲突。

　　音乐与绘画的融合:在音乐教学中,教师可以让学生进行现场简笔绘画,根据音乐的节奏和情绪创作作品。这种融合让学生在欣赏音乐的同时,也能通过视觉艺术感受音乐的魅力。

　　音乐与电影的融合:电影中的音乐为场景营造氛围、推动情节发展,使观众更加深入地理解故事和人物。同时,电影画面也为音乐提供了具象化的表现空间,使音乐更加生动、形象。教师可以在教学中让学生选择合适的音乐为电影片段配乐。

　　音乐与摄影的融合:音乐与摄影的结合可以通过选择合适的音乐为摄影作品增添情感和氛围,使照片更加生动、富有感染力。同时,摄影作品也可以作为音乐创作的灵感来源,为音乐提供具象化的视觉形象。

　　音乐与戏剧服装的融合:在音乐剧或戏剧演出中,服装设计师会根据音乐的风格和主题来设计角色的服装,使服装与音乐和剧情相协调。教学中,教师可以让学生选择合适的服装表演音乐剧。合适的服装不仅增强了演出的视觉效果,还使学生更加深入地理解角色和故事。

　　这种跨学科教学方式,不仅有助于培养学生的创新思维和审美能力,还能促进他们在多个艺术领域中的全面发展。

5. 音乐与数学

音乐与数学之间联系紧密,音乐中的音高、音程、节拍、节奏等,与数学中的运算和逻辑推理相关联。教师把数学的相关思想、理念应用于音乐教学中,可以帮助学生更好地理解和掌握音乐的基本知识,增强学生对音乐文化的理解。

例如,在教学音乐的节拍和节奏时,我们可以将数学中的分数概念引入进来。音乐的节拍形式很多,让学生将节拍分割成不同的部分,并通过数学运算来判断每个部分的时值,找到节拍中的数学规律。这样不仅能够帮助学生掌握音乐的节奏感,同时也能够把数学知识灵活运用在生活中。音乐的节拍可以用分数来表示,如4/4拍表示每小节有四拍,每拍的时值相等。这种表示方法使得音乐的节奏感可以用数学的方式进行精确描述和计算。

再比如,在音乐中,音符可以用数字来表示,如简谱中的1~7对应do~si七个音阶。这种对应关系使得音乐中的旋律和节奏可以用数学的方式进行量化和分析。在教学音高与音程时,教师可以联系数学中的比和比例相关知识。音乐中音阶和音程的学习,可以让学生了解不同音符之间的比例关系,还能与数学中的比例概念进行对应。

中国古代的"三分损益法",就是通过数学运算研究音律的方法,体现数学与音乐的紧密联系。这种跨学科的融合教学不仅能增强学生对音乐的理解和运用能力,还能促进学生对数学知识的掌握与理解,激发对数学、音乐的学习兴趣和创新思维,提高综合能力。

6. 音乐与心理健康

音乐与心理健康之间存在着密切的联系。音乐作为一种艺术形式,能够触动人心,引发情感共鸣,对个人的心理状态产生深远影响。音乐能够帮助我们表达情感、释放压力、调节情绪,对于维护心理健康具有积极作用。音乐对人的心理健康有着积极的影响,在音乐课中引入心理健康的理念和方法,可以促进学生的身心健康和全面发展。

教师可以通过音乐欣赏、音乐创作、音乐表演等活动,来引导学生感受音乐与心理健康的关系;同时,教师还可以结合心理健康教育的内容,设计具有针对性的教学活动和练习,提高学生的心理素质和心理健康意识。

例如:通过音乐疗法、音乐冥想等方式,教师可以帮助学生缓解压力、调节情绪、提升自我认知。在音乐课堂上,教师可以教授学生如何通过音乐来调节情绪,例如,在生气时听一些舒缓的音乐,如《美丽的黄昏》;在开心时听一些欢快的音乐,如《郊游》《捉迷藏》等。对于存在焦虑情绪的学生,教师可以运用音乐治疗的方法,选择具有安抚作用的音乐,如《森林狂想曲》,帮助学生平复情绪,减轻焦虑感。这种融合方式有助于学生建立积极的情绪管理策略,以面对生活中的挑战。

在音乐合唱活动中,学生需要学会与他人合作,共同完成任务。教师可以选择一些具有积极意义的音乐故事,如《歌唱英雄王二小》,通过讲述和讨论,引导学生形成正面思考的习惯。这种融合方式有助于培养学生的团队合作精神和集体荣誉感。这种融合方式能够帮助学生建立积极的心态。

7. 音乐与多学科

音乐还可以与语文、美术、信息技术等多学科融合。但在融合教学过程中,我们不能刻意进行跨学科,要找到学科之间的逻辑。比如,某一个学校做了一个以"水"为主题的跨学科融合课程,以"文学中的水""艺术中的水""数学中的水""科学中的水"为探究对象,不同学科老师围绕"水"的主题依次上课,组合成一个周期的单元,这种跨学科教学,则是一种形式上的融合。

多学科融合教学中我们要有清晰的认知目标。比如某一所学校以"苹果"为主题,组织学生开展"读苹果故事""做苹果树贴画""唱苹果儿歌""去苹果园研究苹果数学问题""做苹果酱"等活动。活动内容非常丰富,但这就是一个综合性实践活动,对跨学科融合教学要达成怎样的目标并没有清晰的认知。

艾伦·雷普克在《如何进行跨学科研究》中提出:跨学科研究是回答问题、解决问题、处理问题的进程,所涉及的问题太宽泛、太复杂,靠单门学科难以解决。跨学科研究以学科为依托,以整合见解、构建更全面认识为目的。[①]

真正的跨学科融合学习,是大概念驱动的深度任务。它不强调学科,但解决任务时要调用全科知识进行解答。

例如:以探究各民族音乐风格为主题的教学,为了让学生更好地理解各民族音乐风格特点,教学过程中,教师要求学生分组,并让他们运用其他学科的知识来进行研究,每组选择一个少数民族的音乐风格进行研究,并准备一个小型的音

---

① 艾伦·雷普克. 如何进行跨学科研究.[M]傅存良,译.北京:北京大学出版社,2016.

乐会来展示各组研究成果。

为了研究某个民族的音乐风格,学生们查阅了地理和历史书籍,了解了该民族的地理环境、文化背景和生活传统。这些背景知识帮助他们更深入地理解了音乐风格的形成和发展,对音乐的理解更加深入和全面。教师可以结合语文习作,让学生介绍一个最喜欢的少数民族,撰写一段100字左右的导游词。结合美术,了解各民族特色,学生手工绘制少数民族宣传海报。音乐方面,学生探寻各民族习俗以及特色歌曲,了解民族音乐的发展以及文化内涵,选择一首少数民族的音乐作品进行创意展示。结合数字化音乐技术,如音乐制作软件、音频编辑工具等,学生可将各小组表演成果进行线上展示。如表12-1所示。

表12-1　学生学习单

探寻民族音乐风格
小组名称:
调查民族:
民族特色:
表演曲目:

通过跨学科融合,引导学生深入了解各民族音乐风格及其文化内涵。提升学生的音乐鉴赏能力、语文表达能力、美术创作能力以及信息技术的应用能力。培养学生的跨学科思维,提高综合素质。

音乐课程跨学科大单元教学作为一种创新且有前景的教学模式,为学生提供了全新的学习视角,有助于培养学生的个性才能、综合素养和创新能力。音乐课程与语文、历史、科学、艺术等多学科的融合实践,可以打破学科之间的壁垒,实现不同学科之间的有机融合,为学生带来更加丰富、多元和个性化的学习体验,促进学生全面发展。未来,音乐学科将继续探索音乐课程跨学科大单元教学的理论基础和实践策略,为培养具有全面素养和创新能力的栋梁之材做出更大贡献。

第十三章

如何保证跨学科大单元教学"跨"起来

第一节　音乐跨学科大单元教学的定义和重要性

跨学科大单元教学能将各学科课程资源有机结合,构建跨学科知识体系,通过在音乐教学中引入相关文学作品、历史事件,让学生通过多元的视角感受音乐背后的文化内涵。同时,跨学科大单元教学还有助于学生综合素质与创新能力的发展,教师通过精心设计教学内容,开展丰富多样的跨学科活动,让学生在综合性的学习中实现知识的迁移运用,使学生进入深度学习状态。

1. 音乐跨学科教学概述

音乐跨学科大单元教学是指将音乐教学与其他学科融合,创设具有跨学科特色的教学模式。这种教学模式不仅强调音乐本身的学习,更注重通过音乐教学促进学生对其他学科知识的理解和应用。跨学科教学涉及的学科范围包括但不限于语言、数学、科学、艺术等各个学科领域。其特点在于能够打破学科之间的界限,促进学生的综合素养发展。

以小学音乐为例,结合新课程标准进行跨学科教学的设计,在学习节拍与节奏的同时,教师可以引入数学中的分数概念,让学生通过音乐节拍的学习更好地理解和运用数学中的分数知识。在学习音乐乐谱的同时,教师可以引入语言学习,让学生通过音乐乐谱的阅读来提高语言表达能力和阅读能力。这样的跨学科教学不仅能够增加学科之间的联系性,也能够提高学生的学习兴趣和综合能力。

通过跨学科教学,学生不仅能够在音乐学习中获得知识,还能够在其他学科领域得到丰富的启发和拓展。学生可以通过音乐跨学科教学更好地理解各个学科之间的联系,拓展自己的学习领域,培养综合能力和创新思维。因此,如何保证跨学科大单元教学跨起来,将对学生的学习和发展产生重要影响①。

2. 音乐跨学科教学的重要性

跨学科教学是指在不同学科之间建立联系和整合知识,使学生能够综合运用多学科的知识来解决现实问题。音乐跨学科教学尤为重要,因为音乐本身就是一门综合性的学科,涉及音乐、文学、历史、科学等多个领域。通过跨学科教学,学生不仅能够更深入地理解音乐素养,还能够培养综合能力和创新思维。

以小学音乐为例,结合新课程标准,教师可以设计一个跨学科大单元教学,如"音乐与自然"②。在这个单元中,教师可以结合音乐和科学,让学生通过学习音乐中的自然音、动物音,了解自然界的声音规律和相关知识。同时,教师也可以结合美术,让学生通过绘画和音乐创作,表达对自然的感受和理解。

这样的跨学科教学不仅能够帮助学生更好地理解音乐知识,还能够培养学生的跨学科思维和解决问题的能力。在教学实践中,学生通过跨学科学习,不仅能够更好地理解知识,还能够培养创造力和团队合作精神。最终,学生不仅在音乐方面有所提高,还能够在其他学科中表现出色。

因此,音乐跨学科大单元教学是非常必要和重要的。它不仅能够丰富学生的学习体验,还能够培养学生的综合能力和创新精神。通过跨学科教学,音乐不再是孤立的学科,而是与其他学科紧密联系,为学生的综合发展提供更广阔的空间。

---

① 崔智奇.如何开展语文大单元教学[J].河南教育(基教版),2023(Z1):85.
② 董亮,王晓娟.如何进行大单元教学设计[N].山西科技报,2023-04-07(006).

3.音乐与其他学科的关系

音乐跨学科大单元教学的定义和重要性不仅体现在音乐教育过程中,更体现在音乐与其他学科之间的关系上[1]。音乐不再是孤立存在的学科,而是与文学、数学、科学等学科相互联系、相互融合。在新课程标准下,跨学科教学促进了学生跨界思维和综合能力的培养。

以小学音乐为例,结合新课程标准,音乐与语文的跨学科教学展示了音乐与文学之间的联系。通过音乐与古诗词的结合,学生在演唱传统古诗词歌曲的过程中,不仅能够感受到文学之美,还能够提高朗读能力和情感表达能力。这种结合不仅使学生深入理解了文学作品,也激发了他们对音乐的热爱。

音乐与数学的跨学科教学也是一种探索。学习音乐的节奏和音高变化时,结合数学的节拍和旋律规律,学生可以更深入地理解数学的抽象概念。例如,在学习音乐节拍时,学生不仅可以感受到速度和节奏的变化,还可以理解数学中的分数和比例概念。这种跨学科的教学方法既拓展了学生的知识面,又提升了他们的综合能力。

音乐跨学科大单元教学确实实现了不同学科之间的跨界融合,使学生在学习音乐的同时,也能够涉猎其他学科的知识。这种教学方法不仅培养了学生的综合能力,还让他们在跨学科的世界中感受到知识的无限可能。在实践中,学生不仅完成了学习任务,更体会到了跨学科教学的魅力。

第二节　音乐跨学科大单元教学的困难

音乐跨学科大单元教学面临着诸多困难。教师需要具备多学科知识和跨学科教学能力,这对教师的专业素养提出了更高的要求。学科之间的内容整合和交叉需要耗费大量的时间和精力,教师需要在多个学科之间进行有效的串联和关联,使学生能够清晰地理解知识之间的联系。由于不同学科的教学目标和方法各不相同,教师在设计跨学科大单元时需要平衡各学科的重点和难点,确保学

---

[1]　毛振明.解说"体育大单元教学"[J].中国学校体育,2021,40(10):30-33.

生能够充分理解和掌握知识[①]。

　　学生在接受跨学科大单元教学时也会面临困难。学生需要适应不同学科知识的融合以及不同学科教学方法的应用,这对他们的认知和学习能力提出了更高的要求。同时,跨学科大单元教学需要学生具备较强的自主学习能力和跨学科思维能力,而这也是学生在传统学科教学中较少接触到的[②]。

　　因此,音乐跨学科大单元教学中的困难和挑战需要教师和学生共同努力克服[③]。只有通过持续的实践探索和教学改进,跨学科大单元教学才能真正实现并可持续发展[④]。

第三节　制定音乐跨学科大单元教学策略

　　制定音乐跨学科大单元教学策略时,我们首先需要明确跨学科教学的核心理念,即通过不同学科的融合,促进学生综合理解和应用能力的提升。教师需要结合课程标准、学生的认知水平和学科特点,选择合适的主题,设计跨学科任务,整合课程资源,实施多元化教学方法,并通过评估与反馈来不断优化教学策略。

1. 确定学科之间的联系

　　为了保证跨学科大单元教学的顺利实施,教师首先需要制定音乐跨学科大单元教学策略。这包括确定不同学科之间的联系,以促进学科之间的互动和合作。小学音乐课程可以结合数学、语文、美术等学科,通过探讨音乐的节奏和节拍与数学的数列规律的联系,或者通过歌曲中的词语和情感与语文阅读的内容进行联系,或者通过绘画表现音乐节奏的感觉等方式来建立学科之间的联系。

　　举例来说,通过学习音乐中的节奏和节拍,教师可以引导学生探讨数学中的分数、小数和比例的概念,从而加深他们对数学知识的理解;同时,通过学习歌曲中的歌词和情感表达,可以促进学生语文阅读的兴趣,培养他们对文字的理解能

---

① 向婧,韩菲.基于跨学科概念"能量"的单元教学设计[J].生物学教学,2022,47(04):23-26.

② 郭瑞,郭淑萍.刍议如何在小学大单元教学中引发学生的深度学习[J].小学生(中旬刊),2023(11):151-153.

③ 张炳祥."大单元"教学路径探寻[J].小学语文教学,2022(17):15-16.

④ 李竹平,孙静.如何认识和实践新课标理念下的大单元教学[J].语文教学通讯,2023(30):82-85.

力;通过绘画表现音乐节奏的感觉,可以激发学生对美术创作的兴趣,提高他们的艺术表达能力。

将音乐与其他学科联系起来,不仅可以帮助学生更好地理解音乐知识,还可以促进他们在其他学科领域的学习。这种跨学科的教学方法有助于学生全面发展,培养他们的综合能力,实现教育目标的最终效果。因此,教师在实施跨学科大单元教学时,要注重确定学科之间的联系,确保学生能够真正体会到各学科之间的互动和融合,达到跨学科教学的最终目的。

2.设定合理的教学目标

在制定音乐跨学科大单元教学策略时,一个关键的步骤是设定合理的教学目标[①]。这些目标应该考虑到每个学科的特点和要求,同时确保学生能够在跨学科学习中获得丰富的知识和技能。

目标应该明确指导学生将音乐课程中学到的知识与其他学科相互关联。例如,通过学习音乐,学生可以理解音乐和数学之间的关系,如节拍和节奏的计数。这样的目标可以帮助学生在实际生活中应用数学知识,并在音乐中培养数学思维。

目标还应该注重培养学生的综合能力和创造力。通过跨学科学习,学生可以在不同学科的结合中发展自己的多元智能,提升解决问题和创新的能力。例如,在音乐创作中,学生不仅可以发挥音乐表现力,还可以提高运用语言和艺术的技能,从而培养综合素养。

设定的目标还应该考虑到学生的学习体验和成长。一个成功的跨学科大单元教学应该能够激发学生的兴趣和热情,让他们在学习过程中感受到成就感和自信心的提升。通过综合学科的学习,学生可以更好地理解知识间的联系,拓展思维的广度和深度。

制定音乐跨学科大单元教学策略的关键在于设定合理的教学目标。这些目标应该考虑到学科之间的联系,培养学生的综合能力和创造力,以及促进学生的全面发展和成长。只有通过设定明确的目标,跨学科教学才能够真正"跨"起来,给学生带来更丰富的学习体验和成果。

---

① 汪萍.如何在大单元教学理念下开展英语教学[J].英语画刊(高中版),2023(28):85-87.

3. 规划合适的教学内容

为了保证跨学科大单元教学的成功实施,制定音乐跨学科大单元教学策略至关重要。规划合适的教学内容是关键之一。在小学音乐课程中,我们可以结合新课程标准,围绕人音版小学音乐教材展开教学。比如,在教授小学生音乐节奏感和节奏记号的同时,教师可以通过数学知识来帮助学生理解拍子和节奏的关系,从而加深他们对音乐的理解。又如,在学习音乐欣赏的过程中,教师可以结合语文知识,让学生通过阅读文学作品,聆听相应音乐,从文学作品中感知音乐的情感表达,提升他们的文学鉴赏能力。

将音乐与其他学科相结合,不仅可以加深学生对音乐的理解,还可以拓展他们的跨学科知识。这样的教学方式不仅使学生在学习音乐的过程中得到全方位的启迪,同时也为他们培养跨学科综合素养提供了有力支持。最终,学生能够更好地领悟音乐所传达的文化内涵,提升自身的审美情趣和综合素养。这种跨学科大单元教学的实施,不仅让学生学到了知识,更重要的是让他们在跨学科知识的交融中完成了对整体的认知,实现了跨学科教学的目标。

4. 选择恰当的教学资源

在选择教学资源时,需要考虑音乐跨学科教学的特点和需求。音乐作为一门艺术性较强的学科,具有独特的表现形式和传达方式,因此在跨学科教学中,教师应该选择那些能够促进学生全面发展的资源。比如,教师在教学中可以结合语文教材中的诗歌进行诵读和表演,从中感受音乐与语言的结合,培养学生的审美情感和表达能力。

在选择教学资源时,教师还需要考虑到学生的实际情况和兴趣特点。比如,教师在教学中可以引入数学这一学科,通过节奏感和音高的概念与节拍、音符的对应关系,培养学生对数学的兴趣和对相关概念的理解。这样不仅可以丰富教学内容,还能激发学生的学习兴趣,使他们在跨学科学习中获得更多的启发和成长。

总的来说,在选择教学资源时,教师应该根据跨学科教学的特点和要求,精心设计教学内容,让学生在实际活动中体会到不同学科的联系和互动,从而帮助他们更好地理解知识、拓展思维空间,并培养跨学科思维和解决问题的能力。只有在教学资源的选择上做到恰当和精准,跨学科大单元教学才能有效实施,并使学生有更深层次的收获。

第四节　音乐跨学科大单元教学的设计和实施

音乐跨学科大单元教学的设计和实施是一种综合性的教学方法,旨在通过音乐与其他学科的融合,促进学生的全面发展。例如,以《彝家娃娃真幸福》为例,教师可以设计一系列的教学活动,如通过歌曲学习彝族文化,通过音乐活动体验彝族节日的欢乐氛围,并通过音乐创作活动让学生表达对彝族文化的理解和尊重。这样的跨学科教学设计不仅能够丰富学生的音乐知识,还能促进他们对多元文化的理解和尊重。

1. 确定学科与主题之间的联系

在跨学科大单元教学中,确定音乐与主题之间的联系是至关重要的。有意义且有目的地将音乐元素和主题内容融合在一起,可以有效地提升学生的学习兴趣和参与度。以小学音乐教学为例,结合新课程标准的要求,教师可以设计一个大单元以"自然环境保护"为主题,通过音乐来探讨人类与自然的关系。

在这个大单元中,教师可以选择相关的音乐作品,如《小河淌水》等,通过学习这些音乐作品,可以让学生感受到大自然的美好,激发他们对自然环境的关爱之情。同时,可以结合地理、生态等学科知识,学生通过学习生态系统和环境保护的相关内容,来认识自然资源的重要性,并意识到自己应该承担起环境保护的责任。

教师可以通过音乐创作的方式,让学生自己谱写一首歌曲,表达对自然环境的热爱和保护。这既锻炼了学生的音乐创作能力,又让他们通过音乐来表达对环境保护的态度和行动。这样的教学设计,不仅实现了音乐与其他学科的跨学科整合,还让学生在实践中学会了关注环境、珍惜资源。

通过以上描述的教学设计,可以看出音乐与主题之间的联系得以确立,实现了跨学科大单元教学的目的[①]。学生在学习过程中不仅仅是学习单一学科知识,更是对多学科知识的整合和应用,培养自身的综合素养和解决问题的能力。最终效果将是学生对自然环境的理解更加深入,懂得珍惜和保护环境,为未来的可持续发展做出自己的贡献。

---

① 吴再柱.请勿轻言"大单元教学"[J].语文教学通讯,2023(35):10-13.

2. 制订音乐跨学科的教学计划

在制订音乐跨学科的教学计划时,我们首先要明确跨学科教学的目标和需解决的问题。例如,在小学音乐课程中,教师可以设计一个以音乐、科学和语言三个学科为主的跨学科大单元,让学生通过学习音乐、科学和语言,提高他们的创造力、逻辑思维和语言表达能力。

在教学过程中,教师可以结合音乐学习和科学实验,比如通过学习音乐中的音高、音色和节奏,引导学生进行声音实验,了解声音的传播和产生原理;同时,可以结合语言学习,让学生写作关于声音传播的科普文章,培养他们的语言表达能力。

教师还可以设计一些跨学科的项目活动,比如让学生制作一个包含音乐、科学和语言元素的多媒体展示,展示他们对音乐、科学和语言的理解和运用。通过这些跨学科的设计和实施,学生不仅可以学习到跨学科知识,还可以培养他们的合作能力、创造力和解决问题的能力。

最终,学生的收获将是全方位的,他们不仅可以学到跨学科知识,还可以培养出色的综合素养和解决问题的能力。因此,制订音乐跨学科的教学计划是非常重要的,可以帮助学生更好地理解和应用所学知识,实现学科间的跨界教学。

3. 跨学科教学的评价和调整

音乐跨学科大单元教学的设计和实施是一项复杂而具有挑战性的任务。在教学过程中,我们需要不断对跨学科教学进行评价和调整,以确保最终实现教学目标。评价的过程不仅仅是对学生学习效果的检验,更重要的是对教学方案和方法的反思和完善。只有通过持续的评价和调整,我们才能真正做到让不同学科之间的联系和融合更加紧密,让学生在学习过程中获得更多的收获。

在实际教学中,我们要关注的不仅仅是跨学科教学的形式和内容,还要考虑如何运用跨学科知识来解决问题,是否真正完成了大任务。例如,在小学音乐课堂中,我们可以通过音乐与数学、语言、艺术等学科的结合,设计跨学科大单元教学,帮助学生更好地理解和运用所学知识[①]。但是,我们需要不断评估这种教学

---

① 黄爱银.基于核心素养如何做好语文大单元教学设计[C]//2023年教育教学国际学术论坛论文集(一).中国国际科技促进会国际院士联合体工作委员会,2023:882-885.

方式是否真正达到了跨学科的效果,是否让学生在不同学科之间建立了有效的联系。

因此,对音乐跨学科教学的评价和调整是至关重要的。只有不断总结经验,发现问题并加以改进,我们才能确保跨学科教学能够真正帮助学生全面发展,让他们在学习过程中获得更多、更广泛的启发和收获。当然,这需要教师们持续地关注教学效果,不断提升自己的能力和水平,才能更好地引导学生走向成功的道路。

第五节　音乐跨学科大单元教学成功的关键因素

音乐跨学科大单元教学成功的关键在于明确的教学目标、整合的课程设计、多元的教学方法、互动的课堂氛围,同时还要整合教学资源、提升教师专业水平、提高学生参与度、提供持续学习的动力等,并根据学生反馈进行调整。

1.跨学科教学能力

音乐跨学科大单元教学成功的关键因素之一是教师的跨学科教学能力①。教师需要具备丰富的跨学科知识,能够将音乐与其他学科进行有机结合,如将音乐与语言、美术、科学等学科相融合,实现跨学科教学的目标。例如,在小学音乐教学中,学生通过学习音乐节拍与语言节奏的联系,可以促进他们对语言韵律的理解与表达能力。

2.跨学科教学目标

教师需要设定跨学科的教学目标,将音乐与其他学科的教学目标相结合,例如,在音乐教学中融入科学实验、美术创作、语言表达等元素,让学生在音乐学习中获得更广泛的知识和技能。

3.跨学科任务设计与学习活动设计

教师在设计跨学科大单元教学时,需要注重任务的设置和学习活动的设

---

① 潘华莉.基于大单元理念的信息技术跨学科教学模式研究[J].华夏教师,2023(08):46-48.

计①。教师通过让学生参与课堂合作探究、实践操作等活动,提高学生的主动学习能力,培养学生的综合素质。例如,在音乐与科学结合的教学中,学生可以通过实验和观察的方式,探索声音的产生和传播规律,培养科学实验能力;在音乐与文学结合的教学中,学生可以通过背诵和主题相关的文学作品,从而感受作品中的音乐元素;在音乐与美术结合的教学中,学生可以通过绘画的方式,表达对音乐的感受等。

4. 跨学科教学资源整合与教学环境营造

教学资源的整合和教学环境的营造也是音乐跨学科大单元教学成功的关键因素之一。教师可以利用多媒体设备、实物模型等资源,创设出富有趣味性和启发性的教学环境,激发学生的学习兴趣和参与度。比如,在音乐与美术结合的教学中,教师可以通过展示音乐作品的艺术形式,引导学生学习欣赏和创作,促进学生对音乐与美术之间的联系的深入理解。

5. 跨学科教学评价

教师需要采用多元化的评价方式,将音乐与其他学科的评价标准相结合,例如,将学生的音乐表现与其他学科的表现相结合进行评价,这样能够更全面地了解学生的学习情况。

教师的跨学科教学能力、跨学科教学目标、跨学科任务设计与学习活动设计、跨学科教学资源整合与教学环境营造、跨学科教学评价是音乐跨学科大单元教学成功的关键因素②。不断改进教学方法和提升教学水平,可以更好地实现音乐跨学科大单元教学的目标,为学生的全面发展和综合素质提升提供有力支撑。

第六节　音乐跨学科大单元教学的保障

音乐跨学科大单元教学的保障需要整合课程资源,打破学科壁垒;强调学生

---

① 朱卫红.大单元教学设计[J].课程教材教学研究(教育研究),2021(Z2):7.

② 锡林夫.探索高中政治学科如何实施大单元教学[C].广东省教师继续教育学会第二届全国教学研讨会论文集(二).广东省教师继续教育学会,2023:215-218.

主体,注重实践体验;教师主导,学生参与;跨学科主题明确,教学目标一致。这些需要教师、学校、家庭、社会等多方面的共同努力和协作,以确保教学活动的顺利进行和教学质量的持续提升。

1. 保障师资力量

学科间的合作和交流是保证跨学科大单元教学跨起来的基础,音乐跨学科大单元教学的师资力量通常需要整合多学科的教师资源。例如,民族音乐教学中,可能需要有音乐、历史、文化等领域的教师共同参与。为了保障教学质量,学校应鼓励教师参加相关的培训和研讨会,提升教师的教学能力和跨学科整合能力。教师可以根据自愿原则组建稳定的跨学科授课教师团队,保障音乐教师可及时与其他学科的教师进行合作,共同参与教学设计和实施,促进知识共享和资源整合,共同设计跨学科的教学主题活动。

2. 保障跨学科教研

音乐跨学科大单元教学的实施确实需要保障跨学科教研,跨学科教研是为了更好地开展跨学科教学实践而进行的研究活动,其关键在于如何理解"跨学科"。在跨学科教研活动中,"大概念"发挥着"桥梁"中介和双向转化的作用:一方面,"大概念"将不同学科知识连接起来,成为跨越学科边界、融合学科知识的"桥梁";另一方面,通过对大概念的深入研究和应用,可以促进教师突破学科之间的界限,不断进行对话与探索,从而构建知识之间的新联系,形成新的认知与理解。

此外,教师还需要基于教学实践提取或总结学科教学真实问题,并通过问卷、访谈等多种信息收集渠道,广泛征集教研问题;然后遴选具有开放性、复杂性和跨学科性突出的教学问题进行聚合,以此确定涵盖跨学科素养的单元目标和以"大概念"为核心的单元主题。

3. 保障教学材料

在音乐跨学科大单元教学中,教师要认真选取教学材料,选取音乐作品时应选择与主题相关的音乐作品,如国歌(《义勇军进行曲》),让学生通过欣赏和学习来理解作品背后的历史和文化意义,教授与主题相关的音乐理论知识,如旋律、节奏、和声等,帮助学生更好地理解和欣赏音乐。教师应紧密切合主题,并结合其他学科的知识,如历史、地理等,让学生了解作品的时代背景和社会环境。根据主题设计各种活动来促进学生对音乐的理解和兴趣,如歌曲创作、舞蹈编排等。教师应设计和主题相关的教学评估,通过各种方式评估学生对主题的理解程度和学习成果,如课堂讨论、小组项目等。这些教学材料可以帮助学生从多个角度认识音乐,提高他们的审美能力并培养跨学科综合学习能力。

第十四章

如何评价跨学科大单元
教学中真正的"跨"

评价跨学科大单元教学中真正的"跨",需要从多方面进行综合考量,涉及教师、学生、课程融合等多方面,需要考虑教学策略、学生表现、综合素养提升等多个方面,只有保证了跨学科教学的有效性,才算真正的"跨"。跨学科大单元教学评价可以帮助学校和教师了解教学质量及教学效果,通过评价,也可以让教师及时发现教学存在的问题,后期进行相应的改进措施。评价跨学科大单元教学中真正的"跨",可以体现在以下几个方面。

第一节　大单元中的"大任务"是否是
一个"真任务"

在跨学科教学中,教师要根据教学目标设计真实有效的任务,这个任务是为了目标达成而真实存在的,能够反映学生真实学习成果的任务,这些任务的情境应该是真实的,能够充分激发学生在知识学习上的表现,把任务运用到学习的真实场景中去。教学的目标有没有达成,学生有没有学会,需要通过真实性评价。那么,教师如何保证任务的真实性呢? 这需要从以下几个方面着手教学任务的设计。

1. 是否聚焦了音乐与其他学科的内在关联

音乐"跨学科学习"任务群的学习离不开"音"和"乐",在教学过程中要始终确保音乐学科的主导地位,一节出色的课堂必然是教师和学生的双向奔赴,不仅老师要具备整合多学科资源的能力,可以将多个学科的知识融合教给学生,而且学生也要在学科知识跨越中真正学会学习。虽然音乐是一门美育学科,但是我们也应该引导学生去联想,不仅要拓宽学生的知识储备,更重要的是要引导学生实现思维的跨越,提升学生的音乐核心素养。

2. 是否结合跨学科与大单元之间的紧密联系

评价跨学科大单元教学时,需要关注不同学科知识与方法的整合深度。这种整合应该是深入的、实质性的,而不仅仅是形式上的,需要结合跨学科与大单元之间的紧密联系,需要将不同学科知识有机结合,需要在教学中运用不同学科的知识与技能,还要看学生是否收获了更为丰富的知识以及丰富的学习体验,要观察教师在教学过程中是否真正将不同学科的知识和方法相互渗透,形成新的理解和应用。

3. 是否与"大观念"密切统一

"大观念"是教学设计与教学过程中一根无形的线索,它牵引着我们教学的全过程,是统筹多学科的关键。因此,真正的跨学科教学必须是严格与"大观念"统一的。那么,如何评价跨学科教学是否与"大观念"统一呢?我们认为应主要遵循以下两点。

1) 是否有效地整合了教学目标

真正的跨学科大单元教学,其教学目标应具有整合性,将同一单元学习内容紧密联系在一起,通过不同学科进行融合,形成一个完整的学习单元,具有完整的学习目标、学习任务和学习评价,以更好地帮助学生理解教学内容。评价时应关注教师是否将多个学科的教学目标相互融合,形成一个整体的教学目标,以此来促进学生的全面发展。根据"大观念"设置教学目标,教学中的各个环节都是为实现教学目标而努力,所以我们在教学过程中可以将每部分教学内容和板块单独拿出来,思考:这方面的内容是为了完成哪方面的教学目标? 其是否与"大观念"紧密联系着? 是否出现了逐渐跑偏、离题的情况?

2) 是否根据"大观念"创设了相应的学习情境

音乐跨学科绝不能是单纯的讲授式教学,它需要教师在教学过程中根据内容而变化不同的授课形式和教学方法,根据教学目标创设符合教学需要的情境,激发学生的学习兴趣,并且要适时地将多学科的内容融汇于其中,如此才能够保证音乐学科自身的独特性与魅力,让美妙的音乐和多样的知识在较为轻松的环境和氛围中带给学生潜移默化的影响。

3) 紧密围绕"大任务",形成完整的学习支架

特定的学习主题是跨学科学习所必需的,我们在设计相关的学习活动时,要将内在具有逻辑联系的内容综合到一起,除此之外还要多维度地搜集整理资料和资源,让多学科的内容融合到一起,形成完整的学习支架,帮助学生学习到更多的内容,这就是我们所说的"大任务"的概念。大单元教学在大多数情况下需要多个课时完成,而每个课时的课堂设计更要紧紧围绕这个"大任务",避免出现松散和不连贯的现象。那么,如何才能紧紧围绕大任务呢? 在任务设计时要遵循哪些原则呢? 这主要有以下几点。

(1)大任务要有驱动性。要彻底摒除传统教育模式的弊端,教师必须让学生参与到课堂中来,让学生成为课堂的主体,教师发挥引领作用。因此教师在设计大任务时必须有驱动性,即真正地让学生"动"起来,或是身体动起来,或是思维活跃起来,由一个学科内容联系到多个学科内容上时,要有可以进行评估的方式,主要的依据就是学生们的反应。

(2)大任务要有科学评价。设置任务并让学生完成任务是我们进行跨学科大单元教学的重要途径,而任务完成之后一定要及时、准确地对学生完成情况进行评价,这也就是所谓的"放得出去,也能收得回来"。在评价时,我们要注意既要体现出小学音乐学科的主体地位,还要进行多维度跨学科评价,正如新课程标准中对"跨学科学习"在"教学提示"中所指出的:"评价主要以学生在各类探究活动中的表现,以活动过程的方案、海报、调研报告、视频资料等学习成果为依据。教师可以针对主要学习环节与内容制订评价量表。"

第二节　完成任务是否运用了两个及以上学科知识技能

在跨学科大单元中,迁移运用其他学科的知识是实现真正"跨"的重要手段。评价这一效果的关键在于观察是否运用了两个及以上学科知识技能,这种迁移

是否自然、深入且有助于"大任务"的完成。首先要关注的是,这种跨学科融合是只为了完成"大任务"而进行的表面迁移,还是真正实现了深度融合和相互促进。同时,也要考察这种跨学科融合是否有效地解决了问题,提升了学生的学习效果和综合素质。

1. 迁移的自然性

在音乐跨学科大单元教学中,学科知识的迁移过程应该是流畅自然的。这意味着各个学科之间的知识和技能应该能够无缝衔接,共同服务于教学目标。音乐作为核心元素,与其他学科的内容相互渗透、相互支撑,形成一个内在逻辑严密、结构完整的教学体系。

为了实现这种流畅自然的迁移过程,教师需要具备跨学科整合的能力,能够准确把握不同学科之间的联系和共同点。同时,教学设计需要注重整体性和连贯性,确保各个学科的内容能够有机地融合在一起,形成一个统一的教学单元。另外,教师还需要评估其他学科知识的引入是否与大单元的主题紧密相连,是否形成了有机的整体,而不是生硬的拼凑。如果迁移过程流畅自然,那么这种音乐跨学科的融合就更有可能产生良好的效果。

2. 迁移的深入性

音乐跨学科大单元教学中的学科知识迁移过程通常深入到了音乐大单元核心问题中,这种深入性主要体现在对核心问题的多维度解读、深化对音乐本体的理解、提升解决问题的能力等几个方面。在音乐跨学科大单元教学中,学科知识的迁移不仅仅是简单的知识叠加,还是围绕音乐大单元的核心问题展开多维度解读,深化学生对音乐本体的理解、对问题的理解,还利用其他学科的知识和技能,从多个角度进行分析和探讨,寻找解决问题的新思路和新方法,提升学生解决问题的能力。

其他学科知识的运用是否深入到了音乐大单元的核心问题中,是否有助于深化对问题的理解和解决,也是需要考察的。如果仅仅是表面上的涉及,那么这种跨学科的效果就会大打折扣。

3. 对"大任务"的贡献

最终要评估的是这种跨学科迁移是否有效地推动了音乐"大任务"的完成。

特别是,教师要观察在完成任务的过程中,是否真正运用了两个及两个以上的学科的知识与技能。如果迁移的知识能够为"大任务"提供新的视角、方法或解决方案,那么这种跨学科的效果就是显著的。同时,这也意味着跨学科的学习不是表面的拼凑,而是真正实现了多学科之间的融合和相互促进。

关于跨学科融合的目的和效果,我们需要分析:在音乐跨学科大单元中,其他学科知识的迁移运用是形式上的拼凑,还是真正起到了实质性的作用? 如果只是为了完成任务而随意添加其他学科的内容,那么这种跨学科的融合就是肤浅的,是无法达到预期效果的。真正的跨学科融合应该基于音乐学科的特点和需求,有针对性地引入其他学科的知识和方法,使音乐学习更加丰富和深入。例如,在音乐教学中融入数学的知识,不仅可以通过音符的时值、音阶的比例等概念来帮助学生更好地理解音乐的结构和规律,还可以提升学生的逻辑思维和数学应用能力。这种深度融合不仅丰富了音乐教学的内涵,也提高了学生的综合素质。

第三节 跨学科知识在音乐实践中的应用

评价跨学科大单元是否解决了音乐课堂中的难点问题,我们需要从明确问题、方案是否有效,问题能否彻底解决等几个方面考虑。这不仅涉及教学的内容和方法的精心设计,更需要考查学生在这种教学模式下的参与度与收获。要深入探究这些问题,我们可以从以下几个方面着手。

1. 问题的明确性

首先要明确大单元所针对的问题是什么、是否具有实际意义和可操作性。如果问题本身就不明确或过于宽泛,那么即使进行了跨学科的研究,也可能难以有效解决问题。具体到音乐课堂中的难点问题,跨学科大单元教学要能够提出明确性的问题,并给出解决方案。这些问题和解决方案需要具有实际意义和可操作性,因而所提出的问题应该是音乐课堂中真实存在的、具有普遍性的难点问题;同时,所给出的解决方案应该是切实可行的、能够在实际教学中得到应用的。这样,跨学科大单元教学才能真正发挥它在音乐课堂实践中的作用。

2. 解决方案的有效性

要评估跨学科大单元提出的解决方案是否切实可行,是否能够有效地解决问题,就需要对解决方案进行具体的分析和验证,关注其是否紧密围绕难点问题展开,在教学中是否容易实施和推广。通过观察实际教学效果,并关注学生的反馈,看是否能够在实践中发挥作用。

首先,需要明确评价解决方案有效性的标准。这些标准可以包括学生学习成果的提升、教师教学满意度的提高、课堂互动和参与度的增强等。设定具体、可衡量的评价标准,可以更客观地评估解决方案的有效性。

其次,为了评价解决方案的有效性,教师需要收集相关的数据和信息。这可以包括学生的学习反馈、教师的教学反馈、课堂观察记录等。收集这些数据和信息,可以对解决方案的实施效果进行量化分析和质性评估。

再次,教师将收集到的数据与之前的情况进行对比分析,以评估解决方案是否带来了明显的改进。例如,可以对比实施解决方案前后的学生学习效果,或者分析教师教学满意度的提升情况。通过对数据的解释和分析,教师可以更直观地展示解决方案的有效性。

从次,教师在评价解决方案的有效性时,除了关注预期效果外,还要关注可能出现的非预期效果。这些非预期效果可能包括学生在其他学科领域的进步、课堂氛围的改善等。对非预期效果进行分析,可以更全面地了解解决方案的综合效益。

最后,评价解决方案的有效性是一个持续的过程,需要在实施过程中不断监测和评估解决方案的效果,并根据实际情况进行调整和优化。持续的监测和调整,可以确保解决方案始终保持有效,并适应不断变化的教学环境和学生需求。

3. 问题的彻底解决

理想的情况是跨学科大单元能够彻底解决问题,但也要考虑到问题的复杂性和多样性,有时即使进行了跨学科的研究也可能只能解决部分问题或提出缓解策略。因此,在评价时,教师要客观分析解决问题的程度和效果,也要从学生的学习效果和实际应用来评估。通过跨学科的学习,学生是否能够更好地理解和掌握音乐知识?是否能够在音乐实践中灵活运用其他学科的知识?是否能够在解决问题时展现出跨学科的思维和能力？如果答案是肯定的,那么,我们就可以认为这种跨学科融合是有效的,它解决了学生在音乐学习中遇到的问题,提升了他们的学习效率和综合素质。

综上所述,评价音乐跨学科大单元中真正的"跨"需要从多个角度进行综合考虑。只有当跨学科融合既实现了深度融合和相互促进,又有效解决了问题并提升了学生的学习效果时,我们才能认为这种跨学科融合是成功的。因此,在实施跨学科大单元音乐教学时,教师应该注重跨学科内容的选择和整合方式,确保跨学科融合能够真正发挥作用并带来积极的影响。

第四节　学生的综合能力、核心素养是否得到了提升

在音乐跨学科大单元教学中,学生的综合能力和核心素养得到了明显的提升,通过与其他学科的结合,学生在音乐教学中不仅学会了音乐技巧和知识,还培养了自身的综合能力和核心素养。

1. 学生综合能力的提升

在跨学科大单元教学支持下,教学的深度和广度大大提高了,这样不仅可以有效提高学生的理解和掌握知识的能力,一定程度上也有利于培养学生对各学科知识的综合运用能力,促使学生在学习的过程中将自身掌握的理论知识迁移和转化到不同领域中去,进而形成良好的综合性学习思维。这种深度融合,有利于帮助学生更加深入地了解知识内涵,为学生内化知识提供帮助,进而形成更加深刻的认知。这种能力非常符合时代发展需求,为培养学生解决实际问题做好铺垫。

2. 学生创新能力的提升

音乐跨学科大单元教学鼓励学生从不同学科的角度去思考和解决问题,这有助于培养学生的创新意识。例如,在学习音乐与数学的结合时,学生可以尝试用数学原理来解释音乐现象,从而激发他们对音乐的好奇心和探究欲望。音乐跨学科大单元教学要求学生在掌握音乐知识的同时,还要学会运用其他学科的知识和方法来分析和解决问题。这有助于培养学生的创新能力,使他们能够在

面对复杂问题时,灵活运用所学知识去解决。

以《四季的歌》为例,学生可以借助多媒体技术,采用3D立体动画的方式,展示春夏秋冬四个季节的不同特点。在此基础上,老师带领学生学习《雪花飞舞》《樱花》等歌曲,进一步增强学生对四季的感受。之后,教师可以将音乐与自然科学结合起来,通过歌曲向学生传达四季的气候以及植物生长情况,如在教授《雪花飞舞》时,可以向学生解释冬天为什么会下雪,雪花的形状和形成原理等。教师在提高学生音乐欣赏能力的同时,促使他们理解和感受四季自然规律,让学生在不同学科知识的融合中提升自身的创新能力。

3. 学生合作能力的提升

跨学科大单元教学模式,可以显著提升学生的团队合作能力。在这种教学方式下,学生通常会以小组形式进行知识的分享与技能的交流。例如,教师可以设计项目化学习任务,让学生在小组中合作完成。例如,在音乐课《洗手绢》中,教师可以引导学生以节奏练习与编创为主线,通过小组合作体验洗手绢一系列相关流程,并进行深入的梳理和体验,讨论活动流程及舞蹈动作,最终合作完成整首歌并进行展示。

4. 学生表达能力的提升

在小学音乐教学中,跨学科整合可以帮助提升学生的语言表达能力。例如,教师可以设计一个以音乐为主题的大单元教学活动,将历史、美术、语文等多学科内容融入其中。在这个活动中,学生不仅会学习到音乐知识和技能,还会通过讨论、演讲等方式锻炼他们的语言表达能力。

例如,在学习《中华人民共和国国歌》时,教师的讲授与历史学科相联系,播放国歌的创作背景,让学生欣赏具有历史气息的音乐,也可以帮助他们了解背后的历史文化知识,结合美术学科,让学生绘出自身对历史时代的理解。通过历史学科、美术学科以及音乐学科的"跨"知识学习,各学科知识更加紧密联系,实现思想和知识的双重融合,使学生能够更全面、更立体地理解知识,也锻炼了他们的综合素养。

5. 学生核心素养的提升

随着教学体系的不断改革,学生的主体作用越来越得到重视。开展跨学科大单元教学活动,学生不再是被动接受知识,而是成为教学活动中重要的参与者。并且,基于跨学科教学理念,学生在学习过程中遇到任何问题都可以从多个角度综合分析,借助多个学科的知识和方法来解决遇到的问题,这不仅可以培养学生跨学科素养,同时也可以很好地锻炼他们解决问题的能力。例如,在一堂关于音乐与历史结合的课程中,学生不仅学会了演奏古代乐器,还了解了不同历史时期的音乐风格,拓展了他们的历史知识和文化素养。

在与数学结合的音乐教学中,学生不仅学会了音乐的节奏和节拍,还通过数学来分析音乐的结构和规律,提高了自身的逻辑思维能力和数学素养。在这个过程中,学生需要运用跨学科知识,如数学中的分数和比例,来解决音乐中的节奏问题,促进了他们对不同学科的融合理解。

以人音版小学音乐第二单元《草原》为例,首先,教师可通过多媒体技术让学生感受草原的广阔的魅力。伴随着悠扬的音乐,学生仿佛置身于辽阔无垠的草原之中,这不仅激发了学生的学习兴趣,还让他们对草原有了初步的感知;同时,向学生介绍草原所处的地理位置以及相应的气候、动植物特点等,进一步增强学生对草原的生态环境的全面了解。其次,进入音乐学习环节,教师带领学生学习单元内相应的歌曲,促使学生掌握基础音乐知识,同时可以结合语文知识引导学生自行理解歌词中所表达的含义与情感,充分调动学生主观思考以及探索的意识。这个过程中,教师应采取一系列措施培养学生的音乐素养,通过节奏练习、音准训练等方式,提高学生的音乐表现能力。如,通过对歌词中的意象、修辞手法等进行讨论,教师可以帮助学生体会歌曲所传达的对草原的热爱与向往之情,进而提升学生语文鉴赏能力。最后,利用美术学科的知识,教师可让学生把自行理解的草原美景描绘出来,这样就可以培养学生主观学习意识,也有利于提高学生综合运用知识的能力,为其今后学习和发展奠定基础。通过绘画活动,学生不仅展示了自己的艺术才华,还进一步加深了对草原文化的认识和感悟。

跨学科大单元教学活动通过将音乐与其他学科如文学、历史、美术等结合起来,让学生从多个角度去认识音乐,开阔他们的文化视野,提升他们的审美能力。在大单元教学中,教师会根据教学内容为学生营造一个有益于成长的学习环境,帮助学生学习。同时,教师还会针对不同学生的兴趣和能力水平,提供个性化的教学,提升每一位学生的音乐素养和艺术鉴赏能力。这对学生学习具有一定的积极影响,不仅可以提高学生的主观学习兴趣,也有利于提高他们的综合实践能力,同时也有利于推进教学改进优化。为了实现这一目标,教师还需要深度挖掘和整合知识结构,充分发挥学生主体作用,创新教学模式,进而更好地培养学生跨学科素养,为社会发展培养更多人才。

打样案例1：音乐与美术

一、单元主题

《兽王》。

二、大观念

感受兽王的音乐形象。

三、单元内容综述

1.内容简介。

本单元是人音版二年级下册第6单元《兽王》，共选编了4首围绕着描绘"兽王"这一音乐形象的歌（乐）曲，分别是：聆听作品——管弦乐《狮王进行曲》和民间打击乐《老虎磨牙》；演唱作品——《猫虎歌》和法国童谣《两只老虎》。

2.作品联系。

本单元以"兽王"为主题，旨在通过不同形式的音乐作品让学生深入感受音乐在描绘动物形态时的独特魅力。从《狮王进行曲》的威武凶猛到《老虎磨牙》的矫健有力，再到《两只老虎》和《猫虎歌》的趣味横生，每一个曲目都展现了动物的独特形象和音乐特点。通过学习这一单元，学生可以更加深入地了解动物的特点和习性，感受音乐对动物形象的描绘能力。学生可以根据自己的喜好选择不同的角色，并学会用音乐来表现对动物的喜爱和想象，进行唱、奏、演的综合性表演活动。这样的设计旨在让学生体验多样化的音乐表现形式，激发他们对音乐的热爱和表现欲望。

3.教学价值。

本单元用体验"兽王"的音乐形象，帮助学生用生活经验领会音乐，短时间内对"兽王"有更深的理解；通过体验模仿表演和创编，深化学生对音乐与动物形象关联的理解，培养学生音乐感受力与创造力，激发对自然的敬畏与爱护；通过音乐与美术两种艺术形式的交融，为学生们创造一个丰富、多元的学习体验，促进学生对音乐与美术两门学科的深入理解，进一步激发学生的创新思维和审美能力。

四、单元学习目标

1.学生能够感知动物形象的美和音乐中表现的生动趣味。

2.学生能够模仿动物的声音和动作,用音乐表现动物的特点。

3.学生结合动物的元素创作一段音乐小品,展现自己的创意;能够尝试将音乐知识与美术以及其他学科进行有机结合,通过美术创作来深化学生对"兽王"音乐形象的理解,培养跨学科的思考和艺术创新能力。

4.学生了解不同文化中关于动物的传说和象征意义,加深对动物文化的认识。

五、单元教学安排

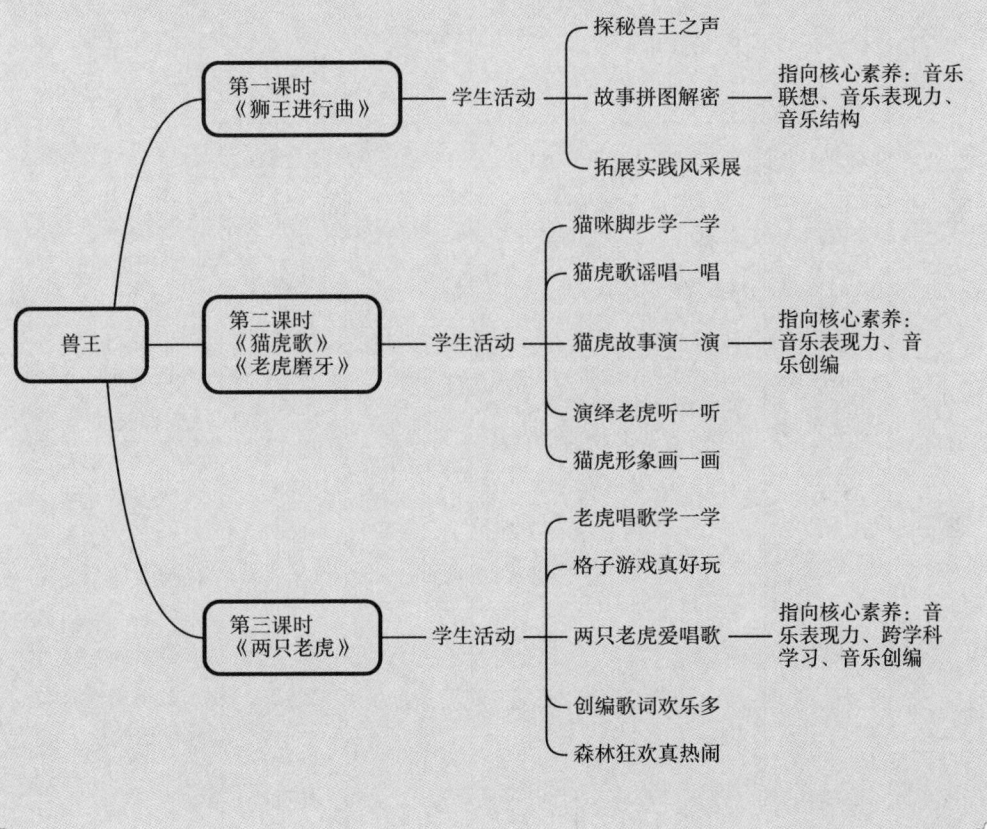

六、单元学习评价

	评价内容	评价目标	评价形式	评价工具	评价结果运用
单元学习评价	审美感知	学生通过聆听音乐,对音乐情绪的反应及对音乐的联想和想象符合"兽王"的音乐形象	自我评价 小组互评 教师评价	教室森林英雄榜、观测个人表现	A档(优秀) B档(良好) C档(合格) 本单元共计15枚徽章(分别为"森林进步之星""森林创意之心""森林才艺之星"称号徽章),教师在课堂上即时表扬,得到徽章最多的学生可登上本单元森林英雄榜榜首
	艺术表现 创意实践	1.学生跟随同伴一起演唱,姿势正确、声音自然,节奏、节拍、力度正确。 2.唱游活动中,学生能够模仿动物的声音和动作,用简单的乐器或身体发出与动物相关的声音。 3.学生能够和同伴合作进行创编与歌唱表演,体现自己的创意	徽章评价 自我评价 同伴互评 教师评价	教室森林英雄榜、观测个人表现、互动课堂平台	
	文化理解	了解不同文化中关于动物的传说和象征意义,理解音乐如何描绘和传达"兽王"的形象和特点	自我评价 同伴互评 教师评价	教室森林英雄榜、观测个人表现、互动课堂平台	

七、单元教学建议

内容		重难点解决	活动设计	前后单元衔接
单元教学建议	聆听《狮王进行曲》	1.把握音乐形象。学生能够把握音乐所描绘的动物形象,并通过演唱和身体动作将音乐形象表现出来。2.感受与联想音乐。通过感受音乐所表达的动物形象,教师引导学生联想音乐中的场景,充分调动学生的兴趣,参与音乐实践活动	学生以"动物狂欢节"为主线,经历"探秘兽王之声—故事拼图解密—拓展实践风采展"三个音乐学习活动,感受音乐所表达的动物形象,联想音乐中的场景,充分调动兴趣,参与音乐实践活动	本单元聚焦"兽王"主题,精选四首音乐作品,作为小学音乐课程中动物主题的终章。学生将通过演唱与表演,感受不同音乐中"兽王"的威严与魅力。其中,《狮王进行曲》将引领学生回顾与拓展对圣桑《动物狂欢节》的认识。课堂利用希沃白板小游戏,温故知新,激发学生学习兴趣。另外三首作品则以老虎为主题,展现不同音乐风格中的兽王形象。通过对比与联想,学生将更深入地理解音乐如何描绘猛兽的特质。本单元不仅是动物主题的延续,更是对猛兽音乐形象的首次系统探索。特别是《两只老虎》的轮唱形式,为学生提供了独特的音乐体验,也为未来的合唱学习奠定了坚实基础
	演唱《猫虎歌》《老虎磨牙》	1.学唱歌曲。用自然幽默的声音表演歌曲《猫虎歌》。2.模仿与表演。通过模仿、表演,学生充分利用语言、肢体动作表现威风凛凛的大老虎。3.器乐合作表演。学生能用自制打击乐器与同伴合作表演"猫和老虎"的对话	学生经历"猫咪脚步学一学—猫虎歌谣唱一唱—猫虎故事演一演—演绎老虎听一听—猫虎形象画一画"五个音乐学习活动,感受音乐所表达的有趣故事,帮助学生加深以动物为主题的音乐体验。让学生利用语言、肢体动作,表现威风凛凛的大老虎形象,体验多样化的音乐故事	

续表

| 单元教学建议 | 演唱《两只老虎》 | 1.听辨演唱形式。
学生能听辨出《两只老虎》的演唱形式——轮唱的特点。
2.创意制作。
学生能创编歌词,边唱边表演,并制作动物头饰 | 本节课学生经历"老虎唱歌学一学—格子游戏真好玩—两只老虎爱唱歌—创编歌词欢乐多—森林狂欢真热闹"五个音乐学习活动,感受音乐所表达的动物形象,调动兴趣,参与音乐实践活动;然后进行单元总结,将四首音乐剪辑到一个音频中,完整演绎本单元的四首乐曲 | 本单元聚焦"兽王"主题,精选四首音乐作品,作为小学音乐课程中动物主题的终章。学生将通过演唱与表演,感受不同音乐中"兽王"的威严与魅力。其中,《狮王进行曲》将引领学生回顾与拓展对圣桑《动物狂欢节》的认识。课堂利用希沃白板小游戏,温故知新,激发学生学习兴趣。
另外三首作品则以老虎为主题,展现不同音乐风格中的兽王形象。通过对比与联想,学生将更深入地理解音乐如何描绘猛兽的特质。本单元不仅是动物主题的延续,更是对猛兽音乐形象的首次系统探索。特别是《两只老虎》的轮唱形式,为学生提供了独特的音乐体验,也为未来的合唱学习奠定了坚实基础 |

扫码看视频

《兽王》

第1课时　《狮王进行曲》教学设计

一、学习内容

1.欣赏乐曲《狮王进行曲》,把握音乐所描绘的动物形象,并通过演唱和肢体动作将狮王形象表现出来。

2.用绘画的方式创作图形谱。

二、教学目标

主学科(音乐)教学目标:

1.学生通过欣赏作品,感受作曲家巧用音乐元素描绘动物形态,学生树立合作意识,养成关注生活的良好习惯,尝试用音乐表达个人情感。

2.能够哼唱主题乐曲,学习并掌握音乐的基本要素(音色、力度、情绪等),并通过自制小游戏,检验课堂教学质量。

3.教师采用情境式的教学方法,将律动、合作、模仿、表演、创编与音乐融为一体,发展学生创造性思维,感受古典音乐的魅力。

4.教师引导学生通过乐曲了解法国作曲家圣桑,感受世界音乐的多样性;了解中国传统文化舞狮。

相关学科(美术)教学目标:学生能够运用基本的绘画技巧,感受《狮王进行曲》所表达的动物形象,并通过图形谱的方式表达出来。

三、教学重难点

重点:学生能够把握音乐所描绘的动物形象,并通过演唱和肢体动作将音乐形象表现出来。

难点:教师引导学生联想音乐场景,调动学生积极性去表现动物形象并参与音乐实践活动,并用图形谱的方式表现音乐。

四、学习过程简述

本节课,学生以"动物狂欢节"为主线,经历"探秘兽王之声—故事拼图解密—拓展实践风采展"三个音乐学习活动,感受音乐所表达的动物形象,联想音乐中的场景,充分调动学生的兴趣,参与音乐实践活动。

五、教学准备

多媒体、钢琴、雷音筒、动物头饰、白纸、画笔等。

六、教学过程

学生活动	设计意图	二次修订
本节课大任务(情境) 今天法国的圣桑爷爷邀请我们参加动物狂欢节。戴好动物头饰,系好安全带,我们出发吧。 你看小松鼠,它们在玩游戏,走,加入他们。(每个孩子扮演一个小动物角色,开展音乐游戏) 大任务:学生通过模仿狮王的声音与动作,感受动物形象的奇妙与音乐中的生动趣味	教师通过创设情境,以趣味化游戏的方式开展音乐活动,激发学生的兴趣。学生在游戏中学习、体验,由"要我学"变为"我要学"	教师通过"系好安全带",润物细无声地进行安全教育,并与实际生活相结合。 将学生姓名改为其扮演的小动物角色名,让学生戴上对应的头饰,使情境更加真实
学生活动一:探秘兽王之声 1.学生整体感受歌曲。想象音乐所表现的动物形象。 2.谁会来救我们呢? 嘘! 你们听!(教师手绘图形谱) 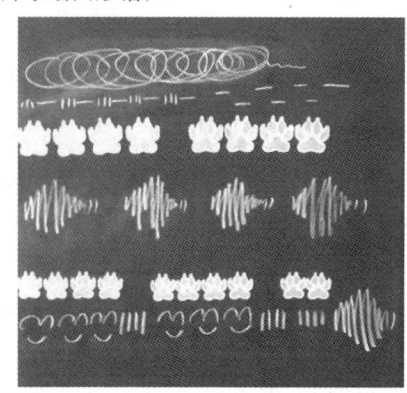	让学生通过聆听,初步感知狮王音乐形象。 通过画图形谱,让学生将听到的音乐以视觉形式表达出来,这有助于他们深入地理解音乐的节奏、旋律和结构;也可使他们更容易捕捉到音乐的内在规律和特点	教师利用孩子喜欢小动物的天性,将狮子的动作、习性、形象引入音乐课堂。 教师示范将乐曲画成图形谱,将声音可视化,为后续学生自主创作进行铺垫

学生活动	设计意图	二次修订
学生活动二:故事拼图解密 1.学生聆听引子部分,闭上眼睛,感受大灰狼紧张害怕的心情。(插入引子音乐) 2.学生聆听A乐段主题旋律,学唱狮子王之歌。 3.学生聆听B乐段主题旋律,配合音乐,模仿狮王吼叫的动作与表情,加入自制小乐器。(用塑料筒和弹簧自制雷音筒) 教师引导:狮王发出了什么声音?让我们去音乐中寻找答案吧?(吼叫)配合音乐让我们一起来模仿狮王怒吼,大胆表现,注意表情。(播放音乐B段) 4.学生聆听A′乐段主题旋律,对比聆听A乐段与A′乐段相同与不同,学唱小狮王之歌。 学生思考:听一听它是谁? 这一部分的旋律和前面哪一部分相似?(播放A′乐段)。 5.学生复听A′乐段主题旋律,创编动作并学习乐曲说唱部分	教师在教学过程中,体现循序渐进、由易到难的教学认知规律,引导学生分段感受乐曲,并体验乐曲的音乐要素;利用多种形式,激发学生表演兴趣。 利用表格清晰对比A乐段与A′乐段的不同	教师在教学中加入故事情节让学生身临其境,更好地感知乐曲的动物形象和演奏力度以及各乐段的主奏乐器。学生在情境表演中与他人合作完成表演任务。 教师加入自制小乐器,引导学生发现音乐不只听得见还能看得见(指图形谱),甚至还能摸得着,用一个塑料筒和一个弹簧也能模拟出狮王的吼叫声

续表

学生活动	设计意图	二次修订
学生活动三:拓展实践风采展 1.全景闭合。引子+A+B+A′ 学生回顾一下这场惊心动魄的动物狂欢节,老师拍了四张照片,请学生按顺序把它们摆好。 2.开展动物狂欢节。角色扮演新版《狮王进行曲》。 动物狂欢节马上开始了,小动物们,让我们跟着音乐,齐心协力完整地把故事表演一遍吧。 3.教师介绍法国作曲家圣桑,开展课堂小游戏。 4.学生以小组合作的形式,根据音乐感受,用画笔描绘图形谱,注意点、线、色彩的运用。(比如,用鲜艳的颜色和形象图案表示狮王主题,用起伏的波浪表示狮王的吼叫) 5.学生分小组展示自己的画作,并解释创作意图和灵感来源。其他小组可以提出问题或给予反馈,教师点评并鼓励学生的创作成果。 6.德育升华课堂。观看视频《雄狮少年》。 总结:无论是圣桑爷爷还是雄狮少年,无论是你或我,心里都住着一头不服输的狮子,当我们遇到挑战需要挺身而出时,我们都要对自己说:"我要做那(勇敢之)王,我不怕(一切挑战)!"(学生现场生成,老师板书,全体学生演唱)	根据学生的年龄特点与认知水平,鼓励学生大胆自信地创编及表演。 音乐与美术相结合。学生随着音乐的节奏表现内心的情感情绪,用音乐的直觉去进行绘画创作。 学生价值观升华:培养学生勇敢自信,不怕困难,团结协作的品格,了解传统文化舞狮	1.利用摆放照片的形式,巧妙地进行全景闭合。了解乐曲分为引子+A+B+A′四个乐段。 跳音用点表示,点是欢快活泼的,连贯的连音用线表示。声音越大力度越强,画的点和线越粗大,反之亦然。 将狮子与中国传统文化舞狮相结合,观看影视作品《雄狮少年》,增强中华传统文化自信

七、学习评价

1.学生在课堂上能积极参与各种音乐活动。(合格)

2.学生在课堂上能表现狮王的特点及形象并乐于分享,能完整地表演乐曲。(良好)

3.学生在课堂上能较清晰表达音乐故事并加入个人见解来进行歌词改编，有感情、完整地表演乐曲，并创作一幅图形谱，注意点线与色彩的运用。(优秀)

八、板书设计

狮王进行曲

学生活动一：　　　　　　　　学生活动二：　　　　　　　　学生活动三：

探秘兽王之声　　　　　　　　故事拼图解密　　　　　　　　拓展实践风采展

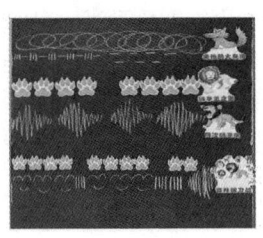 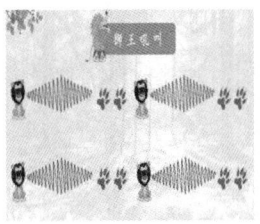 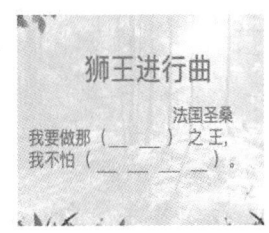

法国圣桑

我要做那(　　　　　　)王，

我不怕(　　　　　　)。

九、作业设计与反馈方式

课后，同学们与同伴合作扮演《狮王进行曲》中的几个动物角色，并用自己创编的动作边唱边表演，将每个小组创作的狮王形象图张贴在班级展示区，老师给每个人发送评价与奖章予以鼓励。

十、教学反思

本课运用情境式教学，以角色扮演为引导，围绕乐曲《狮王进行曲》来展开，让学生通过律动、模仿、想象、创编等多种体验感受乐曲的音乐形象，在探究实践中不断激发学生的学习兴趣，提升学生的审美能力，在教师创设的情境中，感受音乐魅力，一改以往的"要我学"为"我要学"，从而激发学生的表演能力和创造潜能。在教学中，教师淡化了教学环节，采用情境式的教学方法，将律动、模仿、想象、创编与音乐融为一体，发展创造性思维，感受音乐的魅力；并用鼓励的语言激发学生的自信心，让学生大胆上台来模仿狮王做示范，虽然学生对于乐曲主旋律的音准把握得不是非常准确，但模仿狮王时能将狮王威严凶猛的形象把握准确，也能听辨出 A′乐段的主奏乐器为钢琴。学生在轻松愉悦的氛围里，敢于表达自我表现自我。

《兽王》
第2课时 《猫虎歌》教学设计

一、学习内容

1.表演音乐剧《猫虎歌》。

2.尝试使用打击乐器与同伴合作,模拟"猫和老虎"的对话场景。

3.以小组合作的形式自制简易打击乐器。

二、教学目标

主学科(音乐)教学目标:

1.通过多种体验活动,学生充分发挥想象力,感受不同音乐带来的不同形象。

2.学生能用自然、幽默的声音演唱歌曲《猫虎歌》,并有感情地进行歌唱表演,唱好前倚音,感受倚音在塑造音乐形象中的作用。

3.通过多种体验活动,学生充分发挥想象力,分组创编《猫虎歌》故事情节。

4.教师引导学生探讨《猫虎歌》背后的传统文化故事,对传统故事进行现代诠释和再创作。

相关学科(美术)教学目标:

教师引导学生在跨学科学习中,学会综合运用不同学科的知识和技能。培养学生的创造力和想象力,并能尝试使用自制打击乐器与同伴合作表演。

三、教学重难点

重点:能用自然、幽默的声音演唱歌曲《猫虎歌》。

难点:能自信地边演边走边唱歌曲,体会歌曲塑造的猫虎形象。

四、学习过程简述

本节课,学生经历"猫咪脚步学一学—猫虎歌谣唱一唱—猫虎故事演一演—演绎老虎听一听—猫虎形象画一画"五个音乐学习活动,感受音乐所表达的有趣故事,充分调动学生的兴趣,参与音乐实践活动。

五、教学准备

多媒体、钢琴、罐子、气球、剪刀、画笔、白纸等。

六、教学过程

学生活动	设计意图	二次修订
本节课大任务(情境): 从前,在遥远的森林里,阳光透过茂密的树叶,洒下光影,一只聪明伶俐的小猫和一只威严的森林之王老虎,共同编织着一段令人捧腹又充满智慧的故事。让我们一同揭开故事的神秘面纱,看看它们之间到底发生了什么有趣的故事吧! 通过模仿动物的声音与动作,感受动物王国的奇妙与音乐中的生动趣味	故事情境能够吸引学生的注意力,将学生带入一个充满想象和奇幻色彩的世界	通过引人入胜的故事情节,学生可以更加主动地参与到音乐学习中来,提高学习兴趣和积极性
学生活动一:猫咪脚步学一学 1.产生代入感。引导学生模仿小猫行走姿势,在活动中身临其境地感受猫的自然形象及音乐形象,锻炼自己保持恒定节奏的稳定性。 2.提升空间感。在"空间行走"游戏环节中,引导学生提升空间感知能力,让学生学会相互礼让,避免推挤。 3.掌握节奏感。引导学生感受音乐律动,将猫的步伐和动作融入表演,用鼓声帮助他们准确掌握猫步伐的节奏。 4.强化情境感。教师手持猫咪玩偶,用故事引导学生进入情境。森林里有一只小猫,聪明且无所畏惧,兴高采烈地唱起歌来! 同时,播放《猫虎歌》的伴奏音乐,引导学生边唱边走,沉浸在音乐的森林王国里	针对二年级学生的学情特点,"四感"并重,采用情境教学、肢体感触、沉浸体验、共情共鸣等方式,增强课堂参与度、交互性,激发学生对音乐的兴趣,培养学生主动欣赏音乐的学习习惯	教师要提示学生关注音乐情绪和肢体放松,并体会小猫的情感特点。 利用学生喜欢小动物的天性,将小猫的动作、习性、形象引入音乐课堂

续表

学生活动	设计意图	二次修订
学生活动二:猫虎歌谣唱一唱 1.问题引入。 小猫究竟遇到了什么?森林里究竟发生了什么事情?引导学生在预设情境中思考。 2.角色代入。 让学生扮演被小猫戏耍的老虎,激发孩子们的参与感。 3.难点切入。 组织学生演唱,以对比聆听、分小组比赛等方式落实歌曲演唱这一难点。注意这一句"老虎被弄得稀里糊涂哎"难点节奏解决。再找一找第二段旋律上的不同。引出结束句,落实难点教学任务。 4.价值渗入。 师生共同进行一场完整的唱演展示,让孩子们感受到小猫面对困难挑战时的临危不惧、自信从容、坚强勇敢	以问题引入激发学生学习兴趣,以角色代入引导学生主动参与,以难点切入帮助学生掌握技能,以价值渗入促进学生认知升华,循序渐进,让学生真正成为课堂的主角,让学生真切感受到老虎的独特形象	教师在指导倚音演唱时,关注学生课堂的动态生成,潜移默化地促进学生产生"联觉"反应。 学唱过程中,教师引导学生用有节奏的方式读念歌词,感受歌曲的诙谐情趣。通过小声哼唱、随琴填唱等步骤,学生逐步熟悉并掌握歌曲内容
学生活动三:猫虎故事演一演 1.激发想象力。引导学生充分发挥想象力,在表演音乐剧《猫虎歌》时,能随音乐用自信、幽默的歌声边唱边演,仿佛自己就是一只小猫,攀爬在森林里。 2.升华价值观。《猫虎歌》的歌词和旋律刻画了一只聪明狡黠的小猫的形象,整个故事幽默诙谐,极富童趣。引导学生懂得,小猫虽然弱小,但凭借智慧和勇气最终脱离险境,可见智慧和勇气的重要性。勇敢、机智是人生的财富	音乐是重要的人文课程。音乐教学既要让学生掌握艺术技能,提升表演能力,又要厚植人文情怀,砥砺品格情操	教师组织学生分角色完整演绎整首歌曲。评价标准既要注重学生的表现力,也要关注其演唱的准确性

续表

学生活动	设计意图	二次修订
学生活动四:演绎老虎听一听 　1.动物声音。引导学生们模仿老虎吼叫的声音,特别是在不同状态下老虎吼叫的声音。在模仿中感受《猫虎歌》中老虎的音乐形象。 　2.乐器声音。请学生在鼓上敲一敲,感受鼓的声音。教师通过调整击鼓的力度,模仿老虎磨牙时的轻重缓急。改变击鼓速度,表现老虎磨牙时的不同节奏。更换击鼓部位,发出更加低沉或尖锐的声音,更加丰富地表现老虎磨牙的形象。 　3.视频声音。引导孩子们延伸观摩乐器纪录片,在观摩中感受演奏家是如何用乐器来表现大自然的声音,让孩子们感受音乐的神奇魅力	从认识论的角度出发,音乐教育既要让孩子们学会演唱,也要让孩子们懂得聆听。风声雨声声声入耳,让孩子们从大自然的声音、乐器声音等各方面,获得丰富的音色体验,体会不同音乐作品所塑造的不同音乐形象	在编创活动中,打击乐器的演奏姿势和音色选择为重点复习内容。教师鼓励学生通过小组讨论,探索出猫和老虎对话时力度和节奏上的对比敲击方式。教师提供指导,确保每位学生都能参与到编创活动中
学生活动五:猫虎形象画一画 　1.手工制作。找一个杯子或者罐子,剪掉部分气球,套在罐子上,学生再根据自己对歌曲的理解,用绘画的方式创作猫和老虎的形象图装饰罐子,简易的小鼓就做好了。 　2.教师巡视指导。教师提醒学生注意猫和老虎的特征,以及小鼓制作细节。 　3.展示学生的作品。学生之间互相欣赏和评价。 　4.综合表演。学生尝试使用自制打击乐器与同伴合作,模拟"猫和老虎"的对话场景	教师通过音乐与美术两种艺术形式的交融,为学生们创造丰富多元的学习体验。 　自制乐器能够使学生了解乐器的结构与原理。 　团队合作制作乐器,培养合作精神	活动中,教师引导学生对音乐与美术两门学科进行深入理解,激发他们的创新思维和审美意识。 　教师选择一些学生的手工作品进行展示,每组学生在展示自己的手工作品的同时,加入自制乐器演奏

七、学习评价

　1.学生能够准确演唱歌曲,节奏和音准掌握较好。(教师评价☆、生生互评☆、自我评价☆)

　2.学生的自制乐器能够体现猫和老虎的特征,具有一定的创造力和想象力。(教师评价☆、生生互评☆、自我评价☆)

3.学生在综合表演中能够积极参与,表现出团队合作精神。(教师评价☆、生生互评☆、自我评价☆)

4.学生能够理解歌曲的寓意:要谦虚,保持善良的心。(教师评价☆、生生互评☆、自我评价☆)

★等级:7个以上为优秀、5个以上为良好、3个以下请继续努力!

八、板书设计

猫虎歌 老虎磨牙

学生活动一:

猫咪脚步学一学

学生活动二:

猫虎歌谣唱一唱

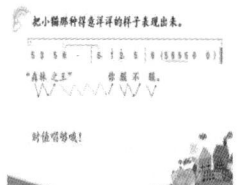

学生活动三:

猫虎故事演一演

学生活动四:

演绎老虎听一听

学生活动五:

猫虎形象画一画

九、作业设计与反馈方式

课后,同学们与同伴合作表演《猫虎歌》,并用自己创编的动作边唱边表演。老师将每个小组自制的打击乐器放在班级展示区,让学生互相欣赏和评价,并给每个人发送评价与奖章鼓励。

十、教学反思

在这堂课中,教师秉持"音乐新课程标准"教学理念,以学生为中心,通过层层递进的教学活动,让课堂既有趣又有效;深入挖掘教材,通过多感官体验的方式,让学生在玩乐中感受音乐的魅力。同时,教师运用音乐与美术跨学科等创新教学手段,激发了学生的兴趣和参与度。然而,教师也意识到教学中存在不足,如教师语言可能过多,影响了课堂的氛围和学生的参与度;学生活动后的座位回归也需改进。这些都需要教师深入思考并优化,以更好地提升教学效果。

《兽王》
第3课时　《两只老虎》教学设计

一、学习内容

1.用轮唱形式表现歌曲《两只老虎》。

2.改编歌词并制作动物头饰。

二、教学目标

主学科(音乐)教学目标:

1.学生通过演唱《两只老虎》,感受音乐所描绘的动物形象,在游戏中体验动物的可爱,提高保护动物的意识。

2.学生能用活泼,富有弹性的声音演唱歌曲,能在清晰咬字、吐字演唱歌曲的基础上,听辨出《两只老虎》的演唱形式和齐唱形式的不同,并用轮唱形式表现歌曲。

3.教师创设良好的教学氛围,鼓励学生积极参与歌词编创活动。

4.学生通过学习《两只老虎》,了解不同文化背景下音乐的特点和魅力。

相关学科(美术)教学目标:

教师引导学生在跨学科学习中,学会综合运用不同的学科知识和技能;培养学生的创造力和想象力,能够通过绘画的方式,制作动物头饰。

三、教学重难点

重点:学生能用自然和谐的声音进行二声部轮唱。

难点:学生能大胆积极地参与表演和创造,进行简单儿歌的改编。

四、学习过程简述

本节课,学生经历"老虎唱歌学一学—格子游戏真好玩—两只老虎爱唱歌—创编歌词欢乐多—森林狂欢真热闹"五个音乐学习活动,感受音乐所表达的动物形象,充分调动自身的兴趣,参与音乐实践活动。

五、教学准备

教室装扮、课件、钢琴、改编歌词表格、打击乐器。

六、教学过程

学生活动	设计意图	二次修订
本节课大任务(情境): 小朋友,听说在我们的音乐森林里住着非常多的有趣的小动物,趁着今天阳光明媚,太阳高照,让我们再次出发来一场音乐森林之旅吧!很多小朋友和老师一样,已经迫不及待了,那我们就赶快出发吧! 1.学生用轮唱形式表现歌曲《两只老虎》。 2.学生改编歌词并制作动物头饰	通过引人入胜的故事情节,学生可以更加主动地参与到音乐学习中来,提高学习兴趣和积极性	故事情节能够吸引学生的注意力,将学生带入一个充满想象和奇幻色彩的世界
学生活动一:老虎唱歌学一学 1.学生模仿老虎行走,在活动中体验老虎的形象。 2.学生聆听歌曲范唱,感受歌曲的情绪与速度。(播放音频,此处没有声部变化) 3.《两只老虎》学唱,教师引导声音状态统一。 4.学习不一样的《两只老虎》,教师加入学生演唱第二声部。学生听辨:演唱形式有什么不一样	激发学生学习兴趣。 学生初步感受音乐。 学生听辨轮唱形式和齐唱形式的不同	教师引导学生发现本曲是由两个声部演唱同一个旋律,但不是同时开始的
学生活动二:格子游戏真好玩 1.教师讲解丛林格子游戏规则:将学生分为男生队和女生队。游戏进行时,学生按照格子顺序跳跃,并读出所在格子的歌词。当遇到标有"休止符"的格子时,学生需立即停止跳跃和读歌词。 2.学生进行丛林格子游戏轮唱:教师将轮唱版格子地毯平铺在地上。邀请学生协助演示,一边跳格子一边按照轮唱的节奏读歌词。在演示过程中,教师提问:"同学们,在我们边跳格子边念歌词的时候,你们发现了什么?"	游戏化思维是一种重要的教育思维。教师要善于让孩子们在玩中学,在学中玩	游戏化思维不能偏移音乐教学本身,需要以游戏促进音乐知识的融会贯通

续表

学生活动	设计意图	二次修订
生: 1.歌词是一样的。 2.第一个粉格子休息,迟一个格子开始。 3.最后是一起结束的。 4.以同桌的两个学生为一个单元,有秩序地玩一玩"跳格子"的游戏	1.歌词的一致性。 2.起唱时机存在差异性。 3.共同结束的一致性。 　基于以上观察,学生按照规则,亲身体验轮唱的乐趣和规律。	学生在游戏中感受音乐的美感。游戏可帮助学生理解轮唱的概念,为学好轮唱做好铺垫
学生活动三:两只老虎爱唱歌 　1.进行角色分配。将学生分为两组,男生扮演"虎哥哥"(第一声部),女生扮演"虎弟弟"(第二声部)。 　2.组织歌词对比。通过对比,让学生明确两个声部在歌词呈现上的异同。 　3.了解轮唱特点。向学生介绍轮唱。 　4.组织合唱练习。分声部进行练习,确保每个声部都能准确掌握自己的旋律和节奏。教师可以用手势指挥合唱,注意引导学生观察并跟随指挥手势。提醒学生:"耳听琴,背挺直,嘴打开,气息撑。"帮助学生更好地投入演唱,保持声音的统一和表情的自然	引导学生了解轮唱的特点与作用,轮唱与独唱相比,其特点还在于团队的协同合作。教师既要培养学生良好的演唱习惯,学会用正确的发声方式演唱,还要学会团队合作	从个人演唱到集体轮唱,从个人效果到整体效果,音乐的意义发生积极演绎。教师要善于实现音乐教育的"同频共振"
学生活动四:创编歌词欢乐多 　1.创编歌词。 师:看到老虎兄弟这么开心,音乐森林中其他小动物都想来参加这次活动,让我们看看都有谁? 生:兔子、大象、小马、小牛…… 　教师发空白动物头饰和小组改编歌词表格。以小组为单位,小朋友一边制作自己的动物头饰,一边进行歌词创编。 　2.小组展示。学生带上自制动物头饰,跟着伴奏演唱改编版歌词	在学生熟悉的歌曲中增添新的段落或改变歌词内容,激发学生的学习兴趣,变被动学习为主动学习,培养学生的创新思维	新版音乐课程标准把"鼓励音乐创造"作为一项基本理念,教师需要引导学生发挥想象力、发掘创造性思维潜能

续表

学生活动	设计意图	二次修订
学生活动五:森林狂欢真热闹 1.单元演绎。教师将四首音乐与过渡语剪辑到一个音频中,请学生完整演绎本单元的四首乐曲,另补充《天鹅》与《乌龟》两首和动物有关的乐曲,进行听辨。 2.单元总结。通过这个单元的学习,学生已经和小动物成为好朋友了,并能热爱小动物,与小动物和谐共处	学生在情境创设中复习单元所学内容,检测学习成果	教师引导学生随音乐韵律,用动作和声音表现出动物形象

七、学习评价

1.学生能够用轮唱形式表现歌曲,节奏和音准掌握较好。(教师评价☆、生生互评☆、自我评价☆)

2.学生积极参与歌词编创活动与头饰制作活动,具有一定的创造力和想象力。(教师评价☆、生生互评☆、自我评价☆)

3.学生在综合表演中能够积极参与,表现出团队合作精神。(教师评价☆、生生互评☆、自我评价☆)

4.学生能够理解歌曲的寓意,提高保护动物的意识。(教师评价☆、生生互评☆、自我评价☆)

★等级:7个以上为优秀,5个以上为良好,3个以下请继续努力!

八、板书设计

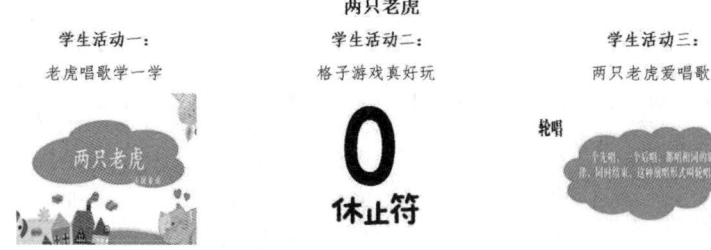

学生活动一:老虎唱歌学一学   学生活动二:格子游戏真好玩   学生活动三:两只老虎爱唱歌

学生活动四:创编歌词欢乐多   学生活动五:森林狂欢真热闹

九、作业设计与反馈方式

课后,同学们与同伴合作表演《两只老虎》,改编歌词,并用绘画的方式创作空白头饰。教师将每个小组创作的头饰贴在班级展示区,让学生互相欣赏和评价,并给每个人发送评价与奖章鼓励。

十、教学反思

在这堂课中,教师始终紧扣学生的学情与兴趣点,设计了富有创意的教学环节;鉴于孩子们对动物的深厚喜爱,巧妙地创设了森林的情境,并将其贯穿于整个教学单元,引导学生们逐步沉浸于学习的乐趣之中。每一课的设计都建立在温故而知新的基础上,通过搭建知识的桥梁,让学生在复习旧知的同时,自然地迈向新知的领域。教师力求使教学设计充满童真与趣味,契合二年级学生的年龄特点和心理需求;通过巧妙地将信息技术与教学内容相融合,为学生们呈现了一个生动、活泼的音乐世界,让他们深切感受到音乐在描绘动物形态时的独特魅力。

在教学过程中,教师遵循着潜移默化、循序渐进的教学原则,根据学生的实际状态,引导他们用心感受、积极表现乐曲与歌曲。教师深知二年级学生好奇心强、活泼好动,注意力持续时间相对短暂,因此教师格外注重语言的童趣性,使教师的教学语言更加贴近孩子们的心灵。

在本课的教学中,教师始终引导学生带着问题、有目的地聆听音乐。通过递进式的提问,教师启发学生如何聆听、怎样思考,让他们在聆听中理解音乐要素在塑造音乐形象时所发挥的重要作用。同时,教师结合聆听与表演活动,培养学生们对音乐的敏锐听觉和快速反应能力,提高他们的音乐表现力和团队协作能力,让每位学生都有机会扮演自己钟爱的角色,让他们在快乐的学习中收获知识、提升能力。

打样案例2：音乐与文学

一、单元主题

《音乐会》。

二、大观念

以"音乐会"为主题，融入文学元素，通过跨学科教育，培养学生聆听音乐和感受音乐的乐趣。

三、单元内容综述

1.内容简介。

本单元选自人音版教材二年级上册第3单元，以"音乐会"为主题，通过跨学科教学的方式，培养学生聆听音乐和感受音乐的乐趣，让学生感受民族音乐的文化内涵。歌曲《快乐的音乐会》和《唢呐配喇叭》初步展示了我国民族乐器的部分种类，通过聆听和演唱，让学生认识这些独具风格的民族乐器音色，体验人们在演奏民族乐器时的快乐心情，从而启发学生对模仿乐器音色及探索悦耳音源的乐趣。通过诗乐结合来引课、诠释、总结，以诗乐对话来理解民族音乐中的文化之美。

2.作品联系。

(1)人文形象外在的联系。本单元的四首作品紧紧围绕"音乐会"这一主题，作品《青蛙音乐会》和《百鸟朝凤》以学生好奇并且乐于参与的"模仿"活动贯穿始终，使用身边的小物件和乐器，结合音的音效、节奏、力度强弱的变化进行音乐元素的感知和体验。作品《快乐的音乐会》和《唢呐配喇叭》又以体会情绪为出发点，让学生初步了解我国民族乐器的部分种类，将两课在活动设计中紧紧结合。

(2)音乐能力的内在联系。单元整合教学以音乐能力为指向，将音乐活动作为素养落地的主路径，形成完整的音乐单元能力体系，实现核心素养。例如(表1)在本单元中将音乐能力罗列出来，分为三课时，由"点—线(展开)—面(结合)"的串联关系，夯实各项音乐能力。

(3)学科之间的有机联系。《义务教育艺术课程标准(2022年版)》"听赏与评述"中的教学提示建议,"将音乐与历史、地理、风土人情、社会生活、文化习俗、地方方言等结合起来,让学生在特定的文化语境中更好地理解音乐的文化内涵与风格意蕴。"教师要以多学科整合探究、任务驱动、解决问题为途径,逐步深化学生对民族音乐文化内涵的感悟和理解。

3.教学价值。

本单元是二年级上册的第3单元,对于整个二年级学段的音乐能力的培养起着承上启下的作用。一年级学习了八分音符、四分音符、二分音符、四分休止符,还学习了这些音符的简单的组合运用。一年级时教学重点为引导学生运用打击乐器为歌曲伴奏,而在本单元启发学生的创编能力,并着重感受乐曲情绪,进行正确的律动,重视艺术体验,从而形成音乐素养的提升。这便是本单元之教学重点。三年级下册第5单元为"音乐会"同一人文主题,与本单元连接,为三年级接触更多的乐器做铺垫。跨学科的教学方式可以打破学科边界,激发学生调动所学知识和技能进行思考和探究。这不仅能促进学生在音乐上的理解,也能促进学生今后对民族音乐文化持续的关注和探究。

四、单元学习目标

1.通过"拍节奏""跳舞步""秧歌舞"等音乐会活动设计,在多层次的聆听活动中学生感知音乐节奏、节拍、力度、旋律等元素的变化,感知"音乐会"欢快活泼的氛围和情绪。

2.通过听、唱、拍、跳、画、创、奏等音乐活动,学生表现自己对音乐元素的理解,通过有效的自我评价,及时反思和反馈课堂的音乐表现。

3.学生通过听、唱、拍、跳、画、创、奏等音乐活动,表现自己对音乐元素的理解,通过有效的自我评价,及时反思和反馈课堂的音乐表现。在与语文学科的"诗意"融合中理解风格意蕴。

4.学生根据任务进行自我学习和小组合作学习,培养团队中的合作与协调能力,以及运用音乐、文学等多学科知识和技能解决实际问题的能力。

五、单元教学安排

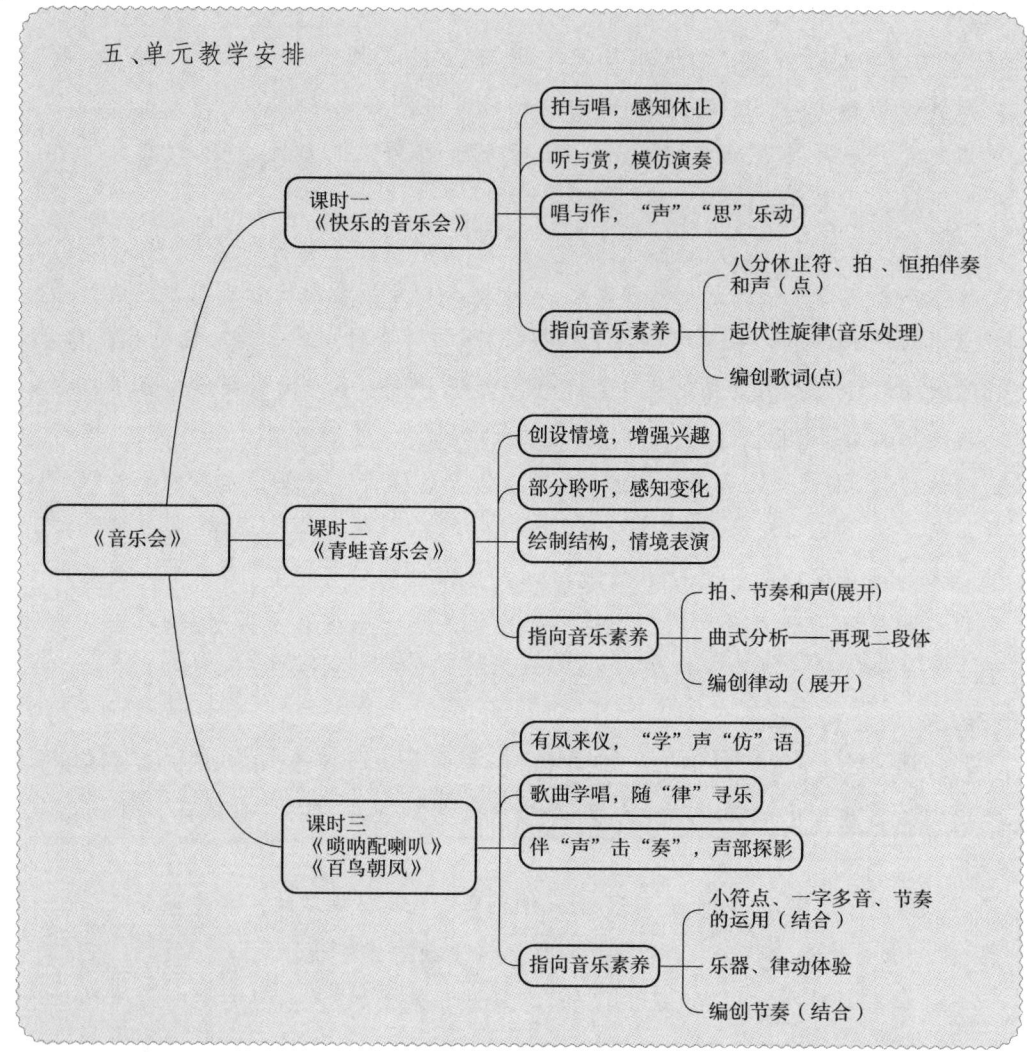

六、单元学习评价

评价目标	评价形式	评价工具	评价标准
音乐课堂的评价意义是为了促进学生音乐学习和改善音乐行为表现。教师关注学生在课堂中学习状态的真实发生，引导学生调整适合自己的学习方式。教师结合学习目标导向、学习兴趣、情感与知识技能掌握程度的反馈，从而真正达到"学""评"结合	1.课堂随"行"评价，教师对学生的课堂音乐行为表现进行及时、有效的个人评价。在整个评价环节中，教师根据每环节的目标和教学情况设计具体评价。在日常教学中，教师可采用观察、谈话、提问等方式对学生进行记录。 2.多角度评价相结合。教师设置评价量表，请学生为评价表画上相应的表情；将听、唱、演、奏、创纳入评价标准，多角度评价学生的音乐发展，并生成个人音乐档案。 3.终结性评价，以小组音乐会的形式呈现，结合学生的评价量表，自评、他评、师评，最后得到总评	1.自评、他评表格。教师在学期初将每课时列出，制作空白表格，贴在学生音乐书首页，进行长期、多角度的评价，对学生长期的音乐学习情况进行跟踪。 2."钉钉"。教师利用班级钉钉群中的图像、视频、音频功能，对学生的课后掌握情况进行线下跟踪	一星标准：加油哟。在情感态度、知识技能、编创活动、交流合作等方面表现欠佳。 二星标准：很优秀。在情感态度、知识技能、编创活动、交流合作等方面表现尚可。 三星标准：你最棒。在情感态度、知识技能、编创活动、交流合作等方面表现优异

七、单元教学建议

1.由点到面，突出音乐学科特点

音乐是听觉艺术，听觉体验是重要环节。发展学生的听觉应贯穿于音乐教学的全部活动中。在歌唱课或者欣赏课中，教师以培养学生听觉习惯为导向，由点到面铺展开，逐步涉及各音乐领域，培养学生的音乐审美能力。

2.由小到大，设计环节突出作品特征

在重难点的解决上，教师要主动挖掘作品中的音乐要素，从作品的小段落、小特征入手,设计符合作品特征的环节,由小段落的音乐体验至整个音乐作品的理解,让学生充分体验作品所蕴涵的音乐美,训练其从局部到整体的音乐视野。

3. 由近到远,单元关联建构教学活动。

教师通过音乐能力的排列,可以发现音乐教材中所说的节奏、旋律、和声、曲式能力呈现递进关系。如,二年级下册第1单元知识点——八分休止符,在本单元略微提及,本单元"跳舞步"活动为二年级下册第5单元"快乐的舞蹈"学做傣族舞蹈动作做铺垫,以及二年级下册《两只老虎》是学生第一次接触合唱。在单元主题方面,单元与单元之间存在内在联系。如,三年级下册第5单元为同一人文主题"音乐会",为保障学习的连续性,教师运用大单元的框架进行教学设计,由本册教材延伸至同主题或同音乐元素的其他教材。

4. 由浅到深,学科融合促进音乐理解。

跨学科主题教学采用诗词引曲、为诗配乐,采用诗词点题,助力学生提升核心素养,理解民族音乐文化。要品评民族音乐的"动""静"之美、"浓""淡"之别,可以整合文学和美术中的审美元素,创造出匹配音乐意境的独特鉴赏音乐、文学学科之间相互补充,互为诠释,助力学生从不同视角更深入地理解不同的音乐作品风格。

《音乐会》

第1课时 《快乐的音乐会》教学设计

一、学习内容

《快乐的音乐会》是一首民歌风格的儿童歌曲,2/4拍,一段体的分节歌。这首歌紧密、级进、流畅的旋律,不时地插入八分、四分休止符,使得旋律收放有度,极尽得意地炫耀了小乐手吹、拉、弹、唱的技巧,风趣的对白加入使歌曲略有停顿,引出第三句转句,一个小小的低回。噢!原来是吸引了小动物"听众"跟着高兴地蹦跳,音乐会也因此获得了成功。歌曲活泼欢快、耐人回味,是一首让学生喜爱的儿童歌曲。

二、教学目标

1. 学生通过唱《快乐的音乐会》,理解人与自然的主题,感受民族乐器唢呐的音色。

2. 学生能用活泼欢快的情绪、明亮柔和的声音,完整准确地演唱歌曲《快乐的音乐会》。

3. 小组合作完成歌词创编,并为歌曲创编动作,以表达自己的情感。

4. 学生乐于参与活动,增强合作意识。

三、教学重难点

1. 学生能用活泼跳跃的声音表现歌曲《快乐的音乐会》的欢快情绪。

2. 学生能根据乐器特点为歌曲创编正确的歌词,并演唱。

3. 课堂中融入文学元素,让学生在音乐中提升自我表达和创编能力。

四、学习过程简述

本节课学生以"音乐会"为主线,经历暖场准备——拍与唱,感知休止;助兴开场——听与赏,模仿演奏;个性表演——唱与作,"声""思"乐动;编写台词——写与讲,感悟表达。由此融入四个音乐学习活动,初步感知音乐的情绪、节拍、换气记号运用等特点。

五、教学准备

课件、钢琴、小猫小狗头饰。

六、教学过程

学生活动	设计意图	二次修订
本节课大任务(情境): 1.我们一起去参加小动物举办的音乐会好吗?大家准备好了吗?老师能从你们的眼睛里看到快乐吗?嗯,眼睛特别明亮,脸上挂着微笑。老师看到了你们心中的快乐。(教师边讲边在黑板上画出一个笑脸) 2.大家想不想把我们心中的快乐延续下去? 那老师就带你们去参加一个快乐的音乐会。 3.同学们想一想、找一找音乐会里有什么? 4.让我们变身小小音乐家,来完成这场音乐会吧	教师用学生喜欢的动物进行导入,创设了一种欢快、愉悦的课堂情境,把学生带入了对音乐会的遐想中,激发了学生对音乐会的向往和探索	二年级学生年龄小、生性活泼,对于学习音乐的积极性较高,善于模仿、喜欢律动及游戏的形式,但创作、探究意识不强。教师用创作歌词的形式,让学生体会到创作的乐趣。学生对于休止符的掌握还较弱。因此,在教学中选择适宜的音乐游戏方式,可在保持学习兴趣和习惯的同时,提高学习效果

续表

学生活动	设计意图	二次修订
学生活动一:暖场准备——拍与唱,感知休止。 1.学生随着《快乐的音乐会》的律动进教室。 2.节奏模仿,了解休止符。师:老师在哪个地方加入了响指呢? 3.学生用松弛、轻巧的声音唱发声练习。 4.学生根据指挥手势进行由弱到强的练习过程	这一环节回归音乐基础,从基础节奏入手,加入二年级学生喜欢的律动,让学生在"玩节奏"的过程中,克服休止符的难点,自然而然地加入"di,da"练习,在休止符处加入响指,让学生在参与中获取音乐知识,熟悉歌曲旋律,同时获得轻松、跳跃、富有弹性的声音体验	学生能够用松弛的声音发声,能在休止符处准确加入响指,在教师指挥时能感受到声音的强弱
学生活动二:助兴开场——听与赏,模仿演奏。 1.感受歌曲,熟悉旋律。 师:音乐会开场啦,动听的歌声传来,此时音乐会是一种怎样的气氛? 2.直揭课题。 3.为歌曲伴奏,感受二拍子的节拍特点。 师:这样欢快的音乐会,让我们用拍手为他们助兴吧!想一想,用二拍子的拍手方式还是三拍子的方式合适呢? 4.了解歌词,模仿演奏。 师:都有哪些乐器在音乐会上演奏呢?能尝试用动作表现吗? 生:小胡琴、小喇叭、小铜鼓。 【细节处理】教师跟随音乐模仿演奏乐器的姿势	此环节通过聆听感受,让学生感受到乐曲的情绪,并运用对比教学方法,让学生在问题引导中进入深度学习,了解二拍子的节拍特点。通过直观的乐器图片和教师的示范,学生乐于模仿演奏乐器,进而加深对歌词的记忆,引发学习兴趣	学生能够乐于聆听,乐于模仿,感受歌曲的情绪,能够积极体验、了解二拍子的节拍特点

续表

学生活动	设计意图	二次修订
学生活动三：个性表演——唱与作，"声""思"乐动。 1.教师出示小胡琴图片，简单介绍小胡琴。 2.教师引领学生用带有弹性的声音唱难点句。 师：谁听出小胡琴演奏的声音是怎样的？ 3.情感处理，唱好儿化音。 师："得儿喂"表现小乐器怎样的心情？ 生：自在，悠闲，高兴。 4.加入演奏小胡琴动作，师生接唱。 师：老师忍不住想看看你们自在、悠闲地拉奏小胡琴哩。 5.借助动作，加深歌词记忆。 师：音乐会中有两只小动物，它们听到同学们的演奏、演唱做出了什么动作和表情呢？ 【细节处理】教师戴上动物头饰，其余头饰分发给个别学生，教师带领学生表演唱第一段，再由有头饰的学生带领各小组表演唱。 6.完整表演唱第一段。 【细节处理】语气词"咦？"表现活泼的情绪，小胡琴演奏的声音处加上拍手、响指动作为休止的演唱作辅助。 7.学唱第二段。 (1)学生模仿小喇叭的动作，边听边做。 (2)学生找找小喇叭音色与小胡琴的音色不同之处。 (3)小猫小狗是怎样的反应呢？学一学它们的动作。 8.创作实践，自学第三段歌词。 师：第三段中的小铜鼓，它的音色如何呢？ 师：你还了解哪些乐器？它们会发出什么样的声音，将歌词填一填。 9.拓展聆听《我是小音乐家》。 师：歌曲中的小音乐家会演奏什么乐器呢	此环节借助图谱，学生能准确演唱歌词，教师辅助学生解决节奏难点，在学唱的同时，记住生活化的拟人情境，引导学生有感情地演唱歌曲，在解决难句时，培养学生的聆听习惯及模唱能力。学生体验合作，拓宽思路，自主发挥想象，进行自由创作，激发自身编创的热情。此环节与三年级同一人文主题"音乐会"相连接，拓宽学生的知识视野	学生能够感受到轻声高位置的声音演唱，能够唱动结合，表达歌曲的情绪，对自己的创作和他人的创作进行简单评价

续表

学生活动	设计意图	二次修订
学生活动四:编写台词——写与讲,感悟表达。 　1.师:参加完快乐的音乐会,小动物们都会说些什么呢? 　2.鼓励学生选择扮演一个小动物,以该动物的口吻和语气表达对音乐会的感受	此环节将文学元素融入音乐课之中,让学生通过话语和演讲,将音乐带给他们的感受用言语的形式表达出来	学生能够准确抓住音乐的内在情绪,传递情感,并用语言的形式表达出来,以培养学生初步的鉴赏能力

七、学生评价

1.学生在课堂上能积极参与各项音乐活动。(合格)

2.学生在课堂上能积极表达对音乐的思考,完整演唱歌曲。(良好)

3.学生在课堂上能较清晰表达音乐感受,主动思考,有表情地演唱歌曲。(优秀)

八、板书设计

快乐的音乐会

学生活动一:拍与唱,感知休止

学生活动二:听与赏,模仿演奏

学生活动三:唱与作,"声""思"乐动

学生活动四:写与讲,感悟表达

九、作业设计与反馈方式

1.课后可以找自己喜欢的有休止符的歌曲唱一唱。

2.和家人一起边唱边做《快乐的音乐会》的律动。

3.把自己的作品发至班级群相册或报名参加课前三分钟的分享展示。

十、教学反思

这堂音乐课，教师以小动物音乐会的方式引入，把孩子们带到了一个充满快乐、童趣的情境里，一下子提高了学生学习歌曲的兴趣。

歌词较以往所学歌曲内容繁多，低年级学生不易掌握。在这过程中，教师让学生模仿乐器发出的声音，以此来引出新歌中模仿乐器声音部分的歌词，并进行练习；同时通过模仿乐器演奏的动作，帮助学生形象地记忆歌词、理解歌词。学唱歌曲环节，学生在不同方式的聆听中熟悉了旋律，仅仅教唱了一次，学生基本上已经学会了。紧接着选择学生进行分组，并请各组代表上台表演，各组员伴唱，学生进一步感受了歌曲的情绪。

但在模仿声音的环节中，学生在课上随意发出乐器声音，甚至怪声不断。所以，教师应提前将要求讲明，告诉学生不要随便模仿乐器声音，在组织教学的调控能力方面，教师还应在以后的教育教学中多多加强。另外，在教完歌曲之后，学生有点依赖教师来教舞蹈动作，缺乏自主创新意识。以后教师会尽量教一两个动作，其他分组创编，起一个抛砖引玉的作用，充分发挥学生自主创造能力。

著名特级教师于永正说："音乐是通往思维和记忆系统的高速公路，高雅的音乐一旦被巧妙地融入课堂教学的时刻，语言就会通过音乐这个媒介开启学生获得信息的通道，让他们愉快地步入课文所营造的那座无比神圣的殿堂。"可见，在音乐课堂中适当运用文学元素，能够调动学生多感官，刺激思维，从而达到提升课堂效率的目的。

通过这次上课，笔者明白了教师不但要在课前精心准备，还要有把握课堂、驾驭课堂的能力，这也是笔者在接下来该学习的；这样才能发现错误及时改正，上好每一堂音乐课。

《音乐会》

第2课时 《青蛙音乐会》教学设计

一、学习内容

《青蛙音乐会》是一首趣味性强的通俗音乐作品,乐曲为3/4拍。蛙鸣声伴随着乐声响起,好像夏季池塘边的青蛙在暮色中的合唱开始了。前面一段是抒情的慢板,好像是青蛙的优美舞蹈伴着起伏的旋律,乐曲完整再现了一遍,蛙鸣声、流水声在乐声中渐弱,消失在暮色中。学生和着优美的旋律轻声吟诵诗歌,在诗乐结合中享受音乐之美、文学之美。

二、教学目标

1.学生在欣赏音乐的过程中,培养自身安静地聆听音乐的习惯。

2.学生聆听《青蛙音乐会》,感受音乐所表达的生动鲜明的青蛙形象。

3.学生随音乐用打击乐器参与音乐表现。

4.学生完成配乐诗朗诵。

三、教学重难点

1.感受乐曲活泼、欢快、诙谐的风格,并展开丰富的想象。

2.随音乐段落的推进和变化,参与音乐的聆听及表现过程。

3.伴随音乐节奏朗诵诗歌。

四、学习过程减简述

本节课以"青蛙音乐会"为主线,经历气氛热场——创设情境,增强兴趣;唱跳歌舞——部分聆听,感知变化;奏动全场——绘制结构,情境表演;诗乐结合——配乐朗诵,表情达意;四个音乐活动,让学生感受生动有趣的青蛙音乐会。

五、教学准备

青蛙手偶、蛙鸣筒、螺纹瓶盖。

六、教学过程

学生活动	设计意图	二次修订
本节课大任务(情境): (展示青蛙图画,播放背景音乐《夏天的阳光》)同学们,老师今天要带你们参加青蛙们举行的音乐会,多么热闹欢快,多么的令人向往。大家现在开心吗?有什么想法呢	本节课以"青蛙音乐会"为情境,设计一系列音乐活动	教师可以结合当下短视频将青蛙的声音和音乐结合,让学生快速将已有知识带入情境,引入乐器蛙鸣筒
学生活动一:气氛热场——创设情境,增强兴趣。 1.模仿青蛙的叫声。 教师提醒学生儿化音"咕咕儿呱"。 2.出示青蛙手偶,引用《动物说话》伴奏音乐填词演唱。 3.青蛙唱歌咕咕儿呱(拍手),青蛙唱歌咕咕儿呱(拍手),咕咕儿呱(耸肩)咕儿呱咕儿呱咕咕儿呱	这一环节通过模仿青蛙叫声导入、回顾歌曲、恒拍律动,激发学生的兴趣,让其更好地进入课堂的学习	学生在赏析中可以通过更多方式描绘音乐特点,比如说心情、颜色、形状、图画。教学融入奖励机制,以小组为单位,有创意的小组获得奖励,激发学生积极性
学生活动二:唱跳歌舞——部分聆听,感知变化。 1.聆听引子乐段、A乐段、B乐段。 师:这段音乐使你想到了什么? 师:蛙鸣声伴随着乐声响起,好像夏季池塘边的青蛙在暮色中的合唱开始了。 2.聆听引子乐段。 (1)介绍蛙鸣筒,模仿蛙鸣声。 师:你能跟着音乐拿着笔和瓶盖,跟着老师一起模仿蛙鸣声吗 (2)模仿蛙鸣的强弱。 3.聆听A乐段,说出主奏乐器。 师:模仿小提琴的演奏姿势,成为音乐会中的小提琴手吧。 4.唱A乐段。 师:青蛙公主和青蛙王子也要出来一展歌喉哩。 5.聆听B乐段,感知三拍子律动。 (1)师:青蛙王子邀请所有的小青蛙们都加入到音乐舞会中去,我们一起来跳起优美的圆舞曲吧! (2)部分学生用手模仿音高	此环节需激起学生的聆听兴趣,低年级学生在聆听时,如果不参与音乐实践活动,那么对音乐的关注保持时间较短,因此在初听时,要选出相对完整部分来聆听。加入模仿蛙鸣,学生深入情境,并能根据音乐作出强弱表现,"青蛙公主""青蛙王子"的角色加入使其兴趣浓厚,加深A乐段的旋律记忆,加入"跳舞步"环节,让其充分体验三拍子律动	学生能积极参加讨论问题"这段音乐使你想到了什么?"并且展开想象,刮奏螺旋瓶盖模仿蛙鸣声的强弱,能模仿小提琴的演奏姿势,并参与到音乐活动中来

学生活动	设计意图	二次修订
学生活动三：奏动全场——绘制结构，情境表演。 1.揭示课题。 2.教师指挥，全班同学轻声模仿间奏处青蛙合唱。 3.学生完整聆听乐曲，关注引子、间奏、尾声。 师：尾声乐句比起引子、间奏乐句，有什么变化？ 生：更多的青蛙加入到了音乐会之中。 4.学生通过完整表现，感知乐曲结构。 5.学生用自制的乐器模仿生活中的声音。 师：自然界中有许多美妙的声音，我们的生活中，处处可以创造音乐。能否运用生活中的废弃物品自制小乐器，唱一唱、奏一奏呢	本单元侧重打击乐器的实践练习，其中"收集家中废弃的物品自制小乐器奏一奏"的编创活动，既是为后面简易打击乐器的分类做铺垫，也是为帮助学生在探索过程中提高音色听辨能力和音乐创编能力而设计。教师放手让学生动手动脑、大胆创新，在音乐中得到启示，在实践中表现音乐。通过课后讨论、协商和分工，并在教师的组织下，学生把自制的小乐器带到课上展示和分享	学生能对比蛙鸣的"独唱"与"合唱"，能通过表现，感受乐曲的情绪与结构
学生活动四：诗乐结合——配乐朗诵，表情达意。 1.学生展示朗诵诗歌《西江月·夜行黄沙道中》。 2.教师带领学生诵读数遍，掌握基本的字词读音和语调韵律。 3.教师播放《青蛙的音乐会》伴奏版。 4.学生在美妙的音乐声中声情并茂地朗读诗歌，体会诗歌意境	此环节配以恰当的音乐，可以激发学生的情感，丰富学生的情感空间，使学生在美好的旋律中进入语言情景，让学生的朗读达到一个新境界，从而使听者产生美的感受，进而出现良性循环，读的人能够进入文本，听的人能够进入画面，共享美	《青蛙的音乐会》本就是一首欢快的乐曲，非常适合作为诗歌朗诵的配乐。而朗朗上口的旋律自然让学生能够快速记住诗歌。诗歌和音乐相互辅助，相互促进，在一堂课中实现两门科目的教学效果

七、学生评价

1.学生在课堂上能积极参与各项音乐活动。（合格）

2.学生在课堂上能积极表达对音乐的思考，完整演唱歌曲。（良好）

3.学生在课堂上能较清晰表达音乐感受，主动思考，有表情地演唱歌曲，朗诵诗歌。（优秀）

八、板书设计

青蛙音乐会

学生活动一：气氛热场——创设情境，增强兴趣

学生活动三：奏动全场——绘制结构，情境表演

A B C A B C A

学生活动二：唱跳歌舞——部分聆听，感知变化

学生活动四：诗乐结合——配乐朗诵，表情达意

明月别枝惊鹊，清风半夜鸣蝉。
稻花香里说丰年。听取蛙声一片。
七八个星天外，两三点雨山前。
旧时茅店社林边。路转溪桥忽见。

九、作业设计与反馈方式

1.课后，学生利用生活中的小物件，自制乐器模仿青蛙的声音，或者自制打击乐，为歌曲伴奏。

2.学生将个人作品发送到班级群相册，老师给每位同学发送点评。

十、教学反思

《青蛙音乐会》是一首趣味性强的通俗音乐作品。教师先通过播放背景音乐，合唱歌曲《夏天的阳光》，并展示一幅青蛙图画，给学生创设音乐情境，蛙鸣声伴随着乐声响起，好像夏天池塘边的青蛙在暮色中的合唱开始了。在听的过程中，教师通过提问这段音乐使你想到了什么，让学生展开想象的空间，同时播放音乐，让学生初听音乐，从视觉到听觉、嗅觉，使学生感受大自然的美；让学生描述种种趣事，使学生体验青蛙音乐会的乐趣；然后开始了"收集家中废弃的物品自制小乐器奏一奏"的编创活动，既是为后面简易打击乐器的分类做铺垫，也是为帮助学生在探索过程中提高音色听辨能力和音乐创编能力而设计的。笔者想，用这些小东西来模仿夏天小动物的叫声一定很有趣。笔者要求学生为音乐

伴奏,学生能听出音乐表现中速度的变化,并且能根据速度的快慢用动作或声音表示出来,因为乐曲中的蛙声非常形象,好像我们真的在田野里听一样。我们的小朋友大多是在农村长大,对蛙声很熟悉,所以感到很亲切,对音乐的表现当然就很快地理解了。本堂课激发了学生进行艺术创作的激情,让他们理性地感受到生活与课堂之间的紧密联系。

我们的音乐课程不仅仅是简单地学习音乐,我们更注重将音乐与其他学科相结合,让孩子们在学习音乐的同时,也能够探索其他学科的知识。通过这种跨学科的学习方式,孩子们将能够更全面地发展自己的能力和兴趣。在进行音乐与语文学科的融合时,老师在准备课堂教学内容与教学活动时应当做到积极协作与综合考虑,在符合教育目标的基础上进行合理设置。因而,对授课者自身的综合素质也具有较高要求,即要求教师个人也要有良好的音乐素养。

扫码看视频

《音乐会》

第3课时 《唢呐配喇叭》《百鸟朝凤》教学设计

一、学习内容

《唢呐配喇叭》是一首短小的五声羽调式的湖南民歌,曲调、节奏均采用了模进、重复的创作手法。小三度级进的旋律与十六分音符、附点音符的巧妙运用,形成了秧歌舞特有的韵味。"里、乐、拉"衬词一问一答,模拟了大喇叭、小唢呐竞相吹奏的乐声,使歌曲具有浓郁的乡村气息与农家的欢乐气氛。

二、教学目标

1. 教师引导学生认识唢呐,初步了解唢呐的音色特点。

2. 教师指导学生用连贯、优美的声音演唱《唢呐配喇叭》,并用身体动作表现其快乐的气氛。

3. 学生通过学唱歌曲《唢呐配喇叭》、聆听音乐《百鸟朝凤》,感受民族乐的特点。

4. 学生能深刻理解《百鸟朝凤》的文化内涵。

三、教学重难点

1. 学生认识唢呐,初步了解唢呐的音色特点。

2. 学生能用连贯、优美的声音演唱《唢呐配喇叭》。

3. 学生能深刻理解《百鸟朝凤》的文化内涵。

四、学习过程简述

本节课中学生以"民族乐器"为主线,通过乐之声——有凤来仪、"学"声"仿"语;乐之音——歌曲学唱、随"律"寻乐;乐之探——伴"声"击"奏"、声部探影;乐之影——声画结合、追溯历史这四个音乐学习活动,积极参与到音乐的各种事件体验和表现活动中来。

五、教学准备

课件、钢琴、唢呐、鸟哨。

六、教学过程

学生活动	设计意图	二次修订
本节课大任务(情境): 　　教师播放唢呐独奏《百鸟朝凤》,并与学生互动,引导学生猜、辨乐曲中是什么乐器。在学生的猜、辨中,教师出示"唢呐"图片,并请学生模仿表演唢呐的演奏姿势,在欢快的课堂氛围中导入新课《唢呐配喇叭》	本节课以《唢呐配喇叭》《百鸟朝凤》为情境,设计一系列音乐活动	教师在播放背景音乐《百鸟朝凤》时应当积极与学生进行互动,激发学生对于猜辨乐器的兴趣
学生活动一:乐之声——有凤来仪、"学"声"仿"语。 　　1.情境导入。(教师使用鸟哨模仿鸟鸣声) 　　师:听到鸟的叫声,你有什么感受? 　　2.模仿鸟鸣声。 　　师:你能模仿它们的叫声、形态吗? 　　3.聆听C乐段。 　　师:一群鸟儿来到了我们的课堂上,它们可能在做什么呢? 　　4.介绍乐曲。 　　教师揭示课题: 　　师:你们知道谁是鸟中之王吗?凤凰的羽毛比孔雀羽毛还漂亮,它是鸟中之王,这么多鸟儿都在朝拜它。 　　5.认识唢呐。 　　师:这首乐曲是什么乐器演奏的?它带给你什么感受?唢呐音色如何? 　　生:主奏乐器为唢呐,唢呐善于模仿各种鸟叫声。唢呐音色清脆明亮、富于变化。 　　6.用鸟哨模仿鸟鸣。 　　师:鸟的声音时大时小,时快时慢,你能准确模仿它吗? 　　7.完整聆听全曲。 　　要求:在A、C、E乐段跟着音乐,用鸟哨模仿鸟鸣声。在B、D乐段,合着音乐的节拍模仿唢呐演奏的动作	这一环节创设情境,开启学生深度学习的起点。通过故事、模仿"鸟鸣"环节,使学生能够快速进入学习情境。在用鸟哨学习音乐的活动中促使他们对音乐有专注力,能够感知出音乐强弱、快慢的变化,由体验上升到表现	学生能够按照乐曲中"鸟声"的强弱、快慢,用鸟哨模仿"鸟鸣"声,能够说出唢呐的音色特点,并且乐于将自己的感受通过模仿唢呐演奏动作而表现出来。

续表

学生活动	设计意图	二次修订
学生活动二:乐之音——歌曲学唱、随"律"寻乐。 　1.聆听歌曲,感知音乐情绪。 　师:唢呐家族还有很多成员哩。这首歌曲带给你怎样的感受? 　生:热闹、欢快,像扭秧歌的音乐。 　2.随音乐伴奏,学跳秧歌舞步。师:跟随音乐动一动,一起感受热烈、欢快的情绪。 　【细节处理】第1、2、3、4小节:秧歌十字步。第5、6、7、8小节:随恒拍点头。 　3.通过律动动作寻找节奏规律,感受乐曲结构。 　师:同学们在律动的过程中,发现歌曲的节奏有什么规律吗? 　4.介绍歌曲,处理小附点演唱效果。 　师:这首歌曲节奏有规律,具有浓厚湖南花鼓戏锣鼓点的韵味,这和湖南人生性活泼、豪爽有很大关系。 　师:藏在旋律中的小秘密被你发现啦! 　5.通过范唱对比第三句,调整声音控制。 　师:第三句有什么特点呢? 用有弹性的声音来演唱。 　6.聆听全曲,填词演唱。 　师:这首歌曲的歌词更有意思,歌词里唱了什么? 　生:长的就是喇叭,短的就是唢呐。 　【细节处理】歌词里的"唢呐"是学名,"喇叭"是俗称。歌中唱的"长的就是喇叭""短的就是唢呐",是从俗称的角度来分类的,小的唢呐也叫海笛。 　师:"哥哥"和"弟弟"出场了,他们俩要一起合作奏出美妙的音乐。 　师:衬词"里、乐、拉"是他们吹奏的声音,一起来感受这欢乐的气氛。 　7.处理音乐演唱效果。 　师:怎样把欢乐情绪演唱出来呢? 　生:有弹性的声音,加上动作。 　8.跟着琴声,用轻快的声音演唱歌曲	教师通过歌词中运用"长喇叭""短唢呐"以拟人化的对比教学方法,增加学生对学唱歌曲的兴趣。学生的演唱习惯是个长期训练的项目,在一年级时要先建立正确的发声概念,用轻巧的声音演唱全曲,并由学生自主思考,如何表达歌曲欢乐的情绪。加入"秧歌舞"脚部动作的学习,增强学生在学唱环节的参与感,让学生乐于思考,乐于助唱	学生能够体验、感知出部分节奏规律,并自主探寻,克服难点,能用轻巧的声音和动作表现歌曲热烈的情绪

续表

学生活动	设计意图	二次修订
学生活动三:乐之探——伴"声"击"奏"、声部探影。 　1.加入低声部,增强欢乐情绪。 　师:同学们唱得这么投入,老师也想加入你们,仔细听我唱了什么歌词。 　2.加入铃鼓。 　师:有两个小乐器也想加入我们热闹的歌声中。铃鼓可以怎样演奏呢? 　生:可以拍,可以摇。 　师:铃鼓可以用拍的方式发出短音,用摇的方式发出长音,响板可发出短音 　3.完整表演。 　【细节处理】演唱的学生加入秧歌步、吹唢呐的动作,增强演唱情绪	本环节与活动一相连接,用同样的旋律,为歌曲伴唱,学生不会有生疏感,反而能更快接受多声部音乐。音乐思维是在创造中生成的,由学生自主体验、思考、创作这一系列环节,在巩固歌曲《唢呐配喇叭》基础上,多方位综合演绎进行音乐拓展,激发学生的音乐创造力、求知欲和好奇心	学生能够用欢快、短促的声音,以及固定音型为歌曲伴唱,能够利用铃鼓的演奏特点,进行节奏创编
学生活动四:乐之影——声画结合,追溯历史。 　1.教师播放经典电影《百鸟朝凤》的片段。 　2.教师向学生讲解电影主要内容,讲述民族音乐传承之艰难。 　3.要求学生就观影体验写一则观后感	同名电影《百鸟朝凤》主要围绕中国传统的民族乐器——唢呐展开。在电影中,唢呐音乐的选用不仅体现了传统文化的魅力,更与电影的主题——音乐传承与创新相呼应。通过观看电影,学生能够了解这一乐曲背后的故事,能够更为深刻地体会文化内涵	教师带领学生欣赏《百鸟朝凤》的音乐和剧情,重点放在音乐作品背后的文化理解上。教学既要体现专业的深度,又要体现文化的广度

七、学生评价

1.学生在课堂上能积极参与各项音乐活动。(合格)

2.学生在课堂上能积极表达对音乐的思考,完整表现乐曲。(良好)

3.学生在课堂上能较清晰表达音乐感受,主动思考,完整表现乐曲。(优秀)

八、板书设计

唢呐配喇叭

学生活动一:乐器变辨辨

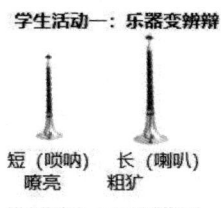

短(唢呐)　长(喇叭)
嘹亮　　　粗犷

学生活动二:歌曲学唱

里乐拉:

　婚丧嫁娶、庙会灯会、祭祀庆典

作用:音乐伴奏和烘托气氛

学生活动三:音乐庆典

　铃鼓(摇奏、拍奏)

学生活动四:自制乐器齐伴奏

九、作业设计与反馈方式

1.学生课后可以找自己感兴趣的、含有唢呐喇叭的歌曲或乐曲听一听。

2.学生欣赏其他由民族乐器演奏的作品。

3.学生把自己的感受发至班级群里或报名参加课前三分钟的分享展示。

十、教学反思

本课曲调简单、琅琅上口,学生学唱没有压力。但是加入乐器伴奏时,一字多音的四十六和半拍休止节奏对学生来说是难点,因此需要一些时间来解决这部分节奏。本课的教学,笔者立足于学生已有的音乐经验与学情特点,通过律动与小乐器演奏等一系列活动,引导学生深度体验参与到音乐教学中;同时循序渐进,使学生的音乐能力从浅层向深入发展。

本节课整体上完成了教学任务,但在课堂上难点节奏需要多多练习,学生才能掌握。在课堂上,笔者通过铃鼓与响板合奏、固定音型的多声部学习,创设各种情境、组织多样的多声部教学,在教学中多样、连续地开展课堂合唱教学,能水到渠成地构建系统的教学体系,使学生在音准、节奏、和声等方面获得更多的音乐能力,学生也乐于接受和掌握。这个难点节奏必须掌握,且对学生们来说也是一种挑战和提高。从课堂效果来看,大部分学生能掌握,但还有一小部分学生仍然容易出错。下次课,可以通过分组的方式,一人演奏一句,这样就能听出来谁对谁错,再由组长帮助不正确的同学改正,既运用了小组合作,又使个别学生也学会了难点节奏,一举两得。

民族音乐是中华文化的载体,寄托着中国人的精神世界,在很大程度上也体现了中华民族的文化自信。语文核心素养中的"文化自信""审美创作"与艺术核心素养中的"审美感知""文化理解"有共同之处,因此语文学科能够在文化和审美方面为音乐教学增色。

在以后的教学过程中,笔者要关注学困生的学习,不能只看到学习能力强的,学习能力弱的同学更需要老师的积极引导。把最后一名同学"救"上岸,整个班级的课堂才算完成教学目标。

打样案例3：音乐跨学科教学案例

一、单元主题

《幸福的歌》。

二、大观念

感受音的高低、初步感受中国民族五声调式的旋律特点。

三、单元内容综述

1.内容简介。

本课选自人音版小学二年级上册第2单元《幸福的歌》，本单元共选编了四首音乐作品，《彝家娃娃真幸福》《快乐的罗嗦》《乃哟乃》《阳光下的孩子》。两首彝族乐曲和一首土家族歌曲，均采用了中国民族五声调式的创作手法，歌曲活泼欢快，都是2/4拍，节奏规整，歌词简洁形象，旋律欢快、跳跃，具有舞蹈性；弹拨乐合奏《快乐的罗嗦》是一首富有浓郁民族风格的歌曲，曲调简朴、短小精悍、旋律优美流畅；合唱作品《阳光下的孩子》以朝气蓬勃的音调、欢快的情绪、富有动力的旋律抒发了孩子们幸福欢乐的心情。

2.作品联系。

本课围绕"幸福的歌"这一主题进行编写，选编了两首情绪欢快、表达对幸福生活赞美的少数民族歌曲《彝家娃娃真幸福》《乃哟乃》，让学生对比体会二拍子歌曲的特点，让学生在感受歌曲音调特点的同时，从感性上体验音程结构的关系，在即兴编创活动中巩固音高概念。《快乐的罗嗦》，是一首根据彝族民间舞曲改变而成的弹拨乐合奏曲，通过聆听这首活泼欢快的乐曲，学生对彝族人民幸福快乐的生活有所认识和感受，为接受和喜爱民族音乐打下感性基础，与音乐中所表达的幸福生活形成情感共鸣。领唱与合唱曲《阳光下的孩子》，学生再次听辨领唱与合唱在演唱形式上的区别，以及单声部与多声部的色彩变化，感受歌曲所表达的情绪。

3.教学价值。

本课通过音程构唱、编创活动，让低龄段孩子感受"音的高低"，巩固学生的音高概念，通过跨学科，尝试结合科学学科中对于"音高"与"音色"的概念融合，并进行音高的探索，激发学生的学习兴趣，让学生对音的高低有更深的了解。通过听唱歌曲、打击乐伴奏、肢体动作表现、听辨音乐主题等活动,学生切身感受彝族音乐和土家族音乐,以及中国民族五声调式的旋律特点。

四、单元学习目标

1. 学生通过聆听音乐,参与到不同的音乐活动中,感受彝族和土家族的音乐形象,并用不同的肢体动作来表现音乐,通过《彝家娃娃真幸福》和《乃哟乃》歌曲的演唱,以及欣赏《快乐的罗嗦》,表达对幸福生活的赞美,引导学生发现美、感知美。

2. 通过歌曲学唱以及音乐欣赏,学生能够用舞蹈动作体会和表现彝族和土家族的音乐风格,能准确模唱"sol、mi、do"三个音,并结合科学小实验,利用三个玻璃瓶装入不同高度的水进行声音探究,并能根据自己的创编进行合作演奏或演唱,增强对音乐作品的表现力。

3. 学生能相互合作,用打击乐器为歌曲进行伴奏,并能够加入舞蹈律动感受少数民族对音乐的热爱之情;通过与科学知识相融合的跨学科学习,结合科学上对于"声音"的相关知识,进行音高、音量的探索,实现知识的迁移,提高实践能力。

4. 学生通过听辨音乐、音程模唱、动作模仿、音乐律动感受音的高低,初步感受中国民族五声调式,对中国民族音乐文化有进一步的了解,提高民族文化自信。

五、单元教学安排

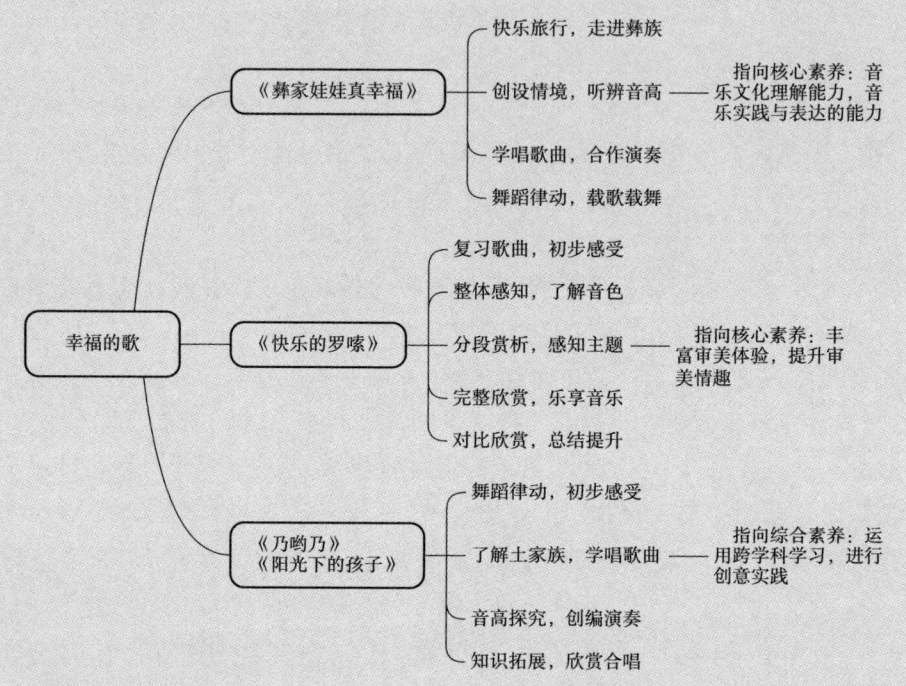

六、单元学习评价

评价目标	评价形式	评价工具	评价标准
1.学生能够用自然的声音、欢快的情绪演唱《彝家娃娃真幸福》和《乃呦乃》，结合科学知识的学习，准确地表现不同"音高"。 2.学习能相互合作，用打击乐器为歌曲进行伴奏	自我评价 教师评价 学生互评	表现性评价 课堂观察评价	一星评价：能完整演唱歌曲。 二星评价：能用打击乐器为歌曲伴奏。 三星评价：能边唱边表演
1.学生能听辨出音乐的情绪与风格，感受不同乐器的"音色"。 2.学习能够在唱、演等活动中，记住乐曲的主题旋律。 3.学习尝试记录主题旋律出现的次数，为乐曲划分段落	自我评价 教师评价 学生互评	表现性评价 课堂观察评价 学生自评表	一星评价：能听辨出音乐的情绪与风格。 二星评价：能在实践活动中记住乐曲的主题旋律。 三星评价：能记录主题旋律出现的次数，为乐曲划分段落

续表

评价目标	评价形式	评价工具	评价标准
1.学生初步感受中国民族音乐,感受不同民族的音乐特点。 2.听辨领唱与合唱在演唱形式上的区别,以及单声部与多声部的色彩变化	自我评价 教师评价 学生互评	表现性评价 课堂观察评价 课后作业评价	一星评价:了解当地风俗情况。 二星评价:能听辨出领唱与合唱的区别,在合唱时随歌曲的节奏拍手,听到领唱有节奏地点头等。 三星评价:能试着唱一唱1到2小节的合唱片段

七、单元教学建议

	重难点解决	活动设计	前后单元衔接
演唱《彝家娃娃真幸福》	1.歌曲表现力。 学生能用轻快有弹性的声音演唱歌曲,唱准衬词的音高。 2.节奏创编。 学生能用不同的伴奏型为歌曲伴奏。 3.音的高低与强弱(跨学科)。 学生能结合科学学科的学习,探索音的高低和强弱	此环节结合木琴演奏、肢体律动、旋律模唱,设计动作让学生感受音的高低;通过找规律,让学生感知乐句的相同与不同	本单元选编了两首聆听作品,既为中高年级系统学习民族乐器做预习,也与前面所学《颂祖国》《小青蛙》《小拜年》等作品在器乐演奏上保持一定的联系,对已积累的音乐经验加以巩固。 本单元两首歌曲作品,一首彝族歌曲和一首土家族歌曲,节拍均为2/4拍,歌曲中重复的音程能很好地让学生感受"音的高低",歌曲中都带有少数民族歌曲特有的"衬词",表现了活泼欢快的音乐情绪,均采用中国民族五声调式创作,为学习少数民族音乐增添了浓厚的兴趣。本单元《快乐的罗嗦》与后面一个单元的《百鸟朝凤》《唢呐配喇叭》在音乐风格上也有相似之处,都是体现中国民族特色的民间音乐

续表

	重难点解决	活动设计	前后单元衔接
聆听《快乐的罗嗦》	1.记忆主题音乐。 学生采用多种方式欣赏、体验和记忆主题音乐。 2.感受乐曲音色、音区的变化(跨学科)。 学生在身体律动、拍击身体等音乐实践活动中体验音乐表现要素	尝试在哼唱主题旋律、用手画旋律线,在律动表现中感受音乐的速度、力度的变化和情绪变化	本单元选编了两首聆听作品,既为中高年级系统学习民族乐器做预习,也与前面所学《颂祖国》《小青蛙》《小拜年》等作品在器乐演奏上保持一定的联系,对已积累的音乐经验加以巩固。 本单元两首歌曲作品,一首彝族歌曲和一首土家族歌曲,节拍均为2/4拍,歌曲中重复的音程能很好地让学生感受"音的高低",歌曲中都带有少数民族歌曲特有的"衬词",表现了活泼欢快的音乐情绪,均采用中国民族五声调式创作,为学习少数民族音乐增添了浓厚的兴趣。本单元《快乐的罗嗦》与后面一个单元的《百鸟朝凤》《唢呐配喇叭》在音乐风格上也有相似之处,都是体现中国民族特色的民间音乐
演唱《乃哟乃》聆听《阳光下的孩子》	1.音程模唱 学生通过科尔文手势练唱1、3、5三个音,为歌曲演唱做准备。 2.探索音的高低(跨科学)。 学生结合科学小实验,利用玻璃瓶装水,进行演奏。 3.聆听感受。 学生聆听合唱作品《阳光下的孩子》	此环节通过科尔文手势音程模唱音高,引导学生在体态律动和土家族音乐中体会土家族音乐的特点;结合二声部作品的对比聆听,引导学生学会分辨合唱与领唱	

《幸福的歌》
第1课时　《彝家娃娃真幸福》教学设计

一、学习内容

1.结合木琴演奏,教师设计动作,让学生感受音的高低。

2.学生学唱歌曲《彝家娃娃真幸福》,并用打击乐器伴奏。

二、教学目标

1.学生能用轻快而有弹性的声音演唱歌曲《彝家娃娃真幸福》,感受同一人文主题"幸福的歌"带给我们的快乐,表达对幸福生活的赞美与向往,在彝族打歌舞蹈中感受彝族音乐的魅力。

2.教师在音乐律动和乐器伴奏中激发学生的音乐表现力,引导学生用不同的节奏类型为歌曲伴奏,提升创编能力。

3.学生通过跨科学学习,用木琴演奏玩音乐游戏,听辨音的高低,利用图形谱、乐器伴奏等方法体验音乐,探索音的"高低"。

4.学生感受五声调式的旋律特点,并学会分析歌曲中衬词"阿里里"的音高特点以及四个乐句之间的旋律特征。

三、教学重难点

重点:学生能感受衬词的特点,并用轻快有弹性的声音有表现力地演唱歌曲。

难点:学生能准确运用打击乐器为歌曲伴奏,合作表演。

四、学习过程简述

本节课以"快乐旅行"为主题展开教学,走进彝族,以音乐游戏贯穿课堂,结合科学学科里"音高"的相关知识,进行跨学科融合学习;在实践活动中让学生感受三度音程的色彩,通过音乐活动准确表现"阿里里"四句的音高。本节课的学习过程图示如下。

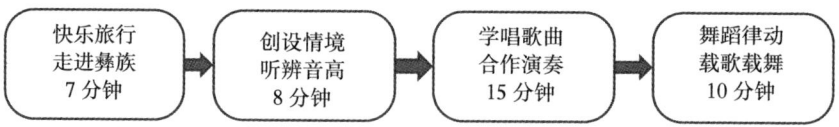

五、教学准备

1.学生准备:提前进入教室的学生可以观看彝族及其音乐文化的视频介绍。

2.教师准备:音频视频资源、《彝家娃娃真幸福》曲谱、钢琴、木琴、音符卡片、串铃、三角铁、教学课件。

六、教学过程

学生活动	设计意图	二次修订
本节课大任务(快乐旅行,走进彝族) 聆听歌曲《其多列》,同学们还记得这首歌曲是哪个少数民族的吗?(哈尼族)我们国家是一个多民族国家,今天有一个小朋友想邀请我们去他的家乡看一看,就让我们一起踏着音乐去旅行吧,看看我们会在今天的旅行中有哪些收获	《其多列》是一首哈尼族民歌,歌曲中也带有少数民族方言,歌曲也是民族五声调式,2/4拍规整节奏,乐曲欢快活泼,与本节课歌曲有一定的联系	本节课,因歌曲为少数民族歌曲,所以修订为聆听哈尼族歌曲《其多列》,通过旅行,激发兴趣,围绕少数民族音乐特点展开课堂教学
学生活动一:创设情境,听辨音高(跨学科)。 初步聆听。 师:小朋友热情地唱着歌邀请我们去他的家乡做客。请你听一听,他的家乡都有些什么呢?人们都在干什么呢? 生:银项链、白衣白帽,又唱歌又跳舞。 师:那里的人们又是唱歌又是跳舞,热情欢迎着我们,我们能和他们一起动起来吗? 1.提问:这首歌曲带给你怎样的心情?(欢快的、高兴的、幸福的) 2.教师聆听、学生感受,并介绍彝族:歌曲中唱的,哪里的娃娃真幸福?(彝家) 3.感受音的高低:彝族小朋友想邀请同学们玩一个游戏,教师扮演彝族小朋友,在木琴上敲击三组音,分别设计三个动作,学生模仿。结合木琴演奏,学生感受音的高低和强弱。 4.巩固音高概念:学生感受歌曲中出现的音高,并用动作展示出来	教师通过木琴演奏,有效地进行跨学科渗透,将科学中的声波振动原理告诉学生,让学生感受音的高低与强弱。教师敲击三组不同的音高,学生听辨音的高低,在体验、模仿中感受歌曲中"阿里里"的音高变化,接着,教师在彝族音乐文化的介绍中,将少数民族的音乐文化渗透到教学中,让学生了解不同民族音乐的魅力	音乐是情感的表达,在音乐教学中使用情境创设,不但能提升学生的审美能力,还能培养学生的创造性思维,因此这个环节加入了一个情境创设,由彝族小朋友邀请大家走进他们的民族,和他们一起玩游戏

续表

学生活动	设计意图	二次修订
学生活动二：学唱歌曲，合作演奏。 1.听音乐，做律动：学生感受歌曲中出现的不同音高变化，模唱"阿里里"的音高。 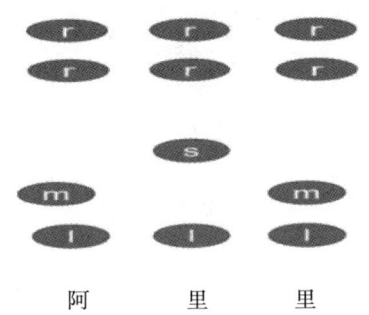 　　阿　　　　里　　　　里 2.理解衬词：学生理解"阿里里"的含义，用合适的情绪表现衬词。 3.模唱音高：依照图形谱，师生合作，模唱音高，找出衬词的音高特点，合作演唱"阿里里"。 4.有节奏地读歌词：学生用轻巧有弹性的声音读歌词，在"阿里里"处加入串铃配合读词。 $\frac{2}{4}$　0　0｜X X　X ‖ $\frac{2}{4}$　X　—｜X　— ‖ 5.三角铁伴奏：学生第二遍读歌词，每一句第一拍加入三角铁配合读歌词。 6.学生聆听音乐，加入乐器伴奏。 7.师生合作、生生合作：教师唱、学生伴奏，过渡到学生唱、学生伴奏，完整演唱。 8.找乐句规律：学生找出四个乐句之间的相同与不同，准确演唱。 9.多种体验：学生之间交换演奏，以获得多种体验	通过图形谱中音的"高低"，进一步形象感受音的高低，从而在歌曲演唱过程中，能够准确地表现衬词（作为铺垫）。 　　教师在唱一唱、奏一奏的音乐活动中调动学生的学习积极性，让学生乐于参与到音乐活动中来，引导学生体验音乐带给人们的不同感受，用欢快热烈的情绪表现歌曲。 　　学生能感受打击乐的不同音色，准确表达"阿里里"带给人们欢快的情绪，烘托歌曲的气氛	最初，学生是通过聆听感受音的高低；加入图形谱后，则能更直接形象地帮助学生找到音高，理解音高的概念。 　　学生用多种方式体验、感受歌曲，加强2/4拍的节奏稳定感，感受2/4拍强弱规律的特点。通过"表现"，学生的综合性艺术表演能力和音乐审美能力均得到加强

续表

学生活动	设计意图	二次修订
学生活动三:舞蹈律动。 1.了解彝族舞蹈。 来到彝族,怎么会少了跳舞呢?彝族可是一个能歌善舞的民族。欣赏彝族舞蹈,感受火把节或婚嫁场景。 2.创设情境,载歌载舞。 学生围成圆圈,模拟篝火晚会,听音乐律动,师生共同表演	了解彝族舞蹈表现形式,加入简单的舞蹈动作,师生合作表演,激发同学们对民族音乐的兴趣。让学生多了解不同民族的音乐文化,以弘扬中华优秀传统文化	音乐课程标准指出,我们要结合所学知识、技能和创造性思维,开展即兴表演和音乐创编活动,因此将原来的欣赏彝族舞蹈修订为学生们载歌载舞表现彝族舞蹈

七、学习评价

1.学生在课堂上能够参与到音乐游戏及演唱表演活动中。(合格)

2.学生在课堂上能够积极主动参与到音乐游戏中,能主动参与使用打击乐器为歌曲进行伴奏的表演活动。(良好)

3.学生能积极主动表达自己对音乐的感受,有表情并能配合舞蹈动作,有表现力地演唱歌曲《彝家娃娃真幸福》。(优秀)

八、板书设计

彝家娃娃真幸福

学生活动一:　　　　　学生活动二:　　　　　学生活动三:
　创设情境　　　　　　　学唱歌曲　　　　　　　舞蹈律动

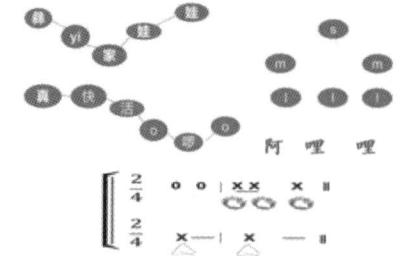

九、作业设计与反馈方式

作业设计：

1.寻找生活中的物品,例如"碗"和"杯子"等,用筷子或者手指敲击。第一步,听听你所找到的物品被敲击时能否发出高低不同的声音？第二步,分别往"碗"或者"杯子"里装入不同高度的水再进行敲击,思考"音乐"与"科学"有什么关系。

2.带上舞蹈动作边唱边表演歌曲《彝家娃娃真幸福》。

反馈方式：

1.将自己的发现拍成小视频在班级进行分享。

2.下周音乐课现场请同学们表演。

十、教学反思

《彝家娃娃真幸福》是一首彝族的歌曲,歌曲虽然短小,但是彝族的风格明显,欢快活泼。在低龄段的唱歌课中,教师要多采取结合游戏的办法进行趣味唱游,在课堂上要引导学生积极参与活动,设计有趣的游戏活动来调动学生的积极性。在开始的教学中,教师忽略了以学生为主体,更多的是教师的讲解,于是对教学设计进行修改,以参加少数民族"游园会"的形式贯穿于整个单元的3个课时,学生们通过学习彝族和土家族等不同少数民族的习俗以及音乐文化,加深了自身对每个民族的认识,对他们的服饰和音乐特点有了一定的了解。

在课堂中笔者融合了演奏、声势、律动、舞蹈表演等多种表现形式开展音乐活动,结合科学学科知识,进行跨学科融合教学；围绕"感受音的高低"这一重点展开教学,聆听木琴演奏不同高低的音符,学生进行模唱,围绕本单元的核心概念"感受音的高低",通过动作模仿、师生互动、生生互动等模式让学生感受不同的音高变化。在这个环节中,教师应关注每一个学生,可以变换形式,让学生来演奏,学生模仿,教师学会放手,让学生们自己探索,再进行分享,说一说音的高低有哪些变化和不同、与科学有哪些关联等,以此来激发孩子的积极性。

活泼好动是二年级学生的年龄和心理特点,在乐器伴奏的环节,学生能够积极参与,进行动作模仿,整堂课的教学氛围不错,学生也很乐于参与到各项活动之中。但在学生活动的过程中,学生的舞蹈动作比较单一,应该结合少数民族的舞蹈特点,设计丰富多彩的音乐活动,进行适合低龄段孩子们的律动。全班同学围成圆圈进行火把节歌舞表演时,学生会比较兴奋,出现声音与动作不齐整的现象。在快乐的学习氛围中，也不要忽略学生聆听的体验，要注意聆听的质量和活动的有效性。因此，教师在课堂中还需要灵活多变，考虑到学生的认知规律和听觉发展规律，让每一个学生都能通过音乐活动体验到音乐的乐趣，感受彝族歌曲的魅力。

《幸福的歌》
第2课时　《快乐的罗嗦》教学设计

一、学习内容。

1.学生聆听弹拨乐合奏《快乐的罗嗦》。

2.教师引导学生了解月琴的演奏方式及音色。

二、教学目标

1.教师引导学生熟悉弹拨乐合奏《快乐的罗嗦》的音乐风格,让学生喜欢民族器乐曲,感受弹拨乐器月琴的音色,对民族音乐有进一步的学习愿望。

2.学生初步了解弹拨乐器,能哼唱音乐主题,尝试记录主题出现的次数,为乐曲划分段落。

3.在欣赏的过程中,了解月琴的音色,能够在唱、演等活动中,感受《快乐的罗嗦》的情绪和音乐风格,记住乐曲的主题旋律。

4.教师通过与科学跨学科教学,让学生感受乐器月琴的音色,将音色与科学学科的知识融合起来进行学习。

三、教学重难点

重点:学生初步了解弹拨乐的简要知识,记忆音乐主题旋律。

难点:学生感受、理解音乐主题在音区、音色上的变化。

四、学习过程简述

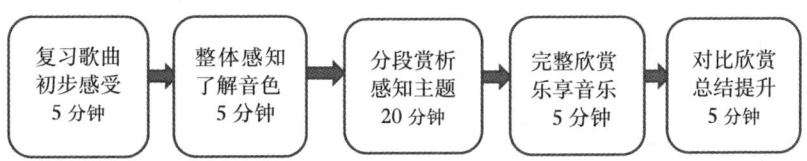

复习歌曲
初步感受
5分钟　→　整体感知
了解音色
5分钟　→　分段赏析
感知主题
20分钟　→　完整欣赏
乐享音乐
5分钟　→　对比欣赏
总结提升
5分钟

聆听是音乐学习的基础,是培养学生核心素养的重要途径。良好的音乐听觉和欣赏能力对丰富学生情感体验、积累音乐听觉经验、感受音乐的美好、身心健康成长具有重要意义。

五、教学准备

1.学生准备:学生随《彝家娃娃真幸福》的歌曲音乐进入教室。

2.教师准备:音频视频资源、《快乐的罗嗦》曲谱、钢琴、教学课件。

六、教学过程

学生活动	设计意图	二次修订
本节课大任务(快乐旅行): 　　上节课我们走进了彝族,感受了彝族的音乐文化及风俗习惯,和彝族小朋友一起唱起了歌、跳起了舞,这节课我们将继续走进彝族,来感受彝族的音乐魅力。让我们唱着《彝家娃娃真幸福》这首歌继续前进吧! 看看今天我们能感受到彝族有哪些魅力呢?	此环节通过复习,顺向迁移到新课教学,通过多种音乐活动引导学生感受音乐音区不同音色的变化,记忆音乐主题、哼唱主题旋律、表现音乐情绪	本节课通过复习《彝家娃娃真幸福》这首歌,导入新课的教学,跟上节课学习的内容进行一个顺向迁移
学生活动一:复习歌曲、初步感受。 　　1.学生演唱《彝家娃娃真幸福》这首歌,从彝族孩子快乐生活的角度导入。 　　2.师:今天我们再学习一首彝族的音乐作品《快乐的罗嗦》。请大家感受一下,这首音乐的情绪和速度是怎样的? 哪段旋律被反复演奏? 　　3.教师介绍,被反复演奏的这段音乐为主题音乐。 　　4.教师介绍《快乐的罗嗦》的含义及乐曲的演奏形式	教师通过创设音乐情境,复习《彝家娃娃真幸福》,激发学生兴趣,初步感知主题音乐的情绪与速度,通过介绍,让学生了解乐曲的演奏形式	本环节通过复习已学歌曲导入新课教学效果尚好,聆听乐曲情绪与速度部分由原来的整体欣赏修改为只欣赏第一部分音乐

续表

学生活动	设计意图	二次修订
学生活动二:整体感知,了解音色(跨学科)。 1.学生完整欣赏音乐,聆听主题音乐出现的次数。 2.教师介绍主奏乐器:月琴。 3.学生随月琴唱一唱主题旋律。 师:教师把乐曲的主题旋律展示到黑板上。请大家一起来认一认,主题旋律是由哪三个音符组成的呀?你可以试着唱一唱吗? 4.用手指随旋律的线条划一划。 师:让我们一起拿出小手指划一划音乐的旋律线。 5.加入歌词演唱主题旋律。 	学生初步整体感受音乐情绪和风格。 学生通过认识乐器构造、演奏方式,了解月琴的音色,与科学知识进行相互渗透,培养自身的思维能力。 教师引导学生通过哼唱主题旋律,肢体动作、加入歌词演唱等多种方式感受音乐情绪,记忆音乐主题旋律,表现音乐主题	学生初步整体感受音乐情绪和风格。 认识乐器月琴部分添加了了解月琴的构造、发音特点及演奏姿势。 教师针对表现音乐主题的方式,根据不同学生的差异性进行及时调整

学生活动	设计意图	二次修订
学生活动三：分段赏析、感知主题。 1.欣赏第一部分。 师：这首乐曲一共分为三个部分，让我们一起欣赏第一部分的旋律。 （1）听辨旋律的高低。 （2）跟随音乐用动作表现高中低三个音区的音乐。 （3）跟随音乐分组表现高、中、低三个音区。 2.欣赏第二部分。 （1）学生随音乐自由律动，感受这一部分音乐的情绪、速度等音乐要素的不同。 （2）学生画图形谱表现这段音乐。 3.欣赏第三部分。 师：接下来我们欣赏第三部分的音乐，请大家听听看。 （1）这部分音乐跟哪一部分的相似？ （2）这部分跟第一部分又有什么不同之处呢？乐曲的结束部分给你怎样的感觉？ （3）引导学生总结出本首乐曲的曲式结构 A＋B＋A′	教师通过分段聆听乐曲，引导学生自主聆听，感受高、中、低三个音区的对比及乐曲第一部分和第三部分的异同。 教师引导学生自由表现第二部分音乐，学生通过画图形谱加深对音乐的理解。 学生感受第三部分音乐，找出相似部分音乐，加深对主题音乐的记忆	学生分段聆听乐曲，感受音区的异同。 教师通过画图形谱的方式让学生深度感受音乐，加深对音乐的理解。 学生通过聆听第三部分的音乐，加深对主题音乐的记忆，同时总结出乐曲的曲式结构

续表

学生活动	设计意图	二次修订
学生活动四：完整欣赏、乐享音乐。 1.学生完整欣赏音乐。 2.教师引导学生随音乐完整表现乐曲	教师引导学生，在亲身参与乐曲表现的过程中深化对乐曲的认知和理解	教师引导学生完整欣赏并表现乐曲，加深学生对乐曲的理解
学生活动五：对比欣赏、总结提升。 1.学生整体聆听两首不同版本的《快乐的罗嗦》，比较两首乐曲在速度和力度上的不同。 2.学生谈学习感受并总结	学生感知不同版本乐曲的相同与不同，拓宽音乐认知能力和音乐鉴赏能力	学生对比感知不同版本《快乐的罗嗦》，拓宽音乐认知能力和音乐鉴赏能力

七、学习评价

1.学生在课堂上能积极参与各种音乐活动。（合格）

2.学生在课堂上能感受音乐情绪变化和音区变化，并乐于表达和分享。（良好）

3.学生在课堂上能初步了解乐器音色特点，并自信地完整表现乐曲。（优秀）

八、板书设计

快乐的罗嗦

学生活动一：

复习歌曲，初步感受

学生活动二：

整体感知，了解音色

学生活动三：

分段赏析，感知主题

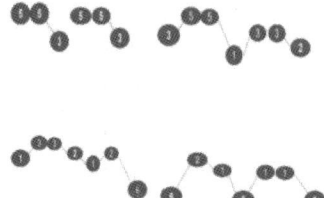

学生活动四：

完整欣赏，乐享音乐

九、作业设计与反馈方式

作业设计：

1.你知道还有哪种乐器的演奏方式和月琴一样属于弹拨乐？说一说，它的音色是怎样的？

2.创编简单的身体动作表现乐曲旋律。

反馈方式：

1.拍摄模仿音乐演奏或随音乐身体律动的视频上传至班级群分享，互相进行点赞评论。

2.下节课开课前大家面对面交流分享自己的表演感受。

十、教学反思

本节课始终贯穿着以活动育人的目标，创设多种教学活动，如让学生随月琴唱一唱主题旋律，用手画旋律线，填词演唱主题旋律等，让学生感受音乐的情绪。本节课通过复习旧知、整体感知、分段欣赏、完整欣赏、对比欣赏五个音乐活动环节，引导学生在多种音乐实践活动中，感受《快乐的罗嗦》的情绪和音乐风格，记住乐曲的主题旋律，感知理解音乐主题在音区、音色上的变化，进行跨学科知识渗透，引导学生说出不同音色带给我们的感受。

同时在教学中积极运用信息技术辅助音乐教学，从而降低学生学习音乐的难度，提高学习兴趣，通过创设多种音乐情境，让学生充分感受彝族音乐的特点，拓宽学生感受音乐的视野，感受不同的音乐文化。

音乐欣赏课不是浅尝辄止，而是要实实在在提高学生的音乐感知能力，深度感受音乐的情绪、速度、力度及其他音乐要素之间的联系与变化，提高学生的音乐核心素养。让学生自主展示所学知识，这不仅能让学生主动表达对音乐的思考与感受，还能让学生建立起规则和合作意识，对音乐保持好奇心与探索欲，并乐于和他人分享、交流自己的发现、感受。

扫码看视频

《幸福的歌》
第3课时　《乃哟乃》《阳光下的孩子》教学设计

一、学习内容

1.学生学唱歌曲《乃哟乃》，感受土家族音乐的魅力。

2.学生聆听合唱曲《阳光下的孩子》。

二、教学目标

1.学生能体会不同的音乐作品，感受人文主题"幸福的歌"带给我们的愉悦心情，感受土家族童谣的活泼欢乐。

2.学生聆听合唱曲《阳光下的孩子》，学会分辨领唱与合唱，能够用不同的动作表现歌曲的三个部分，能用轻巧、有弹性的声音演唱歌曲《乃哟乃》。

3.学生结合科学小实验，利用玻璃瓶装水来演奏音乐，能够用"do、mi、so"三个音进行即兴编唱。教师启发学生运用"do、mi、so"三个音为歌曲《乃哟乃》五个乐句中"乃哟嗬"的地方创编一个二声部，并用木琴进行演奏，引导学生进行合唱。

4.学生通过歌曲的学习，初步感受中华民族五声调式以及土家族音乐的风格特点。

三、教学重难点

重点：学生能用轻巧、有弹性的声音演唱歌曲《乃哟乃》。

难点：学生用"do、mi、so"三个音为歌曲进行二度创作。

四、学习过程简述

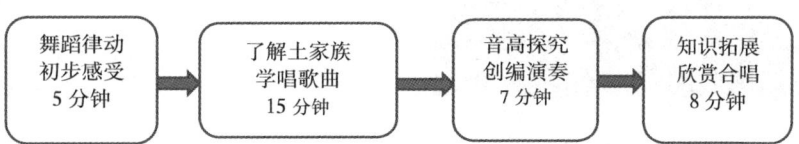

本节课重点围绕"do、mi、so"三个音继续感受音的高低,以少数民族"游园会"活动为主线,以歌唱为主,融合演奏、声势、律动等多种表现形式及其活动内容,并以创设情境的方式开展音乐活动。

五、教学准备

钢琴、PPT、乐谱、音符卡片、木琴。

六、教学过程

学生活动	设计意图	二次修订
本节课大任务(快乐旅行): 　　本节课以融入合唱教学为主,结合之前《彝家娃娃真幸福》的学习,继续快乐"出发",走进土家族,了解土家族风土人情,感受音的高低,并引导学生结合科学小实验,探索音的高低,能够利用装有水的玻璃瓶演奏出音乐旋律	学生在听辨音高的基础上,感受音的高低,能够准确判断音的高低。低年级学生通过合唱形式的聆听与感受,培养对多声部音乐学习与感知能力	将土家族舞蹈欣赏修订为:结合本单元歌曲展开,围绕单元重点让学生感受音的高低
学生活动一:舞蹈律动,初步感受。 　　1.今天我们唱着幸福的歌走进少数民族土家族,聆听歌曲《乃哟乃》。发现歌曲出现了那几个音? 　　2.科尔文手势模唱音高。 　　教师带领学生用科尔文手势模唱"do、mi、so"三个音。 　　3.小组合作感受音的高低。 　　教师将学生分为三组,每一组唱一个音,引导学生将"do、mi、so"三个音进行自由组合,按照× × ×的节奏进行自由组合,教师指挥,师生小组合作演唱 	低年级孩子能够积极参与到音乐律动表演中,用科尔文手势引导他们模唱音高,并进行自由组合。师生合作,体会合作演唱的乐趣,能够帮助学生们找到准确的音高,并能够抓住学生的学习注意力,提高音乐活动参与性	由听琴模唱修订为教师清唱,加入科尔文手势进行音高模唱,能够更好地训练学生的耳朵,培养聆听的好习惯

续表

学生活动	设计意图	二次修订
学生活动二:了解土家族,学唱歌曲。 之前我们在快乐的旅行中,走进彝族,了解了彝族,今天我们走进美丽的土家族,去了解他们的音乐文化。 1.对比土家族和彝族的乐器及服饰。 2.听歌曲,找规律。学生聆听歌曲《乃哟乃》,找特点。歌曲由哪三个音组成。 3.唱乐谱,巩固音高。歌曲总共由三个音组成,学生带上科尔文手势唱乐谱,感受音的高低。 4.衬词的理解。"乃哟乃"是土家族语言快快来的意思,"乃哟嗬"和"乃哟乃"这两个词都表达了热闹的气氛和幸福快乐的心情。 5.有表情地唱歌曲。师生带上愉快的心情一起演唱歌曲,注意声音要轻巧有弹性。 6.乐句特点。每一句"乃哟嗬"都是一样的	学生通过对少数民族音乐文化的了解,加深其对不同民族的音乐了解,使他们有丰富的音乐情感体验。教师引导学生用正确的姿势、自然的声音,进行歌唱表演活动,理解少数民族中不同衬词的含义,体会少数民族音乐的特点。学生在学习的过程中学会寻找规律,发现音乐的特点,慢慢学会分析歌曲,这对理解作品有很大的帮助	在介绍土家族时加入了乐器的学习,加深同学们对彝族和土家族的印象,对不同的民族特点与音乐文化有深刻的认识
学生活动三:音高探究,创编演奏(跨学科)。 1.这首歌曲里只有三个音,你们知道吗?生活中有很多物品都可以表现音乐。今天老师带来了三个一样的玻璃瓶。你们相信吗?我能让它发出"do、mi、so"三个音。 2.学生用筷子敲击空玻璃瓶和装有水的玻璃瓶,感受音高的变化。 3.教师引导学生通过调整玻璃瓶中的水量,演奏出"do、mi、so"三个音。 4.学生用筷子敲击玻璃瓶,演奏出《乃哟乃》	本环节将音乐与科学小实验结合,激发学生的学习兴趣。学生探索音的高低,感受创造的快乐	

续表

学生活动	设计意图	二次修订
学生活动四:知识拓展,欣赏合唱。 1.小伙伴邀请大家聆听一首好听的歌曲。(合唱作品《阳光下的孩子》)感受合唱的魅力。 2.了解合唱。创编的二声部旋律,这种演唱形式称为什么。(合唱) 3.学生用不同的动作表现歌曲的三个部分。 4.学生聆听由《乃哟乃》改编的合唱曲《咚咚喹》,说说有怎样的感受	学生通过合唱作品学习,能够初步区分合唱、领唱,并随音乐律动。《咚咚喹》合唱作品是由《乃哟乃》改编而来,教师引导学生聆听两个作品,进行音乐感受的分享	学生聆听《乃哟乃》和《咚咚喹》,对两个作品进行对比,并大胆表达自己对音乐的感受,学会分享

七、学习评价

1.学生能够跟随老师进行聆听模唱,能参与到歌曲的演唱活动中。(合格)

2.学生能根据老师的提示进行二声部合唱创编,能完整演唱歌曲《乃哟乃》。(良好)

3.学生能积极主动参与到合唱创编活动中,并能把自己创作的二声部配合一声部进行表演。(优秀)

八、板书设计

乃哟乃 彝家娃娃真幸福

学生活动一:音程模唱　　学生活动二:走进土家族　学生活动三:创编演奏

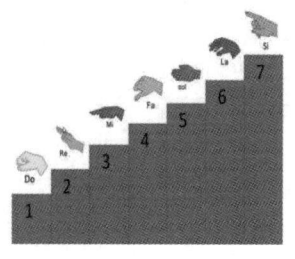
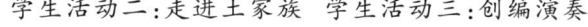
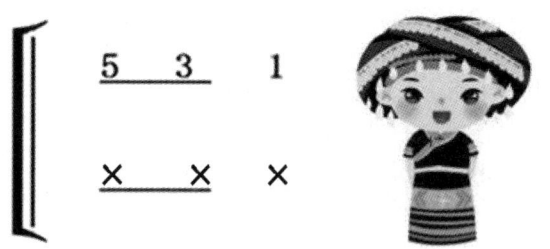

九、作业设计与反馈方式

作业设计:

1.用"do、mi、so"三个音创编不同的音型为歌曲加入二声部,并唱一唱。看看:你能创编出多少种不同的音型?

2.查找土家族的代表音乐,下节课与老师、同学们分享。

反馈方式：

课堂上，大家进行现场分享交流，积极讨论。

十、教学反思

《乃哟乃》是一首短小的土家族儿歌，这首歌曲由三个音组成，本节课继续围绕"do、mi、so"三个音展开教学，通过音程模唱、走进土家族、创编演奏、合唱拓展四个环节引导学生进行简单的合唱活动。

学习歌曲的过程中，学生结合音程模唱，从听觉上巩固了音高概念，体验音程之间的关系；在反复聆听歌曲的过程中感受土家族歌曲的情绪与风格特点；对比彝族和土家族的乐器，加深对乐器音色、构造的了解，以及对两个民族音乐文化的认识。本节课在进行跨学科渗透时，将玻璃瓶装上不同高度的水，让学生对声音进行探索，学生会觉得很有兴趣，激发了他们的学习热情。但在这个过程中，学生要想准确地表现出"do、mi、so"三个音，有一定的困难。学生根据"do、mi、so"这三个音进行节奏音型创编，加入科尔文手势，进行演唱，突破了单一的歌曲教学，同时为后面的二声部创编做铺垫，在二声部演奏后可过渡到合唱作品的聆听学习。

《阳光下的孩子》是一首合唱作品，学生一开始对于领唱和合唱的概念不是很清晰，通过聆听，在老师的引导下，能够分享自己对合唱的理解。作品《咚咚喹》是由歌曲《乃哟乃》改编而成的合唱作品，本节课中有一个难点是学生聆听完合唱曲《咚咚喹》以后能够表达出自己对歌曲的感受。低年级学生在分析歌曲上存在一定的难度，但是学生可以用语言描述音乐带给自己的体验，因此教师要能够引导学生，鼓励学生大胆去表达音乐带给自己的感受，从音乐中感受美好。